昌明文庫・悅讀人物

細說三國風雲人物

宋璐璐　編著

目次

輔國謀臣──奇謀異策安天下

神勇武將──馬上英雄顯神威

文人墨客──亂世才子耀千秋

奇人異士──奇異故事的源泉

前言

　　三國一直以來都是文人學子、軍事大家們永遠的話題，從古至今，廣為流傳。漢朝政權的衰敗成就了魏、蜀、吳三國鼎立的局面，它是一段跨越百年的歷史傳奇，它是屬於男兒的稱雄戰場，但是在男兒成就的身後也能夠看到那些被擊碎的紅顏，男人的戰場風起雲湧，她們在家中苦苦掙扎。營帳之下比計謀，廝殺之中較英勇，這是一個讓人熱血沸騰的年代；主公馬下惜英雄，謀士鞠躬先士卒，這是一個英雄惜英雄的時代。在這段英雄輩出的歷史長河中，譜寫了一曲曲雄壯的悲歌，描繪了一幅幅血染的畫卷。

　　漢獻帝之後，大漢王朝已經名存實亡，各地諸侯紛紛揭竿而起，只為那帝王之位。你有陰謀詭計，我有對策相抵；你廣招能人，我遍尋異士；你有雄才偉略，我比你技高一籌。談笑間暗箭飛舞，抬手間計策多端。這就是三國，一段撲朔迷離的歷史，一段需要人們靜下心來去品讀的故事。但是這段兩千年前的歷史，到頭來，青山依舊在，幾度夕陽紅，留下的只有那些時光流片中的縮影，留下的只是是非成敗轉頭空的哀歎。

　　三國爭戰，一波未平一波又起。曹操一代奸雄，只為奪取那荊州；劉備床前托孤，孔明甘為牛車馬；孫權稱帝江南，吳國名士何其多。赤壁之上論英雄，諸葛亮周瑜爭智謀；孫策英年早逝，大喬哭斷心腸；孫尚香女中豪傑，何奈哀怨投江。三國梟雄爭霸，紅顏左右為難，謀士為主效命，將才戰於前線。文人墨客出山來，奇人異士廣流傳。三國戰亂紛紛擾，是是非非為哪般。

　　本書精選了最具有代表性的傳奇人物，讓讀者穿越時空隧道來到

這個戰火紛亂的三國年代,將這一幕幕熱血豪放,一幕幕悲情哀歌,生動形象的人物展現在讀者的面前,跌宕起伏感同身受,贊心中的英雄,怒奸臣的詭計,哀紅顏的薄命,悲英雄的隕落。

編著者 2012年6月

亂世梟雄──權力巔峰的角逐

張角：太平道的創始人

　　張角最初出現在歷史舞臺上，是一個善道教化的大賢良師的形象。在東漢靈帝建寧年間，張角便開始了他的布道傳教活動。他在傳統醫術的基礎上，通過符咒等形式為人治病，藉此大肆地向群眾宣揚《太平經》中的反剝削思想，順便借著機會廣收徒眾，發展力量，逐漸擴大自己的勢力。

　　經過十多年的努力，張角一手創立的太平道遍佈青、徐、幽、荊等八個州，並且能夠連接郡國，他的道徒甚至達到了幾十萬。不過，張角傳道的方式，在史書中曾經有過很多的記載。他主要是通過符水、符咒的方式來給人治病，同時廣招天下的弟子，派遣親傳弟子八人奔赴四方，以善道教化天下，擴大自己的影響範圍。此外，張角在道徒所宣傳的教義基礎上，不僅融合了《太平經》的思想，還結合了黃老道的思想。

　　張角傳道的主要法術，就是叩頭思過，這也來源於《太平經》。在張角看來，人們之所以會犯錯誤就是因為違反了上天制定的規則，所以說，想要治好自己的病，就必須得跪拜思過。上天能夠看得見人們在世間的任何行為，能夠聽得懂人間的各種語言，我們向天地跪拜，就是在請求天神能夠徹底的寬恕自己，以便能夠解除自己的罪過與現在承受的痛苦。張角傳道採用的另一個重要法術，就是用符水咒來治療疾病。這一點在《太平經》中也說得很清楚了。

　　到了東漢末年，社會危機日益加重，廣大農民階級和封建制度之間的矛盾不斷激化。當時張角門下的徒眾已經達十萬餘人，遍佈全國各地。張角看到時機已經成熟，就準備發動一場推翻封建王朝的農民

起義。

西元一八四年，張角秘密傳令各地教徒在三月五日這天同時起義，他們以「蒼天已死，黃天當立，歲在甲子，天下大吉」為口號，興兵反漢。但是卻在預定起事的前一個月，內部出了叛徒，由於叛徒的出賣，張角不得不派人告訴各方起義軍提前起義。各地紛紛回應，起義大軍猶如燎原之火迅速燃遍了全國。起義軍殺害官吏，燒毀他們的官府、四處搶奪，短短一個月內，東漢上下七州二十八個郡都先後發生了戰事，黃巾軍勢如破竹，勇猛異常，各州郡紛紛失守，吏士大批逃亡，聲勢震動了京都。

漢靈帝見這次農民起義這麼厲害，急忙派軍鎮壓起義，在三月戊申日任命何進為大將軍，率領左右羽林五個營的士兵，駐紮在都亭，整點武器，鎮守京師。

同年四月，朱雋軍被黃巾將領波才打敗，不得不撤退，皇甫嵩只好和他一起進入長江防守駐紮，奈何又被波才率大軍團團圍住，漢軍剛經過敗仗，士兵數量有了一定的下降，而且士氣相當的低落。與此同時，汝南的黃巾起義大軍在邵陵打敗了汝南太守趙謙，廣陽黃巾起義軍殺死了幽州刺史郭勳和太守劉衛，黃巾軍的勢力越來越大，並沒有因為漢室的鎮壓而呈現出一點點敗退的跡象。

西元一八四年五月，漢靈帝見皇甫嵩被圍困，就派曹操率軍前去救援。而這個時候，被圍困的皇甫嵩發現每天傍晚時分都會刮起大風，見這種情況，他急中生智，命令士兵手持火把暗箭在傍晚夜幕大風的掩護下出城，將堆砌在黃巾軍營寨周圍的雜草點燃，皇甫嵩振臂一呼，所有士兵立即進入了戰鬥狀態，城上也點燃了大量的火把與之相應，皇甫嵩命人擊鼓助戰，衝入敵陣，黃巾軍毫無準備，軍士大亂，四處奔走逃命。又正巧遇上曹操率領的援軍，黃巾軍被皇甫嵩、朱雋和曹操三面夾擊，無法突圍，被斬殺數萬人，漢軍獲得了這次戰

役的勝利。

起義失利的情況下，張角只好撤到廣宗做進一步地修整，盧植為
了加強防禦，防止起義軍攻佔，就派人建築攔擋、挖掘壕溝、製造雲
梯。當時正好碰上靈帝派左豐前來視察軍情，有人就勸盧植去賄賂左
豐，和左豐搞好關係。但盧植為人耿直不屈，堅決不肯向左豐進行賄
賂，左豐對盧植大為不滿，心懷憤恨。左豐回京後便向靈帝誣告盧植
備戰鬆散，作戰不力。靈帝聽了大怒，就派人用囚車將盧植押回了京
師。面對廣宗缺守的情況，漢靈帝唯有下詔再一次地重新調整戰略佈
局，命令皇甫嵩率兵北上東郡，朱儁則傾全力攻打駐紮在南陽的趙
弘，而董卓則是代替了盧植的官位。

各地紛紛起義的亂事雖然被暫時平息，但是漢室的威信也遇到了
一次嚴重的打擊，漢靈帝沒有吸取教訓改革政事，反而繼續貪圖享
樂，不理朝政。於是，大亂雖被壓下去，但是各地的小叛亂還在上
演，並產生了許多分散勢力。西元一八八年，黃巾軍經過修整，逐漸
恢復了實力，他們再次發動了起義，黃巾軍各部紛紛起事響應。

為了徹底地鎮壓叛亂，西元一八八年三月，漢靈帝接受了劉焉的
建議，將刺史改為州牧，派宗室和大臣前往管理，讓他們擁有各自的
地方軍政權，以便加強各個州牧之間地方的政權實力，更好更容易地
控制地方，有效地清剿黃巾軍餘孽。然而正是因為漢靈帝的這次下放
權力，助長了各個地方軍擁兵自重，群雄之間互相攻擊，形成了逐鹿
中原的局勢，甚至東漢皇帝在這群雄眼中已經沒有了任何的威懾力，
無視他的存在，所以黃巾起義不僅是促使東漢走向滅亡的導火線，也
拉開三國時代的序幕，促使政府大赦黨人，令許多文人、官吏得以重
新受任，他們的才能得以發揮。

張角領導的黃巾起義，一直持續了二十多年。但是由於起義農民
本身的階級弱點和各種勢力的聯合鎮壓，起義被逐漸壓制。但通過這

場農民起義軍的嚴厲打擊，腐朽的東漢王朝已名存實亡。黃巾起義直接導致了東漢末年混戰、群雄爭霸的局面，拉開了三足鼎立的序幕。同時，它也是中國歷史上第一次由宗教領導的農民起義，具有深遠的歷史意義。不僅如此，它也為道教今後在社會下層傳播和發展奠定了一定的歷史基礎。

袁紹：關東義軍盟主

　　袁紹出生於東漢後期的一個官宦世家，當時他的家裡可以稱得上勢傾天下。袁紹長得英俊威武，得到了袁逢和袁隗的喜愛，又憑藉自己的資質，在年少時就做到郎的官職，還不到二十歲就已經當上了濮陽的縣令。但是過了不久，他的雙親去世，袁紹在家服喪六年。在這之後，袁紹就不再想要做官，拒絕了朝廷的徵召，在洛陽過起了隱居的生活。

　　這正是東漢政治日益動盪的時候，宦官專政的局面愈演愈烈。袁紹雖然表面上過著隱居的生活，實際上他時刻沒有忘記國家的興衰，他在暗中結交志同道合的朋友和俠義之士，例如，歷史上的張邈、何顒、許攸等人。他們三個人經常一起聚到洛陽與袁紹商量、幫助世人避難的對策。而袁紹的密友還不止有這幾個人，就連一代奸雄曹操也是其中的一個，因為他們都對宦官專政的政治局面不滿，所以暗地裡結成了一個以反對宦官專政為目的的政治集團。但是他們的這一系列的活動最終引起了宦官集團的注意。中平元年（西元184）年東漢朝廷為了鎮壓黃巾軍的起義，被迫取消了對黨人的禁錮。袁紹這才答應當時大將軍何進的應召。何進是比較顯貴的外戚，他統領國家的御林軍，並且也對當時的宦官專政表現出了強烈的不滿。袁紹和何進因為共同的志向聚集在一起，彼此賞識，兩人關係非同一般。

　　袁紹做官之後，就開始對朝中的專權宦官大肆屠戮，而這個時候，董卓在北邙阪下遇到了小皇帝劉協和陳留王，他率領軍隊帶著二人抵達了洛陽的西郊。回到朝中，董卓自恃自己手裡有小皇帝這張王牌，在朝中肆意妄為，甚至廢除了原來的皇帝，擁立劉協為獻帝，並

且自封為相國，在朝廷中興風作浪，無惡不作。

　　董卓的種種惡行，引起了當時的官僚士大夫和民眾的憤恨，一時間各地都掀起了討伐董卓的熱潮。對董卓的討伐戰中，則需要一個大家信得過的人來領導，這時候袁紹就成了大家首先推舉的人物，這不僅因為他有著顯赫的家世地位，而且還因為他在誅滅宦官時所立下的赫赫功勞，再加上袁紹平時從不與董卓同流合污。初平元年正月，西元一九〇年，袁紹集結了各路諸侯，帶著大家的期望正式起兵，但是卻是以失敗而告終。作為討伐董卓的盟主，他根本指揮不了如此龐大的軍隊，甚至他從來不會率先殺敵，有時候還大肆欺壓那些弱小的盟軍。而且各州郡的長官都有自己的小算盤，每當臨戰的時候就拖延時間，妄圖保存自己的實力，最終這場討伐董卓的戰役只能不了了之。

　　從初平三年至興平二年（西元192年-195年），中原的局勢發生很大的變化。在長安，董卓被司徒王允和呂布等人密謀殺害，天下百姓對這個消息都拍手稱讚。但是因為他們對董卓的部下處理不當，致使李傕、郭汜等董卓舊屬舉兵叛亂。結果王允等人被殺，呂布向東逃跑了。後來李傕、郭汜二人之間產生了矛盾互相屠殺，曹操也異軍突起，接任了兗州刺史一職，並大敗黃巾軍，又打敗了袁術，最後平定了內部的叛亂，鞏固了自己在兗州的勢力。這時候的袁紹也集合自己帶領的十萬兵力與鮮于輔合作攻打公孫瓚。

　　興平二年（西元195年）十月，楊奉等人護衛漢獻帝逃到洛陽，這時候的曹操就做好了一切準備並且粉墨登場。曹操把握好最佳時機，他力排眾議，在第二年的八月，他親自趕到洛陽拜見漢獻帝。他找各種理由力勸漢獻帝能夠轉移到許昌，並且讓他在許昌建立了新的都城，事實上是他把獻帝控制住了，開始實施他「挾天子以令諸侯」的陰謀。

　　曹操借助天子的名義開始迅速發展，領土不斷擴張。起初，袁紹

舉薦曹操擔任東郡太守一職，想讓曹操成為自己的附庸。但是曹操控制漢獻帝並且建都許昌，使曹操的勢力範圍成為了政治中心，而曹操本人也自然變成了皇帝的代言人，他隨心所欲，並且隨意對四方諸侯發號施令。

建安四年（西元199年）初，袁紹和曹操之間的決戰爆發了。當時袁紹自己稱帝的夢想破滅以後，他便決定帶領自己的十萬精銳步兵和一萬騎兵攻打許都，希望從曹操手裡搶奪回漢獻帝。他對自己信任的將領分別任命，為南下攻打曹操做著充分準備。但在當時，袁紹的一些部下對他的決策都有些不贊同，他們認為經過連年的征戰，戰士和百姓都無力再戰，當前最重要的任務應該是休養生息。但也有一部分人主張迅速出兵，快刀斬亂麻。袁紹自認為自己地廣糧足，兵強人多，所以根本聽不進沮授所說的那些的忠告。正好郭圖等人又經常在背後向袁紹進讒言說他們擁兵自重，勢力逐漸加強無法控制。袁紹聽信了這些讒言，把沮授的軍隊分成三份，其中兩份交給了郭圖和淳于瓊。

九月，曹操做好了一切抗擊袁軍的準備。此時的袁紹企圖拉攏張繡和劉表一起夾擊曹操。但是不久，張繡就帶領自己的軍隊率先投降了曹操。建安五年元月，劉備背叛了曹操，並且開始回應袁紹。曹操為了鎮壓內部的叛亂，領兵開始攻打劉備。此時，袁紹的謀士田豐認準了這次機會，規勸袁紹從後方襲擊曹操。但袁紹卻聲稱孩子有病而錯失良機，田豐為此很生氣，袁紹也從此疏遠了他。等到曹操擊敗了劉備，袁紹才倉促決定出兵，但是田豐認為這已經不是最佳的時機，就又勸阻袁紹稍安勿躁，擁兵自持，但是袁紹不僅不聽他的勸告，再加上之前心中對他的怨氣，給田豐安了一個擾亂軍心的罪名，把他拘押了起來。

次年二月，袁紹向天下人發佈了討伐曹操的檄文，並且開始了對

曹操的大舉進攻，袁紹並沒有進行周密的戰爭部署和規劃，而且在戰鬥中，袁紹依仗自己人多勢眾，不聽從大臣們的忠義良言，驕傲自滿。四月，曹操在解除了北面的白馬之圍以後，就帶著自己的民眾和軍隊撤向了官渡。這時候因為屢次進諫而被嫌棄的沮授規勸袁紹應該周密計劃以後再去圍攻。但是袁紹不聽勸阻，一意孤行。沮授推託自己身體有病，不願冒這麼大的險，但是卻引起袁紹的不滿，強迫他隨軍渡河，並且把他帶領的軍隊也分割了。袁紹渡河後，在延津南面駐屯。他派劉備和文醜去向曹軍挑戰，卻被曹軍打敗，最終文醜被斬。再次和曹軍征戰，又是袁紹的軍隊損兵折將。九月，兩軍再次進行會戰，這次曹軍大敗，躲進自己修築的營壘中堅決不出來。袁紹就開始修築各種壁樓，向上堆起土山，從高處向曹操的軍營中發箭。一時間曹軍大營箭如雨下，所有的人都蒙著盾牌走路。不久，建起的壁樓、土山就被曹軍炸毀了。袁紹和曹操又開始想新的辦法交戰，兩軍就這樣在渡河相持了一百多天，戰爭使河南的老百姓痛苦不堪，很多人都選擇了背叛曹軍。然而，就是這麼有利的局勢，因為袁紹的原故，使有利變成了不利。

當時，袁紹派淳于瓊帶兵去迎接運糧車，沮授特意提醒袁紹應該加派軍隊暗中防止曹軍的突襲；而且袁紹身邊著名的謀士許攸則提出應該趁此機會去攻打許都。但是剛愎自用的袁紹沒有採納任何人的建議，無動於衷。而且袁紹不僅沒有採納許攸的建議，還因為許攸和曹操是舊識，而對他產生了懷疑，命人將他家族的人抓進了監獄，這使許攸很生氣和不滿，於是叛變了，投奔曹操。後來曹操在許攸的幫助下，親自領兵攻打烏巢，去襲擊營運糧草的淳于瓊。當時袁紹的部將張郃主張派兵營救淳于瓊，但是郭圖卻主張攻打曹軍大營。沒想到最終高覽和張郃沒有攻下曹營，烏巢失敗消息就傳來了，最終致使袁軍無心戀戰，帶領著軍隊向曹軍投降了。

　　官渡一戰，致使袁紹潰不成軍，最終連挽回的餘地也沒有了。其實，袁紹和曹操一開始實力相差懸殊，並且袁紹也佔據了優勢的地理位置。而且客觀地說，袁紹的軍隊中存在的那些謀臣遠遠多於曹軍，可是最終卻失敗了。出現這樣的情況完全歸咎於袁紹自己的驕傲自滿和剛愎自用。

曹操：亂世之奸雄

　　曹操出生在官宦世家，家族一共侍奉過四代皇帝，在社會上有一定的名望。漢桓帝在位時曾被封為費亭侯。曹操的父親曹嵩是曹騰的養子，漢靈帝時一直做到了太尉的官職。

　　曹操年輕的時候機智警敏，而且具有隨機權衡應變的能力，然而卻任性好動、放蕩不羈，從不注重學業和品行的培養，所以當時的人們也只是將他當作一個莽夫而已。只有梁國的橋玄看出了他的不平凡，橋玄曾經就對曹操說過：「天下局勢不好，非命世之才不能濟也，能安之者，其在君乎？」南陽何顒也對他說：「漢室將要滅亡，能夠平定天下的人，一定是曹操了！」

　　靈帝熹平三年，二十歲的曹操被舉為孝廉，去洛陽做了侍郎。不久，就被任命為洛陽北部尉。洛陽是東漢的都城，是皇親國戚等權勢貴族聚集的地方，所以說很難治理。曹操一上任，就嚴肅重新申明了禁令和法紀，派人建造了十多根五色大棒，懸在衙門的左右兩邊，「只要有人犯了法令，一律將他棒殺」。當時皇帝寵官蹇碩的叔父蹇圖有一次違禁夜行，曹操得知後毫不留情的將蹇圖抓起來，並用五色棒處死了他。於是，「京都上下都收斂了起來，生怕違法了律法而被棒殺」。但是，曹操也因為這樣得罪了許多當朝權貴，礙於他的父親曹嵩的關係，曹操被明升暗降，調到了遠離洛陽的頓丘任頓丘令。西元一八四年，曹操在鎮壓黃巾起義的戰事中顯露頭角，被封為了西園八校尉之一，並隨同天下諸侯參與了討伐董卓的戰爭。董卓死後，曹操暗地裡發展自己的實力，縱橫亂世，南征北戰，逐漸擴大了自己的勢力範圍並提升了自己的聲望。

　　西元一九六年，曹操擁護漢獻帝繼位，並恢復了丞相制度，自任漢朝丞相。在基本上平定北方之後，曹操揮兵南下。建安十三年七月，曹操向劉表發動了軍事攻擊。同年八月，劉表病死。九月，曹操大舉進攻新野，劉琮攜荊州眾人投降了曹操。

　　這時，官渡之戰後本來打算投奔劉表的劉備，聽說劉琮投降，便率軍轉向存有大量軍用物資的江陵撤退。曹操聽說後，生怕江陵落入劉備之手，於是就親自率領五千騎兵從襄陽疾馳三百里，在當陽長阪追上了劉備，打敗他們佔領了江陵。

　　由於曹操的這次進軍直接威脅到了江東孫權的統治，於是孫權命周瑜率三萬大軍聯合劉備的兩萬人馬抵抗曹操。曹操從江陵一直向東進軍，到赤壁的時候，與孫、劉聯軍進行了交鋒，交戰不利，退兵駐紮在烏林，兩軍隔江對峙。

　　周瑜採用了詐降的計謀，命他的麾下大將黃蓋率領十多艘小船，上面裝滿了柴草，並用膏油澆灌，還命人在船頭釘上了許多大釘，向曹操假稱投降，接著黃蓋率船向北岸行進，在距離曹操大營還有二里的地方時，各船一齊點火，柴草火光衝天，然後借助風勢，迅速地朝曹軍衝去，曹操猝不及防，大批的船隻被燒，曹軍大敗。無奈，曹操只好率殘軍從華容道陸路撤回江陵。

　　赤壁之戰中曹操失敗以後，為了穩定軍心，曹操採取了一些措施。建安十五年春，曹操頒佈了《求賢令》，並近一步提出要採用不拘品行、唯才是舉的用人方針，儘量把天下真正有才華的人收羅在自己的身邊，為自己的雄心出謀劃策。

　　建安十六年，曹操開始率兵進攻關中。三月，曹操派遣大將鍾繇攜大將夏侯淵，以討伐漢中的張魯為藉口大舉進兵關中。鎮守關中的楊秋、韓遂、馬超等將領看見曹軍來時洶洶，一時慌亂。曹操聽說後，立即派大將曹仁趁機進攻關中，馬超等人退守潼關。

　　七月，曹操親自率領大軍進攻關中。九月，曹軍大破關中諸軍，馬超、韓遂逃至涼州，楊秋逃至安定。十月，曹操乘勝追擊，舉兵進軍安定，楊秋投降，至此，關中地區已經被曹操基本平定。

　　西元二一一年七月，曹操領軍西征，大勝了以馬超為首的各路關中大軍，構築了整個魏國基礎。

　　西元二一三年，漢獻帝冊封曹操為魏公，曹操獲得了「參拜不名、劍履上殿」的至高權力。

　　西元二一五年，曹操攻佔陽平關，張魯被降服，歸於曹軍。

　　西元二一六年，漢獻帝冊封曹操為魏王。

　　西元二二〇年三月十五日，六十六歲的曹操在洛陽逝世，諡號「武王」，死後埋葬在了高陵。曹丕繼位後不久稱帝，追諡曹操為「武皇帝」，廟號「太祖」，史稱魏武帝。

　　曹操不僅在軍事上有所作為，而且他在文學、書法、音樂等方面也有很深的造詣。他的詩歌和散文都很有特點。曹操的詩歌，今存不足二十篇，全部是樂府詩體。

　　在藝術風格上，曹操的詩歌大都以感情深摯、氣韻沉雄取勝，而不限於華麗的詞藻。在詩歌情調上，則以慷慨悲涼為主。曹操在他的詩中，將建安文學的這一特點表現得更為典型，最為突出。

　　除此之外，曹操在文學上的成績，還表現在他對建安文學所起到的建設性作用，建安文學能夠在三國那種長期戰亂、社會殘破的背景下蓬勃發展，同他的重視和推動是密不可分的。

曹丕：盡忠職守的英明君主

　　魏文帝曹丕，是魏朝的開國先祖，字子桓，三國時期非常著名的文學家、詩人。曹丕是「建安七子」中的一員，同時也是三國時期的第一位皇帝，開創了屬於自己的帝國，從此結束了漢朝四百多年的統治。

　　漢中平四年的冬天，曹丕降生在譙。曹丕自幼就非常聰明，而且十分好學，幾歲的他就已經熟讀古今經傳、諸子百家。年僅八歲的曹丕，就已經可以出口成章。曹丕稱得上是一個少年英才，正是因為自己的才華出眾，所以在建安十六年時，曹丕便被任命為五官中郎將，兼副丞相一職。

　　身為一個讀書人，只有心胸寬廣、心胸坦蕩、做事光明磊落才算得上一個真正的君子，但是曹丕偏偏學一些陰謀詭計，為了達到自己的目的不擇手段，即便是自己的同胞兄弟也不會輕易放過。建安二十二年，曹丕使用各種詭計陷害曹植。除此之外，曹丕還有司馬懿、吳質等大臣鼎力相助，和自己的弟弟曹植爭奪繼承權，成功被冊立為王世子。

　　延康元年，魏武帝曹操不幸去世，王世子曹丕繼承大統，被立為魏王、丞相以及冀州牧等多重職位，當時曹氏和士族之間的矛盾不斷深化，為了緩和雙方之間的矛盾，他也採取了一些政策進行調節。比如說，曹丕接受了陳群的建議，設立九品中正制度。在曹丕的不斷努力之下，曹氏和士族之間的關係才得以緩和，並且還得到了他們的大力支持，這樣就為以後稱帝埋下了伏筆。同年十月，曹丕逼迫漢獻帝退位，即刻登基稱帝，即為大魏皇帝，將國號定為大魏，改元黃初，

曹丕將自己的都城雒陽改名為「洛陽」。

西元二二一年，曹丕命令那些人口已經高達十萬的郡國，每一年都要察舉孝廉方面的人才。與此同時，命人重修孔子廟，冊封孔子的後人為宗聖侯。西元二二四年，曹丕下令恢復太學制度，建立春秋穀梁博士。曹丕還下令修復都城洛陽，修築五都，大力推廣儒學文化。

在農業方面，曹丕採取戰略防守戰術，大力支持恢復農業生產，推廣與民休養生息的政策，曹丕一生勤儉，反對厚葬，提倡薄葬。設置屯田制度，提倡成立穀帛易市，已達到穩定社會秩序的目的。到了黃初末，魏國的國庫已經十分充實，累積鉅萬，在一定程度上解決了因常年戰爭所造成的通貨膨脹問題。

為了鞏固中央集權，曹丕還限制後黨的權利，剝奪藩王權利，建立防輔制度。同時強化中書省的權利，讓校事官制度可以順利發展。

在軍事方面，曹丕出兵大破羌胡聯軍，一舉平定河西的大部分地區。不僅如此，還多次擊潰鮮卑的騷擾，在一定程度上鞏固了北疆邊防。

在外交上，曹丕派遣使者復通西域，將東漢在西域的統治發揚光大，而且還設置了西域長史府。

曹丕是一個英明的君主，他極力反對君主大權獨攬，同時建立中書省，其官員均由士人擔任，原來由尚書郎負責的詔令文書起草的工作現在改由中書省官員負責，軍機大權也逐漸落到中書省的手裡。宦官為官，其官職不能超過諸署令，這樣一來宦官的權力受到了限制，而且嚴重聲明，婦人不得干預政權，文武百官也不可以奏事太后，太后的親戚也不能夠擔當輔政的大任。曹丕執政宣導節儉、薄葬，其著作《終制》就是介紹這方面的文章。在曹丕執行九品中正制之後，用人的權利從地方收歸到了中央，但其弊端也是有的，最終造成魏國統治的實權逐漸落入士族的手裡，階級壟斷嚴重。

　　曹丕的確是一個非常有政治才能的君主，但在軍事才能上遠不及自己的父親曹操，他曾經幾次率領大軍南下討伐吳國，但是都沒有取得非常顯著的效果。三百六十行，行行出狀元，雖然曹丕的軍事才華不夠，但是他的文學才華相當卓越。曹丕是三國時期第一位傑出的詩人。他所作的一首〈燕歌行〉就成為了中國現存最古老的一部文人七言詩，而他所作的五言與樂府詩更為清綺動人，曹丕的〈典論・論文〉，在中國的文學批評史上佔據著非常重要的地位，同時也成為中國文學批評史上的首篇專題論文。

　　曹丕在位六年的時間，在他的統治下，曹魏的綜合實力得到進一步提升，版圖也得到擴充，他曾經多次擊潰羌胡、鮮卑等少數民族的進攻。西元二二六年，曹丕返回洛陽之後便一病不起，最後因病逝世，終年四十歲。在其臨終的時候，曾經將曹叡託付給曹真、司馬懿等人，希望他們可以輔佐兒子。

　　雖然曹丕在位的時間不長，僅有短短七年的時間，功績雖不是非常卓著，但是曹丕在政事上一直是忠於職守，兢兢業業，將自己的全部心血傾注於此，可以稱得上是一個好皇帝。

　　曹丕去世之後，諡號「文皇帝」，廟號為「高祖」，葬於「首陽陵」。

劉備：最能哭的皇帝

　　劉備，三國時代蜀漢的開國帝王，三國時期非常有名的政治家。劉備是漢中山靖王劉勝的子孫，但劉備的父親英年早逝，只剩下其母子倆相依為命。劉備自小家境貧寒，依靠母親賣草鞋和織草席維持家裡的生活起居。但是劉備人窮志不短，他的志向遠大，憑藉自己的卓越的品質和一向謙遜的生活作風，將大量的有識之士招攬到自己的門下，為了他可以赴湯蹈火，肝腦塗地。雖然劉備的一生曾經遭受很多次挫折，但是憑藉自己堅韌不拔的奮鬥精神，勇敢地走了過來，成就了自己的一番事業，建立蜀漢，由一個賣草鞋的小商販搖身一變成為了昭烈皇帝，他的一生真的是充滿了傳奇的色彩。

　　劉備平時寡言少語，而且不像常人那樣喜怒形於色，城府頗深，給人一種神秘感，讓人捉摸不透，但是劉備待人寬厚，謙恭有禮。年輕時的劉備在東漢大儒盧植的手下學習，他不喜歡讀書，但卻對弄狗騎馬這種事情頗為上心，平時劉備還廣結善緣，也因此結交了許多豪爽之士。所以，在劉備青年時代，就有許多年輕人依附於他，這大概就是他性格中的優點吧。

　　劉備為人寬仁、忠厚、慈善、樂善好施、非常擅長收買和籠絡人心，這就是曹操所遠遠不及的地方。

　　漢靈帝中平元年，為了推翻暴君的統治，黃巾起義爆發，劉備被推薦鎮壓起義軍隊，立下戰功，漢靈帝晉升他為安喜縣縣尉，不久，朝廷下令，那些因軍功受封成為官吏的人，均要經過一輪選精汰穢的競爭，於是郡督郵前往安喜縣要遣散劉備，當劉備得知這個消息之後，立即到督郵居住的驛站前去拜見，督郵說自己身患頑疾死活也不

肯接見劉備，劉備因此懷恨在心，將督郵五花大綁，鞭打了兩百皮鞭。隨後即刻與關羽、張飛等人棄官逃亡。之後，大將軍何進派遣毌丘毅前往丹楊招募兵馬，劉備恰巧碰到，便加入進來成為其中的一員，到下邳時因為征戰盜賊立下戰功，被任命為下密縣丞，但是沒過多久劉備便辭官不幹了。後來劉備又被冊封為高唐尉、高唐令等。沒過多久，高唐縣被盜賊一舉攻破，劉備不得已只好前往公孫瓚的住所，於是再一次升遷，擔任別部司馬一職。

　　不久，曹操打著為父報仇的幌子企圖再一次攻打徐州，由於徐州牧陶謙的能力有限，而曹操大軍勢如破竹，憑藉自身根本不能夠抵擋，情急之下，只能向青州刺史田楷請求支持。劉備得到命令之後，立即率領上千人馬從田楷趕往營救，雖沒有擊敗曹操的大軍，但是正好這時候張邈與陳宮二人背叛曹操，繼而投靠了呂布，曹操的根據地連連失陷，迫不得已只能先行班師返回兗州。陶謙稱讚劉備的才能，繼而晉升為豫州刺史，並賜予小沛作為暫時的居住地。

　　興平二年，陶謙因病去世，死前遺願希望將徐州交與劉備治理。繼而，劉備得到了麋竺、陳登、孔融等人的擁戴，即日起擔任徐州牧一職。這時候，呂布遭到曹操的襲擊，不幸戰敗，於是前來投靠劉備，劉備待人一向寬厚，對於呂布更是十分客氣，善待禮遇，還讓他屯居於小沛。

　　兩年後，曹操冊封劉備為鎮東大將軍，兼宜城亭侯一職。當時，袁術率領大軍攻打徐州，劉備得到命令出城迎擊敵軍，兩軍的實力相當，陷入僵局，在盱眙、淮陰地區相持不下。不巧呂布趁人之危，帶軍襲擊了下邳。劉備被迫率軍返回，半路上軍隊潰散，於是召集殘餘軍隊攻取廣陵，大敗袁術軍，不得以只能轉軍海西，眼看著就要彈盡糧絕困死在此，但是天無絕人之路，當時的東海麋竺願意貢獻自己的家財相助於劉備的大軍，這才得以保命。不久，劉備投靠了呂布，呂

布也讓劉備屯築於小沛。後來袁術派紀靈率領步騎三萬人馬攻打小沛，呂布深知唇亡齒寒的道理，想要利用「轅門射戟」的方法讓兩家就此收兵。但是沒過多久，劉備便召集了上萬人的軍隊，呂布見狀恨之入骨，即刻率領軍隊攻佔小沛。劉備不幸落敗，於是前往許都投靠了曹操。曹操任命劉備擔任豫州牧一職，還善待劉備的軍隊，給他們充足的糧草，讓劉備屯聚於沛地。所以世人稱劉備為「劉豫州」。

不久，呂布命自己的大將高順和張遼二人率兵攻打劉備，曹操隨即派夏侯惇進行援救，但是最後還是沒能勝利。最終，沛城被呂布攻破，劉備的妻子成為了人質，劉備隻身一人逃跑了。在梁國國界中，劉備和曹操相遇，在二人的密謀之下，決定聯合起來進攻呂布，以洩心頭之恨，一雪前恥，這次戰役，以曹操的勝利而結束。呂布投降之後，劉備力主曹操除掉呂布。而後劉備和曹操一起返回許都，劉備晉升為左將軍。

但是幾年後，「衣帶詔事件」爆發，曹操決定輕率大軍東征討伐劉備。雖然在曹軍的大將中多數都認為袁紹才是其真正的大敵，但是已經被怒火沖昏頭的曹操卻偏執地認為劉備才是真正的英傑，一定要先行討伐，永絕後患，郭嘉欣然表示贊同曹操的意見。這次戰役戰敗，劉備北上投靠了袁紹。隨後他又投到劉表的麾下。為了表示對劉備的尊重，劉表到郊外親自迎接劉備的到來，並且待以上賓的禮儀，還賜予新野地區讓他暫時屯居。

建安七年，劉表派劉備率軍北上進攻葉縣，繼而曹操任命夏侯惇、于禁、李典等人為大將率軍抵禦。劉備假裝兵敗撤退，暗自設下埋伏，李典覺得不對勁，力勸夏侯惇，但是他卻不聽，一意孤行，損失慘重，幸好李典及時趕到，劉備的兵力過少，深知僵持下去一定會吃虧，於是下令退軍。劉備屯居在荊州幾年時間，自覺已老但是尚未建功立業，故而產生了「髀肉之歎」。劉備向劉表建議在曹操不設防

的情況下，借機進攻烏桓，繼而偷襲許都，但是劉表並沒有接受他的建議。

建安十二年，劉備去往隆中求見諸葛亮，前兩次諸葛亮都沒有答應出山，最後一次劉備竟然做出來一件令人驚訝的事情，堂堂的七尺男兒，一個三國時期的風雲人物，竟然就在諸葛亮的面前哭了起來，諸葛亮看著時機一到，就答應了重出江湖，幫助劉備打天下。

第二年，劉備與孫權聯手，同周瑜一起率領大軍將曹操擊潰在赤壁，緊接著率軍南下收復荊州四郡。之後，劉備在孫權的手裡獲得荊州江陵，繼而佔據了荊州五郡。不久，劉璋聽取張松的建議，任命法正為使者前去邀請劉備入川襄幫助自己對抗張魯，法正、龐統等人力勸劉備攻取益州等地。

建安十九年，雒城被圍困了將近一年的時間才被攻克，於是劉備、諸葛亮、張飛和趙雲等人一同進駐成都。不久，劉備命建寧督郵李恢說服馬超投降。於是馬超也來到成都與劉備等人會和，劉備派他率領大軍屯駐城北，一時間城中陷入恐慌中。於是，劉備命簡雍將劉璋勸降，任命劉璋為益州牧，蜀中的很多人才均被啟用。

建安二十四年，劉備北上攻取漢中地區，在漢中一戰中將曹操手下的大將夏侯淵被斬殺，曹操迫不得已只能下令退軍，劉備將曹操的漢中地區占為己有，同時以漢中王自居，在劉備的治理下，蜀漢政權一度達到了鼎盛時期。

然而，劉備佔領漢中不久，其麾下大將關羽孤軍北上，水淹七軍、擒于禁、斬殺龐德，從此威震華夏，而且還將曹仁圍困在襄陽，軍事方面一度達到了最巔峰，但荊州的後方卻只剩下一具空殼，東吳呂蒙趁虛而入，以白衣計奪取荊州，導致關羽被吳軍捕獲，慘遭殺害，「失荊州」讓劉備的元氣大傷，從這時起，蜀漢政權逐漸衰落。

魏黃初二年，劉備與曹丕篡漢建魏之後，在成都自立為王，國號

為「漢」，憑藉著漢室宗親的身份重建漢朝，繼承東漢大統，年號定為「章武」。繼而，劉備打著為關羽報仇的幌子，出兵討伐東吳，企圖奪回荊州，但是天不隨人願，西元二二二年，在夷陵之戰中劉備戰敗，被迫撤退至白帝城。

雖然劉備戰敗，但餘威猶在，孫權聽說劉備如今駐守在白帝城，心中十分害怕，連忙遣使求和，劉備從大局出發，同意孫劉再一次聯盟。

西元二二三年四月，劉備去世，諡號「昭烈帝」。

孫策：短命的「小霸王」

孫策的母親姓吳，他是長沙太守孫堅的大兒子。孫策出生在一個亂世時代，正所謂亂世造英雄，說的一點也沒錯，孫策就是其中之一。東漢晚期，身為軍閥的孫堅，常年征戰於沙場之上，將自己的妻子和孩子留在家裡，所以撫養、教育子女的重擔就義無反顧的落到了吳夫人的肩上。吳夫人教育子女很有一招，從來不嚴厲斥責他們，而是選擇用寬容和誘導的方式教導他們，不辭辛苦，慢慢讓兒女領悟其中的道理，分辨是非黑白。在這樣的環境下，造就了孫策、孫權這兩位兄弟，他們禮賢下士，重用人才，兩個人都沒有辜負父母的期望，不但繼承了父親的基業，還讓吳國一步步走向了巔峰，與蜀、魏形成鼎足之勢。

孫策的相貌俊美，而且性格開朗、坦誠、寬容，喜歡聽取下屬的建議，在用人方面頗有研究，說話時非常喜歡開玩笑，頗具幽默感，對人非常和善，容易親近，也因此贏得了士人和百姓的極力擁戴，士民個個願意為他拼命、效忠。

徐州的一名學士張紘因為家中喪母，才回到江都。孫策聽說之後，幾次上門求見，與他一起討論天下大勢。首先，孫策說出了自己的想法：「以現在的情勢看，漢朝逐漸衰微，天下必當出現一場紛亂，各路英雄豪傑，都手握重兵，企圖壯大自己的勢力。無一人是出於公心，願意挺身而出，扶危濟亂。我的父親曾經和袁氏一同擊敗董卓，雖然建立功績，但是未能論功行賞，還慘遭黃祖的迫害。我雖然還很年輕，而且學識淺薄，但是我卻立志要幹一番大事業。所以，現在我想要投靠袁術，希望他可以將先父當年的舊部交到我的手裡，之

後再到丹陽去投奔舅父吳景，在那裡招募流散兵士，佔據吳郡、會稽等地區，伺機報仇，一雪前恥。您意下如何啊？」

張紘推辭說道：「我的見識簡陋，而且現在又是服喪在身，對於您的事，我實在是很難幫上什麼忙。」

孫策再一次請求道：「對於您的大名早已經是如雷貫耳，天下英才，對您無不嚮往仰慕。現在，我的這些計劃，成功還是失敗，全憑藉您的一句話。所以希望您可以對我坦誠相待，直言相告。若是我的志向得伸，大仇得報，一定不會忘記您今日的教誨之恩。」觸及自己的傷心之處，孫策不自禁地落下了眼淚。

張紘見孫策言行慷慨，眉宇之間流露著一股忠義豪壯之氣，於是深受感動，對孫策袒露出自己的心胸，表明了自己的想法：「當年，周朝王道慘遭淩遲，才讓齊桓公和晉文公有機可趁，應運而起，由此可見，王室安寧穩定，那麼諸侯王就只有供奉周朝的份兒，盡自己作為臣子的本分。既然您要將父輩的威烈發揚光大，決戰沙場，若是真的可以棲身丹陽，在吳郡、會稽招兵買馬，如此一來，荊、揚二州便可以一舉拿下，到那時，報仇雪恨也指日可待了。那個時候，您具備天時、地利之勢，背依長江，威德奮發，掃除奸雄，匡扶漢室，建功立業，那時的功績絕對不會亞於齊桓、晉文二公的業績，定能流芳千古，怎麼能夠只是甘心做一個外藩呢？現在世難時艱，若是想要建功立業，就一定要南渡，那時我會聯合我的好友一同前來支持您。」

孫策聽了張紘的一席話，心裡甚是激蕩：「那就這樣一言為定！我現在回去，馬上開始行動！只是我的家中還有老母和幼弟，帶他們出行實在不方便，我現在將他們全都託付於您。希望您可以幫助我多加照顧他們，讓我沒有後顧之憂，我將會感激不盡。」

拜訪張紘之後，孫策真的是一刻也等不及，立刻去拜見袁術。到了那以後，孫策對袁術表明了自己的心跡。袁術仔細品讀其言語，觀

察他的舉止，因為袁術知道，孫策是一個能屈能伸的真漢子，非常人所能及。如果馬上將其父親孫堅的所有舊部交到他的手裡讓他自立門戶，自己的心裡總有一些不甘心。袁術想了想，說：「我已經冊封你的舅父吳景擔任丹陽太守一職，你的堂兄孫賁也晉升為都尉。現在丹陽就是選拔精兵的好去處，你可以前去投靠他們，召集兵勇。」

袁術這個人生性反覆無常，很少信守承諾，最初的時候他曾許諾封孫策為九江太守，可是不久之後，他卻改用親信陳紀擔任。後來，袁術出兵攻打徐州，因為糧草不濟，於是向當時的廬江太守陸康索求軍糧，陸康拒絕，袁術大怒。這時候，碰巧趕上孫策前去拜見陸康，陸康非常看不起孫策，於是便命令主簿去接待，而自己卻不出來迎接客人，對於這件事，孫策一直懷恨在心。

後來，袁術命孫策前去討伐陸康，又許願說：「以前我錯用陳紀，現在時常後悔用錯了人。若是這次你可以將陸康這個傢伙拿下的話，那麼廬江郡就會封給你。」

孫策奉命即刻出兵，不費吹灰之力拿下了廬江。但是袁術這次居然再一次出爾反爾，選用自己的部下劉勳擔任廬江太守一職。對於袁術的種種作為，孫策一次又一次的失望。

丹陽尉朱治原本是父親孫堅的一個老部下，在孫堅的軍中擔任校尉一職，對於袁術這個人，他早就有所不滿，只是敢怒而不敢言。現在孫策的到來，正好如了大家的心願，只要孫策一聲令下，全軍皆會回應。於是，朱治勸說孫策借機奪取江東，於是孫策去求見袁術，對袁術說道：「以前的時候，我的父親對江東百姓多有恩義，我自動請纓出兵協助舅父征討橫江。拿下橫江後，我依舊可以在那裡招募士卒，我算了一下，最少可以招募三萬人。到那個時候，我再領導他們幫助您平定天下，成就霸業命令，您意下如何。」袁術深知孫策對於

自己的行為早有不滿，但是他又一想，劉繇盤踞在曲阿一帶，王朗佔據會稽，憑藉孫策一人之力，不一定會掀起什麼浪，於是便答應了，而且還寫了一封奏摺，上報朝廷讓孫策擔任折衝校尉。即日起，孫策率領父親的舊部與數百門客出兵東進。

途中，孫策不斷招兵買馬，隊伍逐漸壯大，到達吳景，隊伍已經擴展到五六千人。孫策作戰英勇，所向披靡，氣勢無人能擋。孫策所率領的軍隊軍紀嚴明，對於百姓更是關愛有加，所以百姓們都很擁護孫策。

起初，當百姓們聽聞孫郎的大軍一到，個個都膽顫心驚，恨不得避之不及，就連守城的官兵們也都會棄城逃竄，甚至會躲到草莽中。之後，人們逐漸發現，孫策軍隊所經之處，士兵嚴遵將令，從來不做擄掠百姓的惡事，雞犬菜茹，絲毫無犯。所以，百姓見到他們就像見到自己的親人一樣，無比喜悅，爭相用牛、酒犒勞部隊。

孫策犒賞將士，頒佈文告，通曉各縣下屬：「只要是劉繇與笮融的鄉親或是部下前來投降的，一概不予過問；那些願意從軍打仗的人，便可以從軍，而且還拒收賦稅徭役，若是不願意從軍的，也絕對不會勉強。」

文告發佈沒多久，前來歸附的人就從四面八方雲集於此，短短的時間內，就已經招募了近兩萬多士兵，戰馬一千多匹。袁術屯聚在壽春，聽到孫策大勝的消息，於是立即上表冊封孫策為殄寇將軍。從此之後，孫策的威名震響江東。

建安三年，孫策命張紘前往漢廷進獻方物，曹操選擇與孫策交好，於是上表奏准任孫策為討逆將軍，兼吳侯一職。

於建安五年，曹操和袁紹在官渡展開激戰，孫策陰欲襲許，投靠漢帝，招兵買馬，部署諸將。孫策獨自一人騎馬出行，不幸遇到了刺

客，孫策受重傷。久病不癒，在奄奄一息之際，召集張昭等人囑咐後事，希望孫權繼承自己的事業，將印綬交予孫權，卒年二十六歲。後來，孫權稱帝，追諡孫策為長沙桓王。

孫權：能屈能伸的大丈夫

　　孫權，中國歷史上著名的政治家、戰略家，孫權自出生時起便具有紫髯碧眼，眼睛炯炯有神，方頤大口，其形貌奇偉與尋常人頗有不同。孫權從小就是一個文武雙全的孩子，隨著年齡的增大，孫權便開始隨父兄常年在外征戰，所以孫權的馬上功夫相當了得，年輕的時候時常乘馬射虎，其膽略非常人能及。曹操就曾經稱讚他：生子當如孫仲謀。

　　孫權的父親孫堅曾經被冊封為烏程侯、破虜大將軍等，而哥哥孫策也被曹操奏請擔任討逆將軍，冊封吳侯。小時候的孫權時常跟隨哥哥征戰沙場，見多識廣，而且他自幼喜歡讀書，對於歷史、文學等各個方面的書籍均有涉及，長大後的孫權已然是一個文韜武略的全才。而且孫權的性格非常開朗，待人寬容。正是由於這樣的天性，所以孫權的人緣非常好，在軍隊中享有很高的名望，父親戰死沙場之後，小小年紀的孫權有時還會幫助哥哥一起商量作戰對策，一語中的，讓孫策頗為驚訝，因為就連孫策都沒有想到，弟弟竟具有如此過人的謀略。孫策見到非常高興，有一次在設宴招待貴賓時，便對孫權說：「來，不要看你的年紀尚小，在座的文臣武將，將來都會成為你的屬下，幫助你成就大業。」

　　為了使自己的弟弟早日成才，在孫權十五歲的時候，孫策便命他去擔任一個縣的縣長，鍛鍊他的性格，磨鍊他的意志。

　　孫策在臨終的時候，孫策把孫權交予張昭照顧，之後又將自己的印信交到了孫權的手中，並對他說：「若是說領導江東百萬將士衝鋒陷陣，屠戮疆場，與豪傑逐鹿中原，這一點你不能和我相比。但若是

提到知人善用，穩固江東，哥哥我就要自歎不如了。現在我將大任交
到你的手裡，你一定要好好努力，不要辜負了父親和我的期望。」就
這樣，孫權繼承了哥哥的爵位，擔任吳侯、討逆將軍的職位。在張昭
和周瑜等眾位大臣的全心輔佐之下，孫權的勢力逐漸擴張，幾乎無逢
對手。孫權廣招賢臣，幾乎要獨佔江東地區，實力日漸強大起來。

　　建安八年到建安十三年，這五年的時間，孫權曾經三次出兵討伐
江夏太守黃祖，而且在此期間大將甘寧歸順孫權，此時的孫權更是如
虎添翼，今非昔比。同年，漢丞相曹操出兵南下討伐劉備，大獲全
勝。曹操攻克了江陵地區之後，給孫權書信一封，決定要一舉攻克東
吳。孫權怎會坐以待斃，立即下令將東吳內部分為主戰派和主和派兩
個派系，主戰派主要以魯肅和周瑜為首，而主和派則由張昭率領。雖
然，張昭在軍中很有威信，但是依照孫權的個性絕對不會委曲求全，
倒不如和曹操決一死戰來得痛快。這時候，魯肅在江夏地區迎接劉備
的軍師諸葛亮到來，諸葛亮向孫權表明了主公聯吳抗曹的意思。此
時，周瑜也一再地說明曹操的種種弊端，如是一戰有很大的希望獲
勝。經過再三考慮，孫權決定，任命周瑜和程普二人擔任左右都督，
和曹操進行決戰。周瑜採用黃蓋的謀略，用三萬人在赤壁大敗曹操
軍。這就是歷史上赫赫有名的赤壁之戰。

　　戰後，孫權和曹操在合肥與濡須地區多次對峙，勝負各半。這期
間，孫權曾與劉備聯手，還將自己的妹妹嫁與劉備為妻。繼而，孫權
接受魯肅的計謀，把自己的盤踞之地荊州的南郡雙手贈與劉備。

　　西元二一九年，關羽出兵發動襄樊之戰。此時的孫權見到劉備的
勢力逐漸強大起來，幾乎以相當的勢力對自己構成嚴重的威脅，隨即
改變了先前的戰略，投靠了曹操，兩人達成協議，孫權向曹操俯首稱
臣，而曹操必須幫助自己拔掉劉備這顆定時炸彈。於是，曹操任命呂
蒙為都督一舉攻克劉備所佔據的荊州，而潘璋、朱然隨即斬殺了劉備

的大將關羽，關羽的死，讓劉備的元氣大傷，也算是消除了孫權的心腹大患。

第二年，曹丕登基稱帝，建立大魏，歷史上稱為曹魏。隨即，劉備在蜀漢稱帝，將國號定為漢，歷史上稱為蜀漢，劉備即刻興兵征討東吳。在情急之下，孫權果斷冊封三十九歲的陸遜擔任大都督一職，率兵抗擊劉備，在彝陵一戰中大敗蜀軍。

西元二二三年，劉備去世之後，蜀、吳結為盟友，互通使臣，矛盾逐漸得到緩和。西元二二六年，曹丕臥病不起，孫權借機攻佔江夏。

西元二二九年，孫權在武昌登基繼皇帝位，將國號定為大吳，自此，孫吳王朝正式建立，都城建業。

幾年後，孫權與諸葛亮開始了最後一戰——北伐，諸葛亮親自率領大軍討伐合肥，不幸落敗，之後孫權幾次出兵北伐，連年征戰，各有勝負。

孫權稱帝之後，曾經多次派人航海外出，逐漸加強和夷州的聯繫。設置農官，實行屯田制度，在一定程度上促進了江南地區農業的開發。孫權統治晚期，日益驕奢，寵信奸佞，百姓的賦役繁重、嚴刑酷法，民不聊生。

西元二五二年，孫權久病不癒，享年七十一歲。諡號為大皇帝，歷史上稱為東吳大帝，廟號為太祖。

奇異女子──舞動政治半邊天

蔡文姬：文藝女青年的亂世悲歌

　　三國是一個群雄紛爭的年代，每一個女子都會成為那個時代的犧牲品，對於一位精通文理的弱女子，她的命運也逃脫不了舊時代的束縛，因此她的一生只能在尷尬和不幸中度過。這位女子便是後漢三國有名的才女——蔡琰（蔡文姬）。

　　蔡琰出身於名門之後，她的祖上蔡勳是一位忠於漢朝的賢臣，在西漢滅亡的時候拒絕了王莽的高官任命，隱居在深山裡，他們一家的忠貞也因此被世人稱頌。蔡琰的父親是東漢末年著名的文人蔡邕，他既是一位著名的文史學家，又是一位才華橫溢的大書法家和音樂家，因此在當時的文壇和藝術界久負盛名。蔡文姬出生在這樣一個書香門第，自幼便接受到良好教育的薰陶。

　　蔡文姬年幼的時候就表現出了對音律極度的敏感，一天夜裡，蔡邕來了興致，在庭院中撫琴。彈著彈著，一根琴弦竟然繃斷了。蔡邕正想藉此事發一番感慨，不料身後的小女兒蔡文姬卻稚嫩地插了一句：「斷的這根線是第二根弦吧？」蔡邕心裡一驚，因為女兒說得確實正確。他不相信這麼小的孩子會有這麼好的音樂天賦，便隨口敷衍道：「小丫頭，你猜對了，不過只是碰巧罷了。」說完，她的父親竟然手指一勒，又將琴上的一根弦弄斷了，然後望向蔡文姬說：「這次呢，你能猜出斷的是第幾根弦嗎？」蔡琰想都沒想回答說：「這次斷的應該是第四根弦。」蔡邕驚訝地望著女兒。因為她又猜對了。這次，父親真正相信了女兒在音律方面的天賦。

　　古琴的每一根弦都可以發出高低不同的聲音，因此琴弦在繃斷的

時候自然就能發出不同的響聲。一般人很難分辨出每一根琴弦的音律，除非是對琴音非常精通，否則一般人是不可能做到的。就像蔡邕自己，他就能通過焚燒琴木的爆裂聲中分辨出這塊木頭是否是製作琴的好材料。那麼，蔡文姬能夠從繃斷的弦聲中聽出斷的是第幾根弦，對於如此年幼的小女孩來說，能夠擁有這麼好的音樂分辨能力，已經是很難能可貴了。

等到蔡文姬稍大一點的時候，就嫁給了衛仲道，但是結婚沒多久丈夫就死了，於是她回到了娘家，後來因為兩年戰亂，一直沒有改嫁。結果到了初平三年的時候，司徒王允設計將董卓殺死，雖然董卓是一個人神共憤的魔王，但他曾經幫助過蔡邕，因此在他死後，蔡邕不免歎息了幾聲。可就是這幾聲歎息將王允震怒了，他嚴厲斥責蔡邕有依附奸黨的嫌疑，因此將蔡邕抓了起來。不久，蔡邕就死在了獄中。蔡文姬的丈夫和父親相繼死去，使她頓時成為飄蕩的柳絮，無依無靠，而且在那個戰亂紛爭的年代，女子的才情和智慧，不會帶給她們任何的幫助，至於美貌，反而更是引來強橫之徒的根源。

沒過多久，漢朝內部分崩離析，各少數民族也趁此機會蠢蠢欲動，燒殺搶掠。就在這樣的情況下，蔡文姬被橫行的匈奴騎兵捕獲了。當匈奴騎兵見到如此氣度不凡的美女時，不自覺地就手下留情。後來幾經輾轉，竟然將她送到了匈奴的第二把手——左賢王那裡，這也是蔡文姬在匈奴生活十餘載的開始，她成為左賢王眾多妻子中的一個。左賢王對於這樣一個美麗與才情兼得的妻子，自然是寵愛有加。

此時的蔡文姬遭人劫掠，淪為匈奴的王妃，雖然並不是她心甘情願，但在這個戰禍連年的時代，她只能向命運屈服，毫無還手招架之力。於是，看透世事的蔡文姬放平了自己的心態，老老實實地在匈奴安定了下來，過起了左賢王夫人的生活。這一待，就是十二年。蔡文姬也在時光的消逝中洗盡了鉛華，磨掉了棱角，成為一個飽經滄桑的

中年婦女，而且她和左賢王還共同孕育了兩個兒子。

事實上，在匈奴的生活，雖然飽經思鄉之情，但也給她帶來了前所未有的安逸。於是她在閒暇的時候就用匈奴地區的樂器作歌，以此來寄託自己的憂思，著名的〈胡笳十八拍〉就是她在這個時期的作品。歌聲哀怨綿長，使人聞之落淚。本來，她以為自己能夠安穩地在匈奴過完人生，沒想到十幾年之後，命運又一次讓她做出了無可奈何的選擇。

建安五年，曹操成為了這個時期的領袖之一，他不僅是東漢末年一流的政治家和軍事家，而且還是一位文壇頗具盛名的領袖，他與蔡文姬的父親蔡邕，早年就有一定的交情，而且對於蔡邕的文采，他一直都非常敬佩。因此對於蔡文姬的聰慧伶俐與她的不幸命運，曹操早有所耳聞，而且一直找機會想解救這位讓人心生憐惜的女子。

現在曹操終於有機會並且也有實力解決這件事情，他自然不會放過。於是，曹操向匈奴方面索要蔡文姬，左賢王雖然心有不捨，但面對曹操的勢力，他毫無還手之力，只能忍痛割愛。這時的蔡文姬，內心其實也非常矛盾。雖說她是被匈奴俘虜過來，但與左賢王相伴十二年，且左賢王對她也是寵愛有加，多少也有些感情。更何況還有自己生養的兩個兒子，他們是左賢王的後代，是匈奴的小王子，自然是要留在胡地。這既是回歸故鄉的大好時機，也是母子永訣的哀傷時刻。這份哀痛，實在不亞於當初的背井離鄉。但是連左賢王都沒有辦法改變的事實，蔡文姬一個弱女子更沒有抗衡的能力，她只能又一次選擇了向命運低頭。

建安十二年，蔡文姬終於回到了闊別已久的家鄉。曹操將她帶回之後，就把她嫁給了陳留人董祀。董祀雖然名氣不大，但也是曹操手下的一個重要人物，本以為蔡文姬回來之後的生活能夠安穩地度過，沒想到，董祀後來犯了錯誤，被曹操判處了死刑。董祀可以算是蔡文

姬歸鄉之後唯一的親人和依靠，因此，這位飽經風霜的才女沒有辦法，只能豁出自己的臉面，去為自己的第三任丈夫向曹操求情。

她到了曹操的相府，恰逢曹操正在大擺筵席款待群臣，堂內坐滿了朝廷的公卿名士，以及遠方前來進貢的使者。曹操聽說蔡文姬在門外求見，他得意揚揚地向滿座賓客炫耀她的才華，於是將蔡文姬宣召進來。只見此時的蔡文姬蓬頭赤腳，滿面哀楚，她對著曹操盈盈拜倒，悽楚地訴說著自己的無奈與悲苦，哀求他能夠饒恕自己的丈夫。眾人看到她的樣子，聽著如此懇切的言辭，都不禁心生憐憫。或許曹操是被她的言辭給感動了，果真派人去將董祀救了回來。

曹操趁機又問蔡文姬：「聽說夫人家中曾經有很多的藏書，不知道您還能夠記得多少呢？」

蔡文姬聽到他的問話，不禁想起了自己枉死的父親，只得歎息一聲，告訴他曾經父親的藏書是很多，但是全都因為戰亂失散了，現如今她能夠記得的也只有其中的四百多篇而已。

曹操作為文壇領袖，愛書如命，聽了她的話自然非常高興，他告訴蔡文姬希望能夠將這四百篇留下來。於是就命人拿來筆墨紙硯，蔡文姬將自己記憶中的所有文章全部卷寫了下來。也正是這樣，這四百篇文章也得以流傳了下來。

蔡文姬就這樣過完了自己顛沛流離的一生，作為封建舊社會的女性，在那個戰亂不斷的年代，不管蔡文姬本人是如何聰慧、美麗、富有才情，卻依然沒有辦法逃脫命運的摧殘與折磨。這就是封建制度下女性共有的悲哀。

貂蟬：連環計的靈魂人物

　　東漢王朝在經歷了一場又一場的浩劫後，開始慢慢走向崩潰的過程，東漢經歷的第一場大浩劫就是董卓進京。董卓可算是西涼的一位土霸王，他不但擅自進行廢立，大肆奸淫宮女妃嬪，而且將小皇帝以及何太后全部殺害，甚至對當地的百姓也隨意屠戮，真可稱以算得上是燒殺搶掠無惡不作。這樣的一個魔王，當然會激起公憤，群起而誅之。於是，關東地區的各路諸侯開始舉兵進行會盟，商議討伐董卓。可經過了幾番大戰之後，關東的各路諸侯最終陷入了內訌紛爭的境地，反倒讓董卓得以坐收漁翁之利，致使他越來越肆無忌憚。

　　直到後來他自稱太師，出入的時候全部都改用天子的儀仗，而且還對他的兄弟子侄進行了不同程度的分封，對滿朝的文武百官則總是一副頤指氣使的樣子，稍有不順便對其加以謀反的罪名將其處死，致使朝中人人驚懼。面對時下的局面，司徒王允一直圖謀將國賊董卓除掉。但董卓的義子呂布可是勇冠三軍，軍中幾乎無人能敵，而且對於董卓也是極其忠心，從不離左右進行護駕，讓王允根本就找不到下手的機會。王允苦於想不出好的計策，總是感覺食不甘味、寢不安席。

　　一天夜裡，他因睡不著覺就到後花園中獨自垂淚歎息，卻沒想到突然聽到花園中竟然有另外一個人在對月長歎。他定睛一看，原來是美貌多才的歌伎貂蟬。王允很是好奇地問她在大晚上不睡覺跑到園中做什麼？貂蟬回答說，是因為她平日裡見王允每日都憂心國事，卻又不好問他，因而只能在後院之中獨自歎息。並且最後還補充了一句，如果能夠用得著她的地方，她定會萬死不辭。

　　王允聽完了她的話，腦筋一轉，瞬間就有一個妙計湧上心頭。他

敲著地板吃驚地說：「想不到漢朝天下，竟然握在了你的手中！」他立即將貂蟬帶到自己屋中，跪下給她邊磕頭邊說：「董卓那個奸賊，兇惡無比，更有呂布那個逆賊助紂為虐，兩個人都是人人想得而誅之的亂臣賊子。現在我有一計，需要你的幫忙，但是可能會威脅到你的生命，希望你能三思。」貂蟬立即將王允扶起說道：「義父斷不能跪我，需要我做什麼，您但說無妨，我一定會竭盡全力。」

王允聽了貂蟬的話，放心了，就把自己的計劃原原本本地告訴了貂蟬。他說董卓和呂布兩個人都是好色之徒，他準備利用這一點，設計一個連環計。他先將貂蟬許嫁給呂布，然後再讓董卓發現貂蟬的美貌，以此來離間他們父子，使呂布殺掉董卓，然後再重扶江山社稷。但是這一計極其兇險，稍有不慎就會丟掉性命，他把這其中的利害關係又跟貂蟬說了一遍，但是沒想到貂蟬還是毫不猶豫地答應了。

不久好色的董卓和呂布就都墮入了王允的圈套之中。王允先請呂布來做客，讓呂布看到了貂蟬的美貌，然後就將貂蟬許配給了呂布，後來董卓無意中發現了貂蟬，當然看似無意，其實是王允故意佈局。以董卓的霸道，立即將貂蟬霸佔了。呂布見自己的未婚妻被義父霸佔，立即怒火中燒，認為董卓的行為就好比禽獸。而董卓這邊見呂布一有機會就與貂蟬眉來眼去，對他極為不滿。王允在這中間，自然是作為局外人對呂布煽風點火，添油加醋，貂蟬身在董卓府中，也是盡情表演。

有一次，呂布進入董卓府中向義父問安，恰巧碰到董卓正在睡覺。貂蟬站在床後探出半個身子望著呂布，以手指著自己的心口處，然後又用手指了指董卓，立即就揮淚如雨。呂布看著這樣的美人為自己淚如雨下，立即感到了無比的心痛。董卓醒後，朦朧著雙眼，看呂布一直注視著自己的床後，轉身一看，就看到貂蟬正在床後立著。董卓立即大怒，以為呂布調戲貂蟬，他立刻派人將呂布趕了出去，而且

命令他從今往後再也不能進入內堂之中。

　　貂蟬的表演並沒有停止，呂布和董卓之間的關係在一步步惡化，這樣的表演終於在「鳳儀亭」事件時達到了高潮。呂布趁董卓不在的機會，偷偷溜到了相府的後堂內與貂蟬私會，貂蟬則將他約到了後花園的鳳儀亭邊。過了一會兒，貂蟬梳妝打扮好之後，便娉婷地走了出來，一見面她便哭著對呂布說自己本身已經被義父許配給了呂布，而且她自從見到呂布之後，心裡想念和記掛的人只有呂布，每日茶不思、飯不想地期盼著呂布能夠早日來迎娶自己。可是沒想到半路殺出個程咬金，還沒等到呂布的迎娶，就被董卓強行霸佔了，她本欲對抗，但是董卓權大勢大，又怎麼會是他的對手呢？貂蟬說的言辭懇切，呂佈在這裡聽得也是猶如一根芒刺紮在心上，非常心痛。貂蟬看到她的話已經起了作用，於是繼續說道：「我沒有辦法抵抗董卓的侵犯，本想一死來擺脫自己不潔的身子，可是又想在死之前見到將軍最後一面，所以才苟活至今。近日有幸能夠讓我見到將軍，我今生最大的願望都實現了，此時死去也可以瞑目。」說著，就站到了湖邊的欄杆處，一副將要跳湖的樣子。呂布見狀，立即上前抱住她，向貂蟬明志說：「我已經明白你的心思，今生不能娶到你做我的妻子，就不是英雄所為。」說著拿起戰戟就要離開。貂蟬拉住呂布說：「將軍既然這樣說，為什麼又要走呢？難道你怕你的義父嗎，那麼我這輩子是不是就永遠沒有做你妻子的機會了，那我還不如死了算了。」呂布看著她說：「你放心，等我想到一個萬全之策就回來救你。」說著，拿起戰戟頭也不回地走了。

　　董卓進入後堂之中，問貂蟬今日是不是與呂布私通了。貂蟬聽了這句話，立即淚如雨下，她撲到董卓的懷裡抽泣著說：「我本是太師的女人，今天到後花園賞花，呂布突然來了，我看他有些不懷好意，想要立即避開他。沒想到他卻說是您的義子，我沒有什麼好避開的。

後來他拿著戰戟將我逼到了鳳儀亭，我恐怕他繼續逼迫我做出一些對不起太師的事情，就想要跳河自盡，沒想到卻被他從後面抱住，就在這生死關頭，幸好太師來了，要不然就連我的性命……，那我這輩子恐怕就再也沒有機會見到太師您了。」董卓望著貂蟬說：「別哭了，既然呂布喜歡你，我今天將你許配給呂布吧。」貂蟬一聽，知道董卓是在試探她，於是她哭得更厲害了，繼續說道：「我已經侍奉太師這麼久了，現在讓我嫁給別人，我寧願死都不會同意的。」說著就拔出了董卓掛在牆壁上的劍想要尋死，董卓見狀立即攔住她，安慰說是開玩笑的。貂蟬看到自己的計劃將要成功了，立即倒在董卓的懷裡說：「太師雖然喜歡我，但還讓我住在這裡，害得我總是提心弔膽，擔心哪天被呂布佔了便宜。」董卓想了想，同意了貂蟬的建議，於是就帶著她回到了自己的城堡郿塢。

另一方面，呂布見貂蟬被帶走了，以為是董卓脅迫貂蟬，又擔心永世不能再和貂蟬相見。再加上貂蟬在一邊煽風點火，她見時機已經成熟，就對呂布實施了激將法，致使呂布終於忍無可忍與王允協力殺死了董卓。

一招巧妙的連環計終於告一段落，貂蟬這位絕世美女也因為其功勞被後世記住了。聽著貂蟬的故事，不得不佩服這位古代女子的聰明機智。可想而知，身在虎狼穴的貂蟬，面對著殺人不眨眼的魔君董卓和梟將呂布，即使是一位驍勇善戰的男子也奈何不得，但她一個手無寸鐵的弱女子竟然能夠做到這一步，是多麼的不易。也難怪後人將其稱為「女中丈夫」。

但是即使是這樣，一些人也忘不了她是靠自己的美色迷惑董卓和呂布，被人不分事實地冠上了紅顏禍水的名號。要說貂蟬的容貌，確實是個美女。關於這個後世還有一個傳說，某天夜晚，貂蟬在府中的後花園對著天上的月亮為世人祈福。忽然，天上的一片流雲飄過來將

明月遮住了，就好像是躲進了雲層裡一般。於是，大家就紛紛傳說貂蟬的容貌足以閉月。因此閉月的傳說也就由此傳播開來。不過事實上，貂蟬能夠被世人記錄下來，應該並不僅僅是因為她美麗的容顏，更多的應該是她在連環計中的貢獻。

在古代相傳的四大美人之中，王昭君、西施和楊貴妃三個人都是史冊中實實在在存在的人物。而唯獨貂蟬最為特別，從始至終她就只存在於人們的虛構和幻想中。因此她在藝術作品中的出現，也是後世的文學家和藝術家在史料的相關基礎上進行了大膽的想像和演繹，從而將她的藝術形象表現得更加完整。

黃月英：智比孔明的賢慧妻

　　諸葛亮是三國時期世人所推崇的一個人物，後來在文藝創作中更是被塑造為神一般的智慧化身。諸葛亮的才華自是不必多說，而且他的外表也是相當不錯的。陳壽在《三國志》中就有所記載，諸葛亮是「少有逸群之才，英霸之氣，身長八尺，容貌甚偉」。即使將諸葛亮放在今天，也可以算得上是個才貌雙全的帥哥。俗話說每一個成功的男人背後必定會有一個成功的女人。那麼，諸葛亮如此成功，他的背後應該是個怎樣的女人呢？

　　史書上對於諸葛亮的妻子記載很少，甚至沒有具體的名字。民間的藝人們稱她為「黃月英」，關於她的相貌歷史上卻是有記載的，不過記載的結果卻不盡如人意。都說美女才能配英雄，但是像諸葛亮這樣的大英雄卻娶了一個黃頭髮黑皮膚，長得並不漂亮的女人，這樣的結果很是讓人費解。

　　黃月英真正地被人們認識，還是在《反三國演義》中的第三十六回，裡面說的是諸葛亮統率蜀漢的主力，正在前線與魏國的軍隊浴血奮戰之時，南蠻王孟獲忽然起兵造反與孫權相互勾結，在南方起兵開始大舉進攻大涼山。諸葛亮為了降服孟獲，保舉黃夫人率領大軍南征。世子劉禪也為此來諸葛亮的府中拜見這位諸葛亮夫人，希望她能夠主持南方的大局。黃月英並沒有推辭，爽快地答應了，並且聲稱自己晚上就會過去。又請劉禪親自給南方的守軍將領呂凱寫了一封書信，告知他不需要再額外派兵。

　　黃月英的兒媳婦也就是劉禪的妹妹錦城公主聽完了婆婆的話感到非常奇怪。因為她看婆婆平日裡整天操持著家務，一副溫柔嫻靜的樣

子，就像普通的農家主婦一樣，真沒想到關鍵時刻，婆婆居然能夠上
戰場征討蠻夷。

　　公主不相信這個事實，當晚公主就悄悄躲在了黃月英臥室的窗戶
外面向裡偷看。她看到黃月英從箱子中拿出了一隻紙鳶，也就是今天
的風箏，把劉禪寫的書信纏在了風箏的腳上，而且口中還念念有詞，
不一會兒只見那只紙鳶竟然一聲驚呼，變成了一隻真鳶，從屋子裡飛
了出去。錦城公主當場嚇了一跳，但是又激起了她的很大興趣。她走
進屋子裡對婆婆進行軟磨硬泡，一定要跟著婆婆一起去。黃月英最終
拗不過她，只好同意帶著她一起去。公主沐浴一番之後，就來到上房
找婆婆。只見此時的黃月英「星冠霞帔，絲絛雲履，佩著七星寶
劍」，而且天井的正中央還放著一輛四輪八角的青油簾幕繪雲雷車，
該車之上不僅沒有車夫，甚至連馬匹都沒有。儘管公主的心中十分驚
訝，但是她卻不敢發言。公主跟隨婆婆上了車，黃月英將自己手中的
寶劍一揮，頓時就升起了一陣風雲，車子隨即帶著二人升到了半空之
中。公主只覺得自己四周隱隱有雷聲，而且一陣電掣風馳，不禁又怕
又喜。

　　再說越巂太守呂凱這邊，在將近二更的時候，明明看見從窗子中
飛進來一隻鳥落在了桌子上，可是一眨眼的工夫，飛鳥就變成了紙
鳶，腳下還纏著一封書信。他接下書信拆開一看，卻是魏國世子劉禪
的親筆書信，信上告訴他諸葛夫人即將前來助戰。於是劉禪趕緊穿戴
整齊，恐怕會怠慢了諸葛亮的夫人。到了五更的時候，呂凱只聽到空
中隱隱約約有雷聲，急忙走到院子當中查看情況。這時候他只看見憑
空出現了一輛馬車，穩穩地降落在院子當中，車上正坐著黃月英和錦
城公主。黃月英扶著公主下了車，將自己的衣袖一拂，那車便消失在
了空中。後來錦城公主暗地問婆婆，這一路從成都到越巂大約走了多
遠的距離，黃月英告訴她大約有兩千多里，一句話嚇得公主連舌頭都

縮不回去了。

等到天亮了以後，黃月英便開始發號施令，她先精選了兩千五百名精壯軍士，大都赤膊著上身，在他們通身進行了五顏六色的彩繪，然後讓他們披頭散髮。又取來五百面五方旗，黃月英親自將自己的符印印上，最後她命令這兩千五百人分成五路人馬，各隊帶領一面大旗，從南蠻軍營的寨子旁經過。如果中途有南蠻軍隊前來追擊，不必回頭，只管繼續向前。如果蠻軍撤退，就返回去追殺他們。

安排好了一切之後，他又讓呂凱帶領一萬名精兵在三連海旁進行埋伏，如果聽到山上有雷聲，就立刻出營進行截殺。她命令大將王伉帶領五千軍隊，掠取蠻軍的輜重。黃月英自己則在山上坐鎮。

孟獲在山下進行屯兵，忽然看到山上出現了五隊人馬，他立即決定帶領軍隊上前交戰。誰知那五隊人馬明明就在眼前，但是無論他們怎麼努力就是追趕不上，隨後孟獲又下令對他們進行放箭，箭也紛紛落在了地上。接著，漢軍的大旗一揮，頃刻間飛沙走石，鬼哭神嚎。南蠻軍隊立刻嚇得趕緊後退。五隊漢兵見南蠻軍隊已經開始後退，立刻返回來趁機追殺，一時間南蠻軍隊「如入無人之境」。他們想要揮刀進行抵抗，但是根本近不了身，而且這會兒天色也開始變，瞬時天邊愁雲黯黯，慘霧淒淒。

孟獲看黃夫人的法術如此厲害，將他嚇得直哆嗦。他趕緊命令軍隊撤退，結果又被王伉在輜重之地進行襲擊。蠻兵一路只顧逃生，因此全軍將士棄甲丟盔。剛剛到達三連海，就聽到天空中一聲雷響，竟然將孟獲連人帶馬震到了旁邊的一個陷阱之中。接著，呂凱埋伏在附近的軍隊一起發起進攻，把孟獲用繩索捆綁住，將其生擒活捉。南蠻的軍隊見將領被捉，也紛紛投降。

接下來，黃月英就威風凜凜地坐在了大涼山的上面，命人將擒獲的所有蠻軍頭目都押了上來，只見她使出了飛劍奇術，天邊就出現了

一道白光，將挑唆出兵的孟憂斬殺了，這一幕將孟獲等人嚇得「心膽俱裂，叩首號哭，情願投降，永不再犯邊境」。黃月英見孟獲已經投降，就又逼著孟獲當眾起誓。等到孟獲剛剛宣誓完畢，黃夫人將自己的手輕輕一放，天空就又出現了一聲雷響，將蠻人震得魂飛魄散，連夜帶兵撤回守地，再也不敢侵犯蜀漢了。黃夫人將戰事擺平之後就命令呂凱善後，然後自己就帶著兒媳婦，乘著雷車回到了成都。這一戰過後，南蠻叛亂平定，再也沒有作亂。

　　黃夫人孤身前往南中就將孟獲生擒，平定了南蠻叛亂，這樣看來可比歷史上諸葛亮調動了蜀漢主力大軍進行南征爽快多了。當然，也許這些都並非是真實事件，但是這樣傳奇的故事也足以證明了黃月英在世人心目中不可動搖的地位。也許是民間藝人不忍心讓這麼一位奇女子忍受容貌醜陋的評價，於是後世之人就黃月英的相貌問題生出了種種說法。

　　第一種說法就是黃月英本身才貌雙全，遭到了同鄉年輕姑娘的嫉妒，因此就到處傳播她容貌醜陋的謠言對她進行詆毀。這種說法不僅牽強，而且沒有任何證據。第二種說法就是，黃月英姑娘雖然才貌雙全，但她自己知道美豔的外貌終有一天會隨時間的流逝而消逝，因而她希望自己能夠找到一位並不看重女子容貌而是重於內秀的如意郎君，因此自己故意對外宣稱容貌醜陋。如此一來，那些好色之徒就會放棄對黃月英的追求。後來唯獨諸葛亮不看重女子的美色，只是因為欣賞黃月英的才華，毅然向她求婚。結果，新婚當日，諸葛亮發現自己的妻子非常漂亮，不禁又驚又喜。

　　民間還流傳了一種說法，說是因為當時的天下並不太平，盜賊紛戰，豪強割據。黃月英為了防止自己的美貌為自己帶來不必要的麻煩，遭到盜賊的劫掠或者被豪強霸佔，故意將自己改扮成相貌醜陋的女人以躲避災禍。一直到後來嫁給了諸葛亮，她才恢復了自己本來的

美麗容顏。其實，黃月英的容貌已經並不重要了，因為不管她是醜還是美，都改變不了後世之人對她的讚頌。既然諸葛亮並不看重她的外貌，他們夫妻之間的生活也是建立在對彼此的才華和氣度的欣賞之上，鄉里為之諺曰：「莫作孔明擇婦，正得阿承醜女。」

孫尚香：巾幗不讓鬚眉的烈性女

　　孫尚香小時候，她的父親孫堅就在戰鬥不幸中了埋伏身亡。後來年幼的孫尚香就跟隨母親，過了幾年寄人籬下的日子。但是，很快她的大哥孫策就重振雄風，帶兵掃蕩了江東地區，建立的基業比自己父親當年更為廣闊。孫尚香也因此成為了豪門大戶的「郡主小姐」。

　　因為家世顯赫，身份地位比較尊貴，從小孫尚香就被眾人嬌慣，再加上她出身於軍旅世家，受家庭環境的影響和薰陶，又使得她養成了一種男孩的性格，因此她經常在家裡與一些年齡比較小的兄弟們一起舞刀弄槍，而且還費勁心思地訓練了一支手持槍棒的侍女隊伍。就是在她的閨房之中，也是擺滿了各種兵器，看起來彷彿是某位將軍的軍帳一樣。

　　建安十三年的時候，曹操將袁紹的勢力滅掉以後，統一了北方，然後就率領大軍開始南下，氣勢洶洶，大有一舉掃平江南的氣勢。荊州牧劉表恰好這時候病死了，他的兒子劉琮投降了曹操。一代梟雄劉備就被曹操殺得毫無招架之力，帶領軍隊狼狽逃到了江夏。

　　曹操兵鋒直至孫權，但孫權又不甘心就這樣乖乖臣服。但要想獨力抵抗曹操的大軍，顯然又有些力不從心。無奈之下，軍中的謀士建議他與劉備聯合。這樣兩家齊心合力抵抗曹操，勝算還能更大些。因此在後來的赤壁之戰中終於大獲全勝，燒得曹操帶領軍隊落荒北逃。

　　赤壁之戰後，經過一番鉤心鬥角的博弈，劉備最終佔據了荊州，使其作為一個暫時的棲身之處。在歷史上，這也是當時孫權為了拉攏劉備，幫助他一起對抗曹操而採取的戰略措施。荊州之地物產豐富，而且戰略位置重要，確實是塊好地方，但眼看劉備佔領荊州已成為事

實，孫權也沒有辦法阻止，只好打掉牙齒往肚裡吞。

孫權向劉備索要荊州，開始的時候劉備拿劉表的兒子劉琦來搪塞，他說劉琦才是荊州真正的主人，只要劉琦在，荊州就應該姓劉，劉琦死了，他就會把荊州讓給孫權。沒過多久，劉琦真的因為體弱多病去世了，孫權再次派魯肅向劉備索要荊州，沒想到劉備卻號啕大哭，說他現在根本就沒有立錐之地，將荊州還給了孫權，他就沒有地方待了。因此他請求孫權能夠寬限一段時日。事實上，這只是劉備的緩兵之計，孫權明知道他在耍賴，卻也是沒有辦法。

孫權手下的大都督，也就是歷史上有名的威震江東的美男子周瑜，他可謂與孫權君臣同心，整日裡謀劃著如何才能拿回荊州這塊寶地。這日劉備那邊傳來消息，劉備的妻子甘夫人去世了。周瑜聽到這個消息，眉頭一皺，便心生一計。於是他立刻寫了一封書信派人帶給孫權，信中說讓公主孫尚香前去與劉備聯姻，這樣不僅能夠要回荊州，還能維繫雙方的合作關係。孫權對於這個計策也十分贊成。於是，孫尚香就真正地成為「美人計」中的誘餌。

後來這個消息被孫尚香的母親知道了，她非常生氣，將孫權叫過來訓斥了一頓，但是沒有辦法，決定已經做出了，就不能改變，更何況關係到雙方的合作利益。劉備在迎娶之時，看到了孫母的不滿情緒，一直在盡力地討好，那嘴巴比蜜還甜，終於討得了丈母娘的歡心，孫母也最終同意了這門親事。

劉備，年近五十喪妻，又聽說孫尚香是一位年輕美貌的女子，再加上這次聯姻又關係到雙方合作的大事，自然是對這個想法非常贊成了。但是迎娶過程也是異常艱辛的，他害怕孫權其中使詐，因此心裡也有些打鼓。但是劉備軍中謀士如雲，僅諸葛亮一人就能將事情解決。他給了劉備三個錦囊，讓他安心迎娶孫尚香。在諸葛亮的幫助下，劉備終於抱得美人歸。到了洞房花燭夜的時候，劉備心中充滿了

期待。招待完所有的賓客之後，略帶醉意的他，興沖沖地趕往了洞房。

可是他的一隻腳剛剛邁進門檻，酒意立即清醒了一半，一股寒氣陡然從腳底蔓延到心頭。

只見洞房之內，所有的侍女們都手握劍戟，殺氣騰騰，雙眼圓睜盯著他。坐在婚床上的孫尚香，身配長劍，英姿颯爽，一副大義凜然的神情。此時的劉備只感覺心中一陣涼意，兩腿直打顫，幾乎想要逃走。無奈心裡這麼想著，腳卻不聽使喚，連邁步都覺得困難。那一刻，劉備心裡暗想：諸葛亮你智慧過人，機關算盡，給我三個錦囊，卻唯獨算不到最厲害的這一招原來在這呢。

就在他惶恐不安的時候，孫尚香看著他的表情微微一笑，開口說：「大名鼎鼎的劉備原來如此膽小」劉備聽了，心裡反而輕鬆了不少，而且孫尚香的聲音確實非常悅耳。不過，這也讓孫尚香看到了劉備憨厚可愛的一面，再加上他常年征戰，多少也帶些英氣，而且劉備的膚色很白，俗話說一白遮百醜，因此劉備的樣子也看得過去，孫尚香因此心裡也有一些喜歡。

婚後的孫尚香經常發脾氣，並且帶著自己親自調教的一幫東吳兵將總是耀武揚威地欺負劉備。但這些也不過是女孩家的一些小把戲，畢竟孫尚香是個女人，她的內心也是溫柔善良的。孫尚香逐漸地長大成熟，隨之而來的苦惱也慢慢增多。她越來越感覺自己就像一塊夾心餅乾，一邊是丈夫，一邊是娘家，她夾在中間，真得很為難，她不想傷害任何一方，然而，當時的情況並不會按照她的美好意願進展。隨著劉備的羽翼漸漸豐滿，他的地盤也在不斷擴張，四方的賢能之士也紛紛前來投誠，使他的勢力不斷擴大，逐漸對孫權構成了威脅。更讓孫權氣惱的是，他雖然娶了孫尚香，卻一直都沒有歸還荊州，而且還因為劉備不斷擴大的勢力將孫權向益州發展的道路阻斷了。

　　孫權氣急，建安十六年十二月，劉備西征，孫權趁著劉備不在的時候，寫信給妹妹孫尚香，騙她說自己母親病重，讓她立即回娘家見母親最後一面。而且還說母親想看看自己還沒有見過面的外孫劉禪，希望她能夠將劉禪一起帶回東吳。孫尚香接到哥哥的信，非常焦急，母親是這個世上最疼愛自己的人，無論如何都要達成她的心願。於是她懷著忐忑的心情，帶上了劉禪，就登船返鄉了。

　　但是她怎麼也想不到這其實只是孫權使的一計，目的就是利用劉備的獨生子來要脅他還回荊州。孫尚香乘船順水而下，向故鄉東吳進發。但是就在這關鍵時刻，張飛和趙雲接到消息說孫尚香帶走了劉禪，立即帶人追上孫尚香，同時把劉禪截留了下來。這就是歷史上有名的「截江奪阿斗」，這一事件成就了趙雲和張飛的又一個功績，而孫尚香也變成了丈夫和兄長爭權奪勢的犧牲品。

　　這樣一來，孫權的計劃落空，當孫尚香回到吳國之後，發現母親根本沒病，才醒悟自己被哥哥騙了。她很生氣，但是在那個權利薰心的年代，女人根本就毫無地位可言，更不可能掌控自己的命運。孫權不准妹妹再回荊州，於是，當年鑼鼓喧天、熱熱鬧鬧的婚姻只不過維繫了短短的兩年時間，就被當時的執權者扼殺了。

　　劉備知道這事後雖然心裡有些不捨，但是他一直告誡自己，好男兒應該志在四方，不能夠被兒女情長所牽絆，因此這斷婚姻就這樣被遺忘了，曾經陪伴在枕邊的人也成為了權力之下的犧牲品。

　　後來劉備將西川打下之後，又迎娶了吳夫人作為自己的妻子。那個年代的男人怎麼會對一個已經離去的女人還存有舊情呢，他們從來只見新人笑不見舊人哭，孫尚香和他在荊州兩年耳鬢廝磨的情分，應該早就被他拋在了腦後吧。

　　建安二十四年，劉備佔據了東川和西川之地，他派關羽從荊州北伐中原，但是孫權卻在背後捅刀子，偷襲了荊州，不但將這塊日思夜

想的寶地奪了回來，還使得關羽敗走麥城，最終落得身首異處的下場。劉備為了給兩位仁義的弟弟報仇，一貫隱忍的他終於做出了人生中最義氣用事的決定，他傾盡了自己全部的兵力去攻打吳國，結果致使自己一敗塗地，西元二二三年在白帝城抑鬱而死。

孫尚香雖然知道自己只是男人政治陰謀下的犧牲品，但劉備畢竟是她的丈夫，一日夫妻百日恩，當她聽聞劉備的死訊之後，還是百感交集，悲痛萬分。更何況她自從被自己的親生哥哥騙回來以後就感覺到自己的處境淒慘，一直有種寄人籬下的悲涼之感。這兩種愁緒交雜在一起，最終讓她承受不了內心的這種悲痛，來到江邊，結束了自己的痛苦生活。

孫尚香的死或許是必然的吧！在那樣的年代，每一個女子都不會擁有自己想要的幸福，男人們想的只是如何達到自己的目的，不管是哥哥還是丈夫，她們對親人的看待只是一件具有利用價值的工具。這不僅僅是孫尚香命運的悲哀，還是屬於那個時代的悲哀。

大喬：短命英雄的苦命妻

東漢末期，東吳有一位世家叫喬玄，後世人將他稱之為「喬國老」。喬玄家大業大，家庭條件非常好，和孫堅一家還是世交好友，兩家聯繫頻繁，關係很不錯，孫喬兩家一直以來都是相互扶持著。喬玄有兩個女兒，一個叫大喬，另一個叫小喬。這一對姐妹生的十分漂亮，都是閉月羞花之貌。她們姐妹除了長相漂亮之外，還飽讀詩書，知禮節，通音律，其中，她們二人的女紅在方圓百里更是出了名的好。後來大喬嫁給了孫策，而小喬則是嫁給了周瑜！

史書上關於大小喬的資料極少。在陳壽所著的《三國志》中有過一段的描寫。說的是，周瑜跟著孫策攻打皖縣，在回營的時候，二人分別娶了喬公家的兩個女兒，都是傾國傾城之貌。孫策娶的是喬公的大女兒大喬，而周瑜則是得到了小喬。在裴松之著傳的時候也引用了《江表傳》中的一句話：孫策曾經對周瑜說，喬公家的兩個女兒長得都是傾城容顏，分別嫁於我們兩個人，也是一件值得高興的事。在這句話中我們可以得到一點消息，那就是，喬家二女本姓橋，對於她倆的真實姓名到底是什麼，現在也已經無法查證，只能稱呼她們為大喬、小喬。

孫策和周瑜二人，那時候年齡都是二十五歲，那麼大喬小喬的年齡也就在二十歲左右了。孫周二人對於自己的美嬌妻十分滿意，就連當時孫策的弟弟孫權見到二喬後，一直埋怨喬公為什麼不能多生一個女兒，他也能夠湊個份子。而從大小喬的立場上看，一對遠近聞名、才貌雙全的姐妹花，同一時間嫁給了天下的兩個英雄人物。孫策才智過人，有著雄偉大略，名聲響徹江東；而周瑜則是長得相貌堂堂，文

武雙全。在常人眼中，這就是所謂的天造地設、郎才女貌的姻緣吧。

但是，根據史書上，喬玄這位老人家剛開始並沒有打算讓這二人做自己的女婿，否則也就不會非得等到孫周兩人將皖縣攻破之後，才答應將自己兩個貌美如花的女兒許配給孫策和周瑜。

大喬小喬出嫁之後，本想著應該有一個幸福美滿的婚姻。但是，好景不長，西元二〇〇年，孫策遇刺受了重傷，而大喬則是不分晝夜的陪伴在床邊，整天以淚洗面，不眠不休，食不下嚥，一心一意的只盼著孫郎能夠好起來。只可惜，孫策受傷實在是很嚴重，不幸去世，而這個時候他們結婚才僅僅一年，孫策也只有二十六歲。大喬接受不了這個突然的打擊，曾經幾次因為悲痛而昏倒，甚至還有過投江殉情的念頭。但是一想到孫策在臨死之前，囑咐他要好好照顧年僅十八歲的孫權，幫助他剷除異己，助他掌控住大權，大喬為了完成丈夫的心願，也只能打消了這個念頭。

大喬對於自己的小叔照顧有加，孫權對自己的皇嫂也是十分的尊重，在大喬和各位賢臣良將（周瑜）的幫助下，江東各方的勢力全部集結在了孫權的手中，很快孫權的名聲也威震江東了。

看著孫權已經掌控了局勢，而自己也完成了丈夫的囑咐。相傳在西元二九年，她便隱居起來，不過問世事，青絲伴古佛，一輩子安靜詳和，一代佳人就這樣在孤苦淒涼中慢慢老去！

而在現代，江東二喬已然成了文藝界不可不提、不可不寫的人物。而最早描寫二人的則是屬於唐代著名的詩人杜牧所著的那首〈赤壁〉：折戟沉沙鐵未銷，自將磨洗認前朝。東風不與周郎便，銅雀春深鎖二喬。

小喬：撼動周郎之心的美嬌娘

小喬出生在一個境況殷實的家庭，長著一副國色天香的容貌。西元一九八年，東吳名將周瑜幫助孫策攻打皖縣，攻破之後，他便娶了小喬為妻。

孫策和周瑜一般大，又都是少年豪傑，而大小喬一對姐妹花嫁於這兩個人，美女配英雄，成就了一段廣為流傳的佳話。

西元一九九年，孫策得到了三千匹駿馬，回到自己的家鄉江東，打算再創祖業的輝煌。而周瑜則是孫策少時的朋友，好友創業，自然不能不幫，於是他們選定的第一個目標便是皖城。

在皖城的東邊，有一處溪流環繞的宅院，那就是喬公的住所。喬公家裡生有兩個女兒，長的是天人之姿，而且機智聰明，在當地很有名氣。孫策和周瑜二人聽說了之後，便派人給這家送去了聘禮，得到喬公的應允後，將這一對姐妹花送上了花轎。於是，孫策娶了大喬，小喬則嫁給了周瑜。

在喬家的宅院中，有一個古井，井裡面的水深而清澈。傳說中，這也是大小喬經常梳妝打扮的地方，每一次裝扮完之後，她們都會將剩餘的胭脂扔進井中，久而久之，這口井的水也就成了胭脂色，還泛著淡淡的胭脂香。於是，人們也將這口井稱為胭脂井。

從歷史上看，大喬和孫策做了一年的夫妻，孫策便遇刺身亡了。而小喬要比她的姐姐好一點，她和周瑜二人琴瑟和鳴，恩恩愛愛地過了十二年。周瑜相貌英俊，還善於音律，如今還有著一個流傳，那就是「曲有誤，周郎顧」。

　　小喬和周瑜的感情很深，他們一起跟著大軍東征西戰，就連著名的赤壁之戰，他們也都在一起。赤壁之戰過後的第二年，周瑜在返回江陵的途中，身染重病，一代名將就這樣死在了巴丘，年僅三十六歲。這個時候的小喬也只有三十歲上下，自己的丈夫突然離去，她的悲痛程度不亞於當初大喬失去孫策。

　　說起小喬，人們都會說：「啊，那是周瑜的老婆，據說長的也不錯。」除此之外，對她是知之甚少。周瑜死後，留下了年僅三十歲的小喬和三個孩子，一個兒子、兩個女兒。周瑜死了之後，小喬將他的靈柩帶回了故土，自己一個人撫養著孩子。周瑜的其中一個女兒給孫權的大兒子做了老婆，而孫權的女兒也成了周瑜長子的妻子，可謂是親上加親。

　　在《三國演義》中，對於二喬的描寫真的是微乎其微。就連著名的銅雀臺事件，筆者對她們二人也是一筆帶過。但是因為小喬的美貌，而引起的周瑜和曹操之爭，卻被描寫得淋漓盡致。甚至有傳說，曹操為了爭奪小喬而周瑜不讓，這才引發的赤壁之戰。

　　通過這段故事的描寫，人們也能充分瞭解到小喬和周瑜的愛情故事，中間在穿插著曹操建造銅雀臺，只為擁有二喬的傳奇描述，讓他們二人的感情佳話傳至今日，在如今這麼多哭天搶地的愛情中也毫不遜色。

　　自古以來關於美人一說有很多版本，既有「英雄難過美人關」的感歎，亦有「自古紅顏多薄命」的惋惜。大小喬的婚姻雖然幸福，但是卻如此的短暫，江南這個如夢如幻、如詩如畫的地方，竟然也能容得下兩位淒苦寂寞的絕代美人在此哀聲婉轉。

　　西元二二三年，小喬因病去世，終年只有四十七歲，被埋葬在了廬江縣城裡真武觀西，和安葬在城東的周瑜墓遙遙相望。小喬的墳

墓，也被人稱為二喬墓，墓碑是用漢磚堆砌而成的，生前和周瑜一對亢儷，死後和周瑜形影不離，這就是所謂的愛情吧。明代曾經有人寫詩這樣說：「淒淒兩冢依城廓，一為周郎一小喬。」

甄洛：勇嫁二夫的「女博士」

　　西元一八二年，甄洛出生。甄洛的父親甄逸當時為上蔡令，甄洛從小就非常聰明，熟讀詩書，長相絕美，也是三國時期比較有名的美女，曾經和大小喬並列。在甄洛三歲的時候，她的父親去世，留下了他們兄弟姐妹八個，上面有三個哥哥和四個姐姐，而她則是家中的老么。

　　甄洛可以稱得上中國歷史上最有心計的女子之一，她的身上充滿了傳奇的色彩。在她三歲的時候，因為她父親去世，當時的相面先生劉良來甄家悼念，順便還給甄家這幾個孩子看相，其它的幾個兄弟姐妹，劉良看了之後都沉默不語，唯獨到了甄洛這裡，他說到：「這個女孩子，長大後必定是大富大貴的，甚至都已經超乎了你的想像。」

　　甄洛八歲的時候，有一天，街上鑼鼓喧天甚是熱鬧，好像是有人在玩雜耍，而她的四個姐姐們都很興奮地跑到自己的閣樓上，找一個好的位置觀看。而甄洛卻還是很安靜，也不去湊這個熱鬧。姐姐們很不理解，問她為什麼不去看呢，沒想到她說道：「一個女孩子家的，怎麼能做這樣拋頭露面的事，豈不是讓人笑話？」她的這幾個姐姐聽了之後，都很是驚詫。而在她九歲的時候，就已經對書著迷了。在那個時代，人們都說「女子無才便是德」，在別人眼中認為，女兒家只知道操守婦道便可以了，讀書這種事情並不是女孩子家做的事情，而當時的小甄洛卻是反其道而行。所以當他的哥哥們見她拿著筆墨紙硯的時候，都非常地吃驚：「你是一個女孩家，應該要做的是女紅，怎麼現在倒是讀起書寫起字來了，你難道還要做一個女文豪不成。」

　　東漢末期，社會動盪不安，人們饑荒挨餓，流離失所，甚至有些

人家開始賣土地和首飾，就是為了能夠得到一點果腹的糧食。而甄家在當時是一戶富貴人家，於是他們就趁著這個機會用很少的錢將這些首飾收購。而這個時候的甄洛才十歲，她對自己的母親說：「現在的局勢早就不比往昔了，到處都是戰亂，逃難的百姓也越來越多，正常的秩序也沒有辦法維持，而我們現在卻趁著這個機會大肆購買一些珍貴寶物，這樣一定會給我們帶來禍患的。何況現在所有的人都疾苦貧窮，如果只有我們一家富有有餘，你以為我們這樣還能獨善其身嗎？依我看來，我們現在要做的便是開倉放糧，救濟四方的百姓，這樣，以後在我們有什麼災難的時候，他們也會鼎力相助的。」

這些話從一個十歲的小女孩口中說出來，實在是令人佩服。她的一番話驚醒了夢中人，她的母親按照她說的那樣，開倉放糧。她的大哥和二哥死得都比較早，於是，甄洛便幫助她的兩個嫂嫂一起照顧她的侄兒們，這些事情傳遍了鄉里，贏得了很多人的讚美。

後來，袁紹也知道了甄洛這個人，於是就上門提親，讓她和自己的二兒子袁熙成了親，他們成親之後，袁熙去了幽州，而甄洛則是留在了鄴都，照顧他們的母親。

西元二〇四年，曹操帶兵攻佔了鄴都，曹操的大兒子曹丕聽說在袁熙的家中還有一位貌美如花的老婆，於是帶著自己的士兵來到了袁府，只看見在袁府的正堂上坐著一位上了年紀的婦人，而在她的旁邊則是有一位女子害怕地趴在老婦人的膝蓋上。曹丕見這個狀況，便說明了此番的來意，來袁府就是為了執行曹操的命令，他們雖然趕走了袁紹，但是不會傷害袁家婦女的，所以請你們不用這麼驚惶。而堂上坐著的那個老婦人便是袁紹的妻子劉夫人，劉夫人聽曹丕這麼說，心也就稍稍放下了，將跪著的甄洛扶起來拜見曹丕，曹丕立馬被甄洛的美貌迷得神魂顛倒，於是回去告訴了曹操，曹操書信一封，便將甄洛許給了曹丕。甄洛和曹丕結婚之後，生下了一兒一女，曹叡和東鄉公

主，曹操和他的妻子也是十分喜歡甄洛。

可是，娶了甄洛之後，曹丕還是跟著自己的父親曹操東征西戰，很少在家。家中只有一個年齡還小的曹植。曹植是一個比較聰明的人，在文學上頗有作為，他十歲的時候就能夠提筆寫詩賦了。家中，有了甄洛的陪伴，使得曹植的生活不再那麼無聊，他們一起談論詩書，一起花前月下，過得好不快活。而慢慢地，甄洛沉迷在了曹植的滿腹經綸之中，而曹植也被她的柔情所打動，兩人都傾心於對方。

西元二二○年，曹丕登基為帝，史稱魏文帝，皇帝登基，後面就是冊立皇后了。當時能和甄洛一爭高下的就只有郭女王了，郭女王不但長得好看，人也比甄洛要年輕，要說唯一的缺點便是膝下並沒有兒子，於是，郭女王就拿曹叡來做文章，因為曹叡並不是足月出生的，所以，郭女王便污蔑甄洛在和曹丕成親之前就有了孩子，而曹叡到底是誰家的血脈，還有待證實。曹丕聽了之後，便去質問甄洛，甄洛本就對郭女王不滿，現在又遭到曹丕的質疑，於是心中怒火大發，指責曹丕竟然懷疑到自己的親生兒子頭上，真的是有損門風。這一句話惹的曹丕也是十分憤怒。所以在西元二二一年的時候，曹丕賜死了甄洛，轉而立了郭女王為皇后。

甄妃死了之後，有一天，曹植進宮拜見自己的皇兄，曹丕便把甄洛生前喜歡的一個盤金鑲玉枕頭賞賜給了他。曹植看到這個枕頭便想起來和甄洛在一起的快樂時光，心中免不了一陣感傷。在回來的路上，經過洛水，於是就在洛水中的船上歇息，精神恍惚之間，曹植好像看到了甄洛朝著自己走過來，不知不覺中，曹植還說出了「我本有心相託」這句話。這句話驚得曹植醒來，才知道只不過是夢一場而已，於是便在這個昏黃的燈光下寫出了一篇〈感甄賦〉，曹植將甄洛化作了洛河中的一位美麗的水神，對其抒發了埋藏在心裡的愛慕之意。他這樣寫道：在返回的途中經過洛水，在這裡他和一位漂亮的洛

水之神宓妃相遇相戀，雖然彼此都心生愛意，但最終因為人神殊途，而不得不分開，徒留下一汪思念。在他的這篇文章中，對甄洛的美貌也大幅的描寫：「婉若游龍，翩若驚鴻，華茂春松，容耀秋菊，若流頸秀項，似輕雲之蔽月，鉛華弗御，皓質呈露，芳澤無加。修眉聯娟，皓齒內鮮，雲望峨峨，丹唇外朗，明眸善睞，面輔承權，環姿豔逸，柔情綽態，儀靜體閒，媚於語言。」

西元二二六年，魏文帝曹丕去世之後，甄洛的兒子曹叡登基為帝，史稱為魏明帝。魏明帝登基之後，為他的母親甄洛平冤昭雪，並且將她追封為「文昭皇后」。

祝融：武藝超群的刺美人

　　蜀漢剛剛建立起來三年，也就是西元二二五年，孟獲在雲南貴州地區發動了叛亂，對蜀漢後方的安全造成了嚴重的威脅。蜀漢的丞相諸葛亮率領大軍南征，深入雲貴地區，與孟獲展開了激戰。諸葛亮為了籠絡人心，他對孟獲欲擒故縱，與孟獲立下賭約，諸葛亮說自己能夠不費一兵一卒就將其抓獲。那孟獲雖然作戰勇猛，但畢竟是個武將，根本不善心計，諸葛亮足智多謀，孟獲怎麼會是諸葛亮的對手呢，因此孟獲每一次幾乎都會中計被擒，被擒後又一次次叫嚷著自己不服。於是諸葛亮就擒一次、放一次，來來回回折騰了五次，孟獲還是不服，硬是厚著臉皮，和蜀軍大戰了一場。然而，諸葛亮知道孟獲是個人才，於是他攻破三江城，直接逼到了孟獲的大本營銀坑洞。

　　這時候，孟獲因為前面五次都被諸葛亮抓住，已經猶如驚弓之鳥，現在又被人逼到了家門口，當然就慌亂陣腳，苦於想不出應敵的對策，只好急得在桌前來回走動。忽然屏風後面一個人大笑著出來說：「作為軍中的將領，怎麼不懂用兵之道呢？雖然我只是一個婦道人家，但是我願意和你一起出戰。」孟獲抬頭看著說話的人，竟然是自己的妻子祝融。看到自己的夫人能夠在強敵壓境之時，慨然出馬，與他一起上前線奮戰，頗有英武之風，真是一代女中豪傑。

　　這裡提到的孟獲夫人是「祝融氏的後人」，雖然是小說家的虛構，但也未必就是無稽之談，它還是有一定的道理的。

　　戰國中期，楚國的軍隊已經進駐雲南，帶隊的將領名叫莊蹻。這位莊蹻就是楚國王室的支流子孫，也是祝融氏的後人。照此推算下去，那麼祝融的祖先在周朝的時候就很可能已經進入了雲南地區。此

外，在西南的少數民族地區，並沒有像漢族一樣制定了男尊女卑的秩序，女子還是具有一定的地位。因此在中國的歷史上，嶺南和西南的少數民族地區，也出現了很多的女性將軍。比如，南北朝時期的冼夫人就是其中的一位，她征戰四方成為了威名顯赫的巾幗英雄。

古時候，一般女孩子強調的是溫柔低調，上陣廝殺自然是被嚴格禁止的。然而在與諸葛亮的對戰中，卻突然蹦出了一個英姿颯爽、威風凜凜的美女。出現的這名女子便是南蠻王孟獲的妻子──祝融。

祝融一出陣就披髮跣足，身上穿著絳衣，背上插著五口飛刀，手中還拿著執丈八長標，乘騎一匹卷毛赤兔馬，真可謂是殺氣騰騰。和頂盔戴甲的漢軍大將比起來，更是擁有一種專屬於女性的大將風采；與溫柔體貼曲裾高髻的漢家美女比起來，更是具有別樣的風姿。前來迎戰的蜀漢大將張嶷見了此人，雖然面上沒有變化，但暗地裡也不禁心生佩服。

接著，張嶷和祝融就開始了驟馬交鋒。大戰了幾個回合之後，祝融騎著馬就往回走。張嶷立即追過去，不料卻從空中落下一把飛刀。張嶷立即用手去擋，正好刺在他的左臂上面，他一翻身掉下了馬，南蠻士兵一聲呼喊就立即將張嶷綁走了。

後來蜀漢方面的大將馬忠聽說張嶷被抓走了，急忙帶著軍隊前來救援。當他看到擒張嶷的勁敵祝融還在陣中，立刻就憤怒地衝上去與之交戰，卻一不留神乘騎的戰馬被南蠻士兵用計絆倒了。可憐的馬忠不但跌了個嘴啃泥，而且也被生擒了。祝融旗開得勝，一次就生擒了蜀漢的兩員大將，這也是自雙方開戰以來，南蠻軍隊首次能夠擒獲蜀漢的大將，孟獲自然是樂得合不攏嘴，對自己的夫人敬佩得是五體投地。

事實上，祝融能夠大獲全勝，其實也不見得武藝有多麼的出類拔萃，她與張嶷等人對戰，並沒有占到上風。而且身上帶的五口飛刀雖

然能夠「百發百中」，但也稱不上殺傷力太強的兵器。她最大的優勢就在於知道恰當地運用計謀。例如在與張嶷的對決中，她詐敗而逃，然後又在張嶷的追逐中瞅準時機使用飛刀將其擒獲，與馬忠的對決中也是如此。她與馬忠交手的時候，趁馬忠不注意，命人用繩索將他的馬絆倒，順便將其活捉，這些都是「不以力勝，而以智勝」的例子。這在崇尚蠻橫英勇的雲南地區，尤其難得。

祝融為丈夫打勝了一仗，第二天又帶著南蠻的軍隊再次出戰。這一次，與她交手的是蜀軍的大將趙雲。趙雲可以算是三國中一流的猛將，而且也善於使用「詐敗」的把戲。諸葛亮被請出山後第一次立功就是火燒搏望坡，那一次便是趙雲去單挑夏侯惇詐敗，然後將夏侯惇引進了圈套之中，最後再使用火攻，最終奪得了勝利。

兩個都善於詐敗的人進行對決，結果更令人難以想像，不過，相比之下祝融應該會比夏侯惇更聰明點。因為兩個人開始交戰之後，趙雲又一次假裝敗退，但是祝融並沒有上當，她沒有頭腦發熱地對敵人窮追不捨，而是與趙雲周旋了一會，兩個人都跑得氣喘吁吁，最後祝融調轉馬頭準備回營。看到她如此沉著冷靜，甚至勝過無數男兒，趙雲也不僅暗地裡稱讚。這一天的戰鬥，雖然雙方誰都沒有敗退，但是趙雲詐退一計失敗，諸葛亮原本想讓趙雲引誘她追擊到自己的埋伏圈之內，然後讓埋伏好的士兵一齊出現，把她活捉。可是誰能想到祝融夫人如此謹慎，早就識破了他們的陰謀，偏偏不追你。這一仗，蜀漢軍隊的大將趙雲和魏延兩人不但沒有得到任何好處，反倒成就了祝融連勝蜀漢兩員大將的威名，縱觀「三國」，其中能夠同時讓趙雲和魏延二將敗陣的，大概也只有祝融吧。

祝融雖然狡猾，但是遇到諸葛亮這位神機妙算之人，只能是小巫見大巫。諸葛亮面對蜀漢的兩次失敗一點都不著急。第三天，趙雲又帶著蜀漢的軍隊前來挑戰。祝融毫不含糊地帶兵出來迎戰。兩人幾乎

是重現昨天的情景，雙方先交鋒了幾個回合，趙雲照舊使用詐敗一計，祝融自然是不會上當，調轉馬頭往回走。

就在祝融即將收兵的時候，魏延又帶領一隊人衝了過來。但是，不同的是他沒有上前去向祝融挑戰，而是帶領士兵們齊聲辱罵。祝融畢竟是個女人，她能夠接受他們的挑戰，但忍受不了他們的辱罵，直接就追了過去，沒想到魏延連打都不打，直接調轉馬頭開溜。矜持了兩天的祝融，這一次是真得發火了，她喪失了自己的警惕心，怒氣沖沖地就向魏延逃跑的方向追了過去，一心想要把這個老不正經的男人捅下馬來，然後將他的嘴徹底撕爛。魏延抱頭鼠竄，直接騎馬跑進一條僻靜的小路。但是令她沒有想到的是，諸葛亮早就帶人埋伏在了那裡，她剛剛拍馬經過，就被猛然拉起的絆馬索絆倒了。於是，祝融從馬上翻倒下來，被馬岱生擒。

不久之後，諸葛亮就「驅巨獸六破蠻兵，燒藤甲七擒孟獲」，也就是歷史上有名的七擒孟獲，最後一次將孟獲抓住，他輸得心服口服，從此投誠蜀漢。七擒孟獲，本是為表現諸葛亮的才智，但是祝融的出場，活靈活現地塑造了一位智勇雙全，有性格有脾氣，而又不同於其它溫柔女子的巾幗英雄形象，為那個戰亂不斷的時代演奏了一段另類而悅耳的音符。

徐夫人：智勇節烈的美女「棋手」

　　孫翊，字叔弼，是孫堅的第三個兒子，也就是孫策和孫權的弟弟。孫氏之子世代為將，家風勇武，孫翊自然也不在話下。據記載，孫翊年紀輕輕就磨煉得一身高強的武藝，而且驍勇善戰，待人處事果斷剛毅，與他大哥孫策的風範頗有些相似之處。他的夫人徐氏，不僅人長得美，而且非常聰慧，最擅長占卜，然後從卦象中判斷吉凶。因此這兩口子，在當時真可謂是郎才女貌，羨煞旁人。

　　建安八年（西元203年），當時的孫翊年僅二十歲，他要在家舉行酒宴，款待從轄區內各縣來的官員。據說在酒宴的前一天，他的妻子徐氏就為此次的酒宴卜了一卦，卦象顯示了此次酒宴孫翊凶多吉少，因此她規勸孫翊改日再進行設宴。但孫翊嫌這樣實在太麻煩，又覺得各縣官員，有的人路途遙遠，早些舉行酒宴也好讓他們早日回去。總之，孫翊沒有聽取徐氏的警告，依然前往赴宴。

　　酒宴結束，他剛剛送完客人，正準備返回，身後有一個叫做邊鴻的人，史書記載是邊鴻的隨從，忽然拔出兇器，向孫翊砍了過去。這時候的孫翊已經因喝酒過多，有些醉了，再加上手上沒有拿任何的兵器，根本就沒有辦法抵抗，被邊鴻當場殺死了。孫翊被殺，兇手也趁在救援到達之前逃之夭夭。此時群龍無首的丹陽郡呈現出一片混亂的景象，孫翊的部將和官吏們面面相覷，都不知道該如何辦才好。

　　就在這樣的情況下，一位美貌驚人的女子不慌不忙地站了出來，該女子便是孫翊的夫人徐氏，她看到丹陽郡的現狀很是擔憂，在喪夫的悲痛中強迫自己保持鎮靜。她用極其平靜的口吻對眾人說：「邊鴻

如此膽大妄為，竟然刺殺太守，諸位作為孫翊多年的部下，應該將此事調查清楚。希望你們能夠立即發佈公告緝拿兇手，我這裡會拿出重金進行酬賞。」眾人聽完了徐夫人的話才幡然醒悟，立即派人前往各處進行搜捕。第二天就將邊鴻逮住了。

徐氏正要對邊鴻進行詳細地審問時，卻看到孫翊手下的一員大將媯覽和郡丞戴員帶著一大隊士兵殺氣騰騰沖了進來，然後他們就當著眾人宣佈：「邊鴻刺殺太守，實在罪該萬死！」隨後，就將邊鴻殺死了。不久，媯覽和戴員兩個人便以整頓丹陽郡的局面為藉口，將丹陽郡府的兵權和財權全部抓到了自己的手裡，成為本地實力最為雄厚的一派。

孫翊的族兄孫河也在附近任職，聽到孫翊被殺的消息，立即趕到了丹陽。來到之後他發現媯覽和戴員已經將邊鴻處死了，不由得非常憤怒，呵斥他們沒有將事情原委弄清楚就將兇手殺害，指責他們身為孫翊部下最重要的人居然疏忽失職，不僅不去追捕刺客的餘黨，反而自己在這裡爭權奪勢，甚至懷疑他們就是幕後真凶。媯覽和戴員見自己的奸計被識破，兩人交換了一下眼色，繼而抱定了一不做二不休的念頭，拔刀上前，就把孫河也砍死了。然後媯覽和戴員二人又帶兵殺進孫翊的府邸，將他府裡的財產全部劫掠，而且見到長得漂亮的丫鬟和侍妾，就被一個個地拉走了，他們這種行徑簡直就和強盜無異。徐氏躲在後堂，默默地看著府裡發生的一切，突然心中豁然開朗，她全都明白了，原來殺害孫翊的幕後真凶就是媯覽和戴員兩個人。邊鴻只不過是他們買通的一個殺手而已，至於處斬邊鴻，不過是他們殺人滅口的把戲。

現在，他們連孫河都不放過，顯然就是公然反叛，媯覽和戴員已經和江東孫氏勢不兩立了。在這樣的情況下，他們選擇的靠山不是荊州的劉表就是中原的曹操，那麼真的到了那一天，自己也只能是「我

為魚肉，人為刀俎」的戰利品，甚至可能慘遭淩辱。想到這裡徐夫人知道自己不能坐以待斃，必須想辦法逃出去，但是到底應該怎麼辦呢？她聰慧的大腦急速地運轉著。

徐夫人還沒來得及多想，嬀覽就已經開始砸臥室的門了，同時在門外叫嚷道：「夫人，開門，我是嬀覽，找夫人有要事商議。」徐氏沒有辦法，只得將房門打開。嬀覽提著刀就進了屋，望著年輕美貌的徐夫人，兩眼放光，滿臉帶笑地對徐夫人說：「太守已經被人殺害，夫人年紀輕輕更沒有立身之處，我已經殺了邊鴻，為太守報了仇，夫人不如就跟了我吧。」

徐夫人瞥了一眼嬀覽，看著這個滿臉橫肉的將領，心中升起一計。她假裝無奈地說道：「事到如今，我一個弱女子也沒有辦法獨活，丹陽的事情，就只能交託給將軍管理了。不過，先夫剛剛過世，屍骨未寒，我不忍心立刻操辦喜事。至少先讓我為夫戴孝一些時日，為他守幾天靈，等到這個月的月底，正式祭祀過先夫的靈位後，我就除去孝服，答應與將軍成親可好？」花容月貌的徐夫人如此柔聲懇求嬀覽，好色的嬀覽骨頭早就酥了，聽到徐夫人同意了，他連忙答應了徐夫人的要求。賊眼放光地出了徐夫人的房門。

嬀覽前腳剛剛出門，徐氏就派出幾個心腹去打探城中的情況。據說那時候的丹陽城已經亂作一團，孫翊的部下大多數都知道真正的兇手就是嬀覽和戴員，但他們兩個人手握重兵，眾人也拿他們沒有辦法。甚至還有傳言說，嬀覽已經跟曹操進行了聯絡，準備將整個丹陽郡投降給曹操。

徐氏聽完了家人的報告，沉思一下，命人將孫翊的部下傅嬰和孫高秘密請來了。她曾經聽丈夫說過這二人是他最信得過的人。傅嬰、孫高二人一進到府中，徐氏就含淚向他們下拜，並且言辭懇切地將自己的請求說了出來。她說孫翊在世時經常誇讚他們兩位將軍的忠勇。

如今，丹陽郡面臨著巨大危險，只能請他們幫忙。傅嬰和孫高聽到徐夫人這番話，感到一位女子都有如此胸襟，那麼保護丹陽郡的安危自然責無旁貸。徐夫人又繼續將嬀覽和戴員的卑鄙行徑向傅嬰和孫高說了一遍，同時真誠地向他們二人求援。傅嬰和孫高相互看了一眼，攔住徐夫人欲要下拜的身體，堅定地說：「夫人言重了，您只需要告訴我們該怎麼做就行。」徐夫人見傅嬰和孫高已經答應了，就把自己的計劃說了出來。她告訴傅嬰和孫高，為了拖延時間，已經假裝答應了嬀覽的求親，時間就定在本月月底，因此在這段時間內傅嬰和孫高要召集起來一些志同道合的勇士，婚禮當天在後堂埋伏。等到嬀覽前來迎娶的時候，聽到她的號令，就立刻衝出來將他殺了。徐夫人知道這件事情事關重大，他提醒傅嬰和孫高一定要選擇一些可靠的人，同時將這件事情立刻報告給主公，讓他派大軍前來援助。

傅嬰和孫高聽了徐夫人如此縝密的計劃，滿口答應了。他們秘密離開太守府後，一面派人給孫權送信，向他報告丹陽郡的情況；一面開始聯絡了二十多個可靠的勇士，大家歃血盟誓，立志要為孫翊報仇。

府中的僕人繼續為死去的孫翊哀傷，但是轉眼一看，竟然發現平日裡賢慧的夫人竟然變得花枝招展，很多人都感到詫異。甚至還有人還在背後罵她是水性楊花的女人。徐夫人對於這些流言蜚語毫不在意，她一邊安排酒宴，一邊命人前去請嬀覽，告訴他自己已經為太守祭奠完畢，請他前來成親。

嬀覽得到徐氏的邀請，十分驚喜。但他畢竟是個奸詐小人，哪敢輕信別人。他一面託詞假裝安慰徐夫人，一面派心腹去調查徐夫人最近的情況。直到派去的人回來報告了徐夫人最近的舉動，嬀覽認為合情合理，沒有什麼異常，這才放下心來，換上漂亮的衣服，美滋滋地前往太守府成親。

　　色迷心竅的媯覽一直做著當新郎官的春夢，可是剛進太守府的內室，早已埋伏在那裡的孫高和傅嬰就將他殺死了，接著，等在那裡的勇士們也都衝了出來，將等在外間的戴員也給殺了。大局初定，徐夫人為自己的丈夫報了仇，才脫去了為迷惑媯覽而畫上的濃妝豔抹，再次換上了孝服，拿著媯覽和戴員的人頭去祭祀孫翊的靈魂。

　　在所有的三國美女中，徐夫人可以算是最為智勇節烈的一位。在自己的夫君被奸人害死、媯覽逼親的緊要當頭，她既沒有含辱屈從，更沒有像普通剛烈女子那樣以死相抗。相反，她保持了臨危不亂的狀態，對當下的局勢迅速做出了判斷，用自己的智慧，努力爭取時間，安排了一個能夠兩全的計策，不但讓自己的貞潔和生命得以保全，還親自手刃叛將，為自己的夫君報了仇。

江油李氏：險些讓鄧艾全軍覆沒

　　蜀漢後主劉禪景耀六年（西元263年），那時候的三國時代已經開始進入了末期。當時司馬昭成為名符其實的魏國實權的掌控者，不久他就下達了全面進攻蜀國的命令。魏國大將鍾會帶著十多萬的蜀軍，步步緊逼，很快就佔領了漢中。蜀漢方面也安排了姜維等人率領軍隊退守劍閣，希望能夠將鍾會帶軍入蜀的要隘之地守住，於是雙方就在這樣的形式中僵持了下來，勝負都在一線之間懸著，可謂是千鈞一髮的時刻，令雙方都十分緊張。

　　就是在這樣的情況下，馬邈身為江油的守將，卻一副大大咧咧的樣子，好像根本就沒有把軍務放在心上。每天只要一操練完畢就回家和老婆圍著爐子喝酒，他的小日子過得還真是滋潤。

　　李氏就是馬邈的妻子，她雖然為女流之輩，但卻比她的丈夫強多了。她憂國憂民，看到當下的局勢，她忍不住問馬邈：「將軍，現在邊關情形如此危險，您為什麼就一點都不著急呢？難道您有更好的退敵之策？」

　　馬邈看著自己的妻子，滿不在乎地回答：「魏國大軍如此強勢，哪裡會有什麼更好的計策呢，反正軍國大事都是由姜維掌管，我著什麼急啊，即使著急也沒有用啊？」

　　李氏聽完了自己丈夫的話，心裡一陣氣惱，但是她強壓下自己的情緒，繼續說：「您所守的這個地方戰略地位可是很重要啊，如果不提前做好防備，萬一魏軍殺過來，那很可能會威脅到蜀國的江山啊？」

　　馬邈並沒有直接回答自己的妻子，他長歎一聲說：「你看當下這

個局勢，朝廷動盪不安皇上昏庸無能，只知道相信太監黃皓，每天沉溺於酒色之中，國家淪陷那是早晚的事情。而且現如今，姜維率領大軍守在劍閣還能拖延一段時間。萬一連劍閣都被突破了，那麼魏軍殺到這裡，我抵抗也是無用，還不如直接投降。」

　　李氏聽完了丈夫的話，勃然大怒，一口唾沫就吐到了馬邈的臉上，同時對丈夫指責到：「堂堂男子漢大丈夫，敵人還沒來，竟然先做好了投降的準備，可見你早就有了這樣不忠不義的心思，即使國家朝政不穩，可是你作為一軍將領，它帶給了你這麼多年的爵祿，也有恩於你，但是沒想到你卻如此無恥，就不怕後世恥笑嗎？」

　　就在夫妻倆吵得正激烈的時候，忽然有一名部下前來報告說魏國將軍鄧艾已經帶著兩千人馬殺入了城中，馬邈聽到這個消息頓時被嚇得目瞪口呆，他沒有心思再和妻子爭辯。他來到公堂之上，二話沒說就一副哭哭啼啼的樣子，對鄧艾說：「我本是早有心思投降，請將軍放我們一條生路。」於是他召集了全城的百姓和將士就投降了魏國。鄧艾看到馬邈的樣子，心裡十分鄙夷。

　　可是，話說回來，蜀國有大將姜維帶領軍隊退守劍閣，為什麼會這麼快就攻破了蜀國的防線呢？原來魏國開始大舉伐蜀，鄧艾就率領了幾萬人馬對蜀國的主力姜維的軍隊進行了牽制，這為鍾會帶領軍隊進攻漢中提供了很好的幫助。但是直到姜維主力退守劍閣之後，鍾會就開始屢攻不下，鄧艾此時便動起了腦筋。他先挑選了一隊人馬，從地勢比較險峻的陰平出發，一路上開山鑿路，大約行進了七百里，一直到達了摩天嶺，然後眾將士就利用繩索相互牽引，用毛毯將自己的身體裹住，順著峭壁一直攀援下來！

　　鄧艾的這一招，實在是有些孤注一擲。就像鍾會說的那樣，只要蜀漢的大軍用少數人扼守住險要的地方，那麼鄧艾的幾萬大軍全部都會餓死。鄧艾帶領的軍隊翻下山壁以後，確實發現了一個蜀軍之前的

營寨，據說當年諸葛亮曾經派了一千多人在此地駐守，但是諸葛亮死後就被劉禪給廢除了。這時候，鄧艾帶領的幾萬大軍，全部都散落在七百里的陰平道上，他的身邊只帶領了一小部分人，而且一路上攀山越嶺，都已經處於衣甲不全、疲病交加的狀態，再加上軍中的糧食也快吃完了。鄧艾看到將士們都沒有了先前的衝勁，於是對自己的部下說：「我們現在已經沒有退路了，前面就是我們的目的地江油城，城裡糧食充足，只要大家齊心協力攻下城池，我們就能夠活命，但是如果我們後退或者停滯不前，那麼擺在我們面前的只有死路一條，讓我們一起殺出一條生路吧！」兩千多魏軍聽完了將軍的話，都感覺到了自己此時危機的處境，於是軍中士氣大振，個個殺氣騰騰地向江油城撲來。

就在馬邈自以為姜維退守劍閣能夠拖延一段時間的時候，鄧艾已經帶人衝了進來。沒有辦法，就連姜維都無法阻擋的人，就是借給他十個膽子他也不敢和鄧艾抗衡啊，於是他只得投降了。

馬邈的妻子李氏在府裡聽到這個消息，心理悲憤交集，十分難過。她恨自己的丈夫散漫，事前沒有做好充足的應戰準備，恨他懦弱怕死，大敵當前，居然成為了投敵叛國的賊臣。但她只是一個婦人，這一切她也只能自哀自歎，根本就無力改變。最終，她忍受不了這種內心的煎熬，在府中懸樑自盡了。當府中的僕人把這個消息傳給馬邈的時候，他也不禁感到有些悲傷。鄧艾聽說了這件事以後，十分感慨李氏的賢德，便下令將李氏的遺體厚葬，並且還親自前往去拜祭這位勇敢的女子。

鄧艾本在三國中可以算得上是一位英雄，他忠肝義膽，豪氣雲天。自古英雄之間都一些惺惺相惜之感，李氏雖為女子，而且在政治立場上和鄧艾也是敵國之仇，但就私人品性來說，鄧艾非常欣賞這位還未曾謀面就已經去世的敵人。

　　更為稀奇的是，這個消息慢慢地在鄧艾的軍中傳開了，魏軍之中的將士也都相當欣賞這位如此忠烈的女子，無不為她嗟歎命運的不公，甚至後人還有詩稱讚她說道：「後主昏迷漢祚顛，天差鄧艾取西川。可憐巴蜀多名將，不及江油李氏賢。」

　　鄧艾不但不費一兵一卒取得了江油，而且還得到了許多糧草，甚至還在蜀漢的後方取得了一處橋頭堡，派人將駐守在陰平小路上的幾萬人馬都接進了江油，雙方彙集之後，又派出大量的軍隊攻佔了涪城，直接對蜀漢的都城造成了威脅。此時的姜維依然在劍閣拼死抵擋著鍾會。蜀漢朝廷聽說鄧艾帶軍攻進來了，彷彿禍從天降，蜀漢後主劉阿斗也被嚇得膽顫心驚，急忙派出駙馬諸葛瞻，也就是諸葛亮的兒子前去抵擋敵軍。結果，諸葛瞻不但沒有抵擋住敵軍的攻勢，還葬身於綿竹。鄧艾帶兵殺到了成都，劉禪不得不聽從譙周的勸告，打開門投降。從此，立國四十餘年的蜀漢，就這樣滅亡了。

　　如果當初馬邈能夠聽從妻子李氏的勸告，完善江油城的防禦設施，帶領大軍提前進入戒備狀態，加緊對城池附近的巡邏，就很可能會提前發現穿過來的魏軍，而且江油城的城防完整，糧草儲備充足。只要馬邈帶領大軍閉城堅守，那麼即使鄧艾有天大的本領，也不可能那麼快就能將城攻下。只要能夠拖得魏軍將本就所剩無幾的糧食吃完，那麼他們也就只能坐以待斃了。只可惜，馬邈根本就沒有忠臣孝子的氣質。他或許曾經也有憂國憂民的情懷，也曾經因為朝廷的腐敗、後主的昏庸而憤懣感慨。但是他在這種憂患憤懣之後選擇了對國家的敷衍。只想著做一天和尚撞一天鐘，不管朝政如何，他都能在在任上自在安閒。

　　所以，當鄧艾帶領軍隊來到城下的時候，他甚至都沒有考慮過要進行抵抗的事情。因此才會讓魏國如此輕而易舉地獲勝。事實上懷抱這種思維的，並不只是馬邈一個人。在他之前，陽安關的守城將領蔣

舒也是如此，他在鍾會大軍壓境之前，就已經開關投降；在他之後，蜀漢的時任皇帝劉禪，更是輕易地放棄了蜀漢的江山。也許在他們看來，反正該朝的大勢已去，也就沒有再堅持的必要了。

然而，在蔣舒做出投降的決定時，他的同袍傅僉英勇不屈，決定力戰身死；馬邈做出了投降的決定，他的妻子李氏顯得忠貞悲憤，最終投繯自盡；後主劉禪決定投降的時候，大將姜維最終孤注一擲，死計復國。這所有的人物進行對比，他們「理直氣壯」的投降就變得如此不堪入目。尤其是李氏，她作為一個女子，根本就對於所謂的歷史規律不懂，更不會明白什麼是封建禮教的局限性，因此她的意識中就只有一個至真淳樸的觀念，那就是人活一世，必須要講求忠義，要忠於事、忠於國、義於人。即使你所身處的朝廷沒有任何前途，既然你還任職，就應該為它盡忠職守，而不應該用朝廷的混亂，作為自己背信棄義的藉口。

正是這種觀點的指引，中華民族才會出現千百萬的不知道變通的「傻人」，令他們捨棄了自己的生命，用以捍衛那虛無縹緲的大義，但是要相信，這種大義雖虛無，但是最終會成為後世敬仰的人物。

卞夫人：無奈的三國第一尊夫人

　　三國中提到的女人不算很多，其中最為尊貴的女人應當算是曹操的妻子——卞夫人。她不但從始至終陪伴著曹操，最終獲得了魏王后的身份，而且曹操死後，魏國建立起來，她被尊為了三國時代的第一位皇太后。卞夫人本是山東琅琊人，與諸葛亮算是同鄉。漢靈帝光和二年（西元179年）的時候，卞夫人遇到了她生命中的貴人——曹操。同一年，虛歲二十的卞夫人在譙郡嫁於曹操為妻。

　　那時候的曹操只有二十五歲，卻已經威名遠揚。當時的他擔任洛陽的北部尉，對於他用五色棒活活打死當權太監蹇碩的叔叔的事情，人人傳誦。後來曹操又擔任了頓丘令，可以算是一位比較優秀的青年官員。

　　但是卞夫人嫁給曹操的時候，只不過做了一個側室，他的正妻丁夫人對卞夫人十分嚴厲，常常刻意刁難她，但是卞夫人從來都不會因此懷恨，總是將自己的位置擺得很正，對曹操也盡心侍奉，對丁夫人還是保持著一種尊敬的態度。豪邁不羈的曹操也確實對卞夫人很好，他從不會因世俗的偏見而怠慢了卞夫人，他雖然生性好色，但是他還是將自己更多的柔情貫注到了卞夫人的身上。

　　中平四年是曹操和卞夫人婚後的第九年，卞夫人在譙郡生下了她的第一個兒子，也就是未來的魏文帝曹丕。曹丕的出生也有一個傳說，據說，當時一團青色的雲氣如同車蓋一樣在他頭上籠罩了整整一天，後來看相的人瞅著這團雲氣，都說那是一種「至貴的兆頭」，並且還說它「非人臣之氣」。換句話說就是曹丕以後要當皇帝，不管算命先生說得話能不能應驗，總之有了自己的兒子，卞夫人非常高興。

　　因為卞夫人一貫的溫婉體貼，到了第二年，曹操就被朝廷起用為典軍校尉，常年留在京城做官，這時候他將丁夫人留在了老家看守，而讓卞夫人跟隨到了洛陽。就當時的等級觀念如此森嚴，卞夫人以一個側室的身份能夠隨夫上京做官也算得上是很大的榮耀。

　　到了中平六年，漢靈帝病死。朝廷立即爆發了一場不可避免的爭鬥。外戚大臣何進企圖將盤踞宮廷的太監們全部消滅，但因為他瞻前顧後的性格，最終反而被太監們殺害。何進手下的大將袁紹帶兵衝入皇宮，將宮內的太監殺得屍橫遍地，而此時西涼的大軍閥董卓也不含糊，趁著混亂，帶軍進京把持了朝政。從此，一場恐怖的戰爭就揭開了序幕。

　　董卓把持朝政之後，他看曹操是個人才，希望能夠為自己所用，於是他封曹操為驍騎校尉。但曹操看出了他的野心，並不願意和這個暴虐囂張的土霸王一起做事。於是他丟下自己的部屬和家眷，以化裝改名的方式逃離了洛陽。

　　曹操的逃離讓曹府頓時慌亂成一片，曹府陷入了樹倒猢猻散的境地。有些幕僚和家將還說曹操已經讓人害死，都在謀劃著如何才能分得更多的家產，以便逃離這裡。眼看著曹府就要倒塌，這時候虛歲剛滿三十的卞夫人挺身而出對著眾人大聲呵斥，說曹操現在生死不明，不能就這樣散亂，如果曹操還活著，那麼大家一定會讓曹操失望。卞夫人看著眾人的臉上表情的變化，繼續從容而堅定地說：「大禍臨頭，大夥兒不能背信棄義，我們應當齊心協力幫助曹將軍共渡難關，大不了就是一死。可是我們為忠義而死，那也是死而無憾啊！」幾句慷慨激昂，鏗鏘有力的話語，讓眾人皆是一愣，她一個手無縛雞之力的女子竟能有如此的胸懷，相比之下，那些吵嚷著要逃離的幕僚和家將即使還存有貪生怕死的念頭，再也沒臉說出來了。

　　最終在卞夫人的努力下，曹操麾下的這一支隊伍才得以保全。後

來，曹操和袁紹等關東諸侯一起起兵對董卓的卑劣行徑進行討伐，致使董卓火燒洛陽，然後將都城遷到長安。在如此亂的局勢下，卞夫人留下來的那部分曹府人馬就將曹操的家眷護送到了曹操那裡。

曹操得知了整個事情的前因後果，不禁對卞夫人刮目相看，他沒有想到一個娼妓出身的小女人，除了溫婉體貼，竟然還有這樣的膽識和見識，實在難得。從此，卞夫人就在曹府的眾多女人中，佔據了僅次於丁夫人的第二把交椅。一直到西元二世紀末的時候，丁夫人和曹操因曹昂的事情鬧翻，曹操一怒之下將丁夫人休了，而卞夫人理所當然地被繼立為正妻。

後來，丁夫人去世之後，卞氏又向曹操請求為丁夫人辦喪禮，將她安葬在許都的城南。

曹操看到卞夫人如此寬宏大度，非常欣賞，這使得她在曹府的地位更是錦上添花。後來曹操更是放心地把府中的事務都交由她打理。在曹操的一生中，總共娶了十多個夫人，前後生了有二十多個兒子，其中有的夫人死得早，曹操就會將那些失去母親的孤兒，帶來讓卞夫人撫養。卞夫人自己也生了曹彰、曹丕、曹熊和曹植四個兒子，再加上那些由自己撫養長大的孩子們，她在曹府中的地位也就更加地穩固了。

卞夫人所處的形勢一片大好，但她並未自鳴得意，反而是更加內斂，做事更加低調。她自幼家境就不是很好，因而養成了她生活樸素的辦事作風，從來都不喜歡華麗的排場，也不喜歡器物上雕有秀美的花紋或太多的珠寶玉器。她的日常用品，從來都是簡單地漆成黑色，從不會太鋪張。卞夫人還考慮到國家財政的困難，主動做出了勤儉的榜樣，她將自己每頓飯的費用減去，把全部的金銀器皿都撤掉，勤儉持家。甚至連她左右的僕人，很久才會吃得上葷菜。

建安二十二年（西元217年），曹丕被立為魏國的太子，在那個母

憑子貴的年代，朝中上下都向卞夫人朝賀，並且暗地提醒卞夫人，她的兒子既然已經被封為太子，這也算是天下的一件大喜事，她應該多拿出一些財物來賞賜下人們。

卞夫人因為平時節儉慣了，聽到這些話就不樂意了。她很嚴肅地告訴大家，曹丕之所以被立為太子，是因為他是曹操年齡最大的兒子，這說明曹丕在為人和品行上還沒有太大的毛病，也證明她對孩子日常的教導只是合格而已，沒有什麼可以賞賜的。

到了建安二十四年，卞夫人在六十歲的時候被封為了魏國的王后。第二年的春天，曹操就病逝了，隨即曹丕繼位，六十一歲的卞夫人理所當然地成為王太后。同年的冬天，曹丕在眾人的幫助下逼迫漢獻帝禪位，最終以魏取代了漢朝，成為了魏國的皇帝。卞夫人也因此連升三級，直接成為了魏國的皇太后。她也是三國時代第一位地位尊貴的女人。

卞夫人做了皇太后，並沒有因此感到快樂，即使地位再高，也彌補不了和她相伴數十年的夫君曹操去世的傷痛，而且剛剛繼位的兒子曹丕顯然並不具備他父親那種掌控大局的王者氣度。他的幾個兄弟也被他相繼猜疑和打壓，整個魏國朝廷彌漫在一種很壓抑的氣氛當中。

曹丕在做了皇帝以後，權利也不斷膨脹，為了鞏固自己的皇權，他喪心病狂地對自己的兄弟加緊迫害，而被受迫害的一方則是誠惶誠恐，無力掙扎。卞太后作為他們的母親卻無能為力，只能站在一旁眼睜睜地看著這一切，默默地流淚，獨自承受。

根據《魏略》中的記載，曹植有一次來魏國的都城向皇上「請罪」，曹丕竟然派人將其攔住，不讓他進城相見。卞太后幾天都沒有等到曹植的消息，就以為曹植被曹丕逼迫得自殺了，便一直對著曹丕哭泣。可是過了一陣，當她看到自己的兒子曹植頂著刑具來到殿下請罪的時候，卞太后這才感到歡喜。母子倆雖同喜，但喜得卻不同。卞

太后喜得是他的小兒子居然還活著，曹丕喜得恐怕是看到弟弟這副狼狽的樣子而幸災樂禍吧。所以，曹植雖然活著來了，曹丕依然對他冷著一張面孔，而且不准許他穿鞋戴帽。曹植沒有辦法，只能是跪伏在地上哭著向坐在皇位上的兄弟請罪，太后看到他們這樣的情景，非常抑鬱，最終曹丕顧及到卞太后的感受，才讓曹植換上了諸侯王的衣服。後來卞太后知道了曹植的所作所為，只是命人告訴皇上不要因為顧及她就將國家的律法廢了。事實上，她的意思也就是說，曹植如果真有罪，那麼也就隨皇上處置了。

精明細緻的卞夫人被夾在自己的親人中間左右為難，但是她並不會因為自己的私情就讓當今的皇上為難。曹操在位的時候，她知道自己的夫君做事頗有分寸，能夠拿捏得准大局。因此，每次曹操進行審判之前，她都會大著膽子為親屬們求情。但是初登帝位的曹丕為人還比較輕浮，再加上輩分問題，卞家的那些親戚們有時候就會顯得有些作威作福。這時候，卞夫人就會親自出面掌控大局，儘量讓自己的親戚少給兒子添麻煩。如此果斷英明的一名女子，在古代的歷史上確實少見。

太和四年（西元230年）五月，太皇太后卞氏去世，享年七十一歲。同年七月的時候，皇上曹叡將她與曹操合葬在高陵，這使她與已經分別十年的夫君曹操終於又團聚了。

張春華：司馬懿的絕配搭檔

司馬懿曾經被「厚黑教主」李宗吾評價說他是：「臉皮之厚，不下劉備，心腸之黑，彷彿曹操。」因此，最終三分天下的局勢被統一，坐收漁翁之利的人就是司馬懿。還是那句俗話，一個成功的男人背後必定有一個成功的女人，那麼這樣一個「鷹視狼顧」的梟雄人物，背後支持者就是那個和他頗具「夫妻相」的老婆──張春華。

張春華出生於河內平皋，她的父親叫張汪，母親是山氏，也就是後來出現的「竹林七賢」之一的山濤的姑奶奶。張春華出生那一年，漢靈帝駕崩，漢朝朝中隨之就爆發了歷史上有名的十常侍之亂，大將軍何進被奸臣殺害，袁紹帶兵將宮中的宦官殺盡，西涼的董卓進京謀反等。

總之，這一年成為漢朝開始分崩離析的一年，在後世的歷史記載和文學作品中，也被稱為是三國亂世的開端。張春華出生在這樣的一個年代，也許就是命中注定的，百年後，她的子孫又將這場紛亂了結，實現了三分歸一統的夢想，這也許就是歷史的巧合。

在漢末亂世的不斷折騰中，張春華嫁給了一個比自己大十歲的男人──司馬懿，兩口子開始過起了普普通通的生活。但是司馬懿才能出眾，而且胸懷大志，注定不會甘於平庸。但那個時候，面對群雄紛爭的亂世局面，司馬懿對自己真正的志向是什麼，或者自己該如何憂天下都還沒有弄明白。而他的妻子張春華，也和普通女子一樣，只不過受過一些教育而已，司馬懿並不沒有感覺出自己的妻子與其它女人相比有什麼出奇的地方。如此看來，張春華在容貌方面應該也是很普通。

　　但就是這樣一個普通的女子，最終幫助自己的夫君成就了大業。西元三世紀初的某一天，司馬懿得益於自己的才華，被曹操徵召去做了官。但是司馬懿內心並不想與曹操為伍，於是就自稱得了風癱，但是曹操並不相信他的話，愛才如命的行事作風是絕對不允許他放過這樣一位才子的。於是，曹操竟然派出了間諜，連夜翻牆越壁，跑到司馬懿的家中進行打探，看他究竟是不是真的患有風癱之疾！

　　司馬懿當然不可能料到曹操會派出間諜來證實他言論的真假，但恰好在間諜到來的那一刻，司馬懿真的老老實實地躺在床上，一動不動。因為他知道，曹操性格多疑，他一定不會完全相信自己的話，而且當面一套背後一套的做法，是很容易露餡的。既然已經說自己有病，那就裝個徹底吧。於是他便將自己當作一個真正的風癱病人，每日每夜像木頭一樣癱瘓在床上。時間長了，竟然連他府中的僕人和丫鬟，也以為司馬懿是真的癱瘓了。二十多歲的司馬懿就是靠著這種堅忍不拔的挺屍精神，將五十歲的曹操給騙過去了，避免了一場與曹操的正面衝突。

　　司馬懿出生於名門望族，家中自然就有很多藏書，並且對自己的藏書也無比寶貝。有一天，外面風和日麗，陽光絢爛。司馬懿躺在床上招呼進來一個婢女，讓她將自己的藏書搬到院子裡，把它們一本本攤開曬曬太陽，去去書上的霉氣。

　　婢女聽了自己主子的話，就把藏書全部攤開放在屋外晾曬，然後就去忙自己的事情去了。誰知天有不測風雲，沒過多久竟然飄過來一團陰雲，瞬時間冷風驟起，眼看一場暴雨就要降臨。這下司馬懿可慌了神，他那些寶貴的藏書要是被雨淋濕，那造成的損失可就大了。一貫小心謹慎的司馬懿此時已經忘記了自己的風癱之症，慌忙從床榻上跳下來，直接就飛奔到屋外，趕緊收拾自己的書。正在冒雨收書的司馬懿好像想起來什麼，猛一抬頭就發現剛剛曬書的婢女驚愕地站在一

邊，傻愣愣地看著這個長時間「癱瘓」在床的老爺。一瞬間，司馬懿竟然不知道該做什麼，如遭雷擊一般矗立在院子裡，而那個婢女也是一臉古怪的神情。愣了一會兒後，司馬懿笑著對那名婢女說：「千萬不許說出去啊。」婢女連忙點頭稱是，她趕緊轉身往外走。就在這時，司馬懿的夫人張春華走了過來。她看著婢女慌慌張張的樣子，一下明白了，她故作關心地問婢女怎麼了，婢女聽到夫人問話，連忙稟報說司馬懿自己在收書。

張春華嘴角笑了笑，略帶一點驚奇地說道：「他不是風癱了嗎？」邊說邊向婢女走去。婢女回答說：「是呀，他明明……」話還沒有說完，張春華就掏出了一柄鋒利的匕首直接戳進了婢女的胸膛。婢女不敢相信地瞪大眼睛，然後緩緩地倒在了地上。

張春華目睹著自己所做的一切，並沒有顯現出任何不安的表情。她擔心這名知曉秘密的婢女最終將司馬懿裝病的實情洩露出去，為他們招來殺身大禍，因此只能搶先一步，將婢女殺人滅口。司馬懿看著昔日溫柔的妻子如此當機立斷，心狠手辣，也被嚇得目瞪口呆。

張春華的這一刀，讓司馬懿也改變了對她的看法，從此對她刮目相看，更加敬重。當然，除了敬重之外，想必多少也會有些「畏懼」的成分在裡面。

後來，司馬懿在仕途上越來越順，官爵也是越來越大。按常理來說，夫貴婦榮，張春華應該高興才是，但是司馬懿隨著官位的不斷高升，他也娶了好幾個妾侍。尤其是其中的柏氏，不僅容顏美麗，而且性情乖巧，最受司馬懿的寵愛。兩個人恨不得天天黏在一起。面對丈夫的三心二意，即使再彪悍的女人，心裡也會希望自己能夠得到丈夫的體貼關懷。但她是一個堅強的女人，她努力控制著自己的感情，儘量讓自己不去為這些事爭風吃醋。雖然到了後來，司馬懿幾乎不和她同房，但是她生下的司馬昭、司馬師和司馬乾等幾個兒子個個聰明伶

俐，都是司馬懿最為喜愛的幾個孩子。最終她控制住了自己的衝動，在她的一生中，從來都不會因為爭風吃醋和司馬懿爭吵。

不僅如此。有一次司馬懿生病，張春華雖然心裡對丈夫的花心薄倖有些恨惱，但畢竟是夫妻一場，一夜夫妻百日恩。於是她親手做了幾個羹湯，端到了司馬懿的臥室去看望他。司馬懿病怏怏地躺在床上，心情極其煩躁。正巧此時，看見年老色衰的張春華進來，惱怒之感頓時變得更加厲害，想也沒想便直接大手一揮，不耐煩地命令張春華出去。張春華見他這樣，噹啷一聲，將手中的碗掉落在地上。看到他如此惡劣的態度，她強忍住眼中的淚水，掉頭就走回了自己的房間。回房之後，她放聲大哭，眼淚都淋濕了衣襟。

哭過之後，張春華回想著這些年的往事，想到自己這麼多年幫助他成就大事，到頭來卻落得如此下場。因此她越想越悲憤，不禁想要尋死。因此，張春華開始絕食，不再理府中的事宜，不久之後整個司馬府就雞飛狗跳，亂作了一團。張春華的幾個孩子看見母親已經絕食幾天，自然是非常緊張，剛開始還紛紛前來勸慰母親，但是她躺在床上不但不聽，好像還抱定了必死的決心。

幾個孩子互相看了一眼，司馬師作為大哥見勸慰母親沒用，便用非常低沉的聲音告訴母親，他們要陪母親一起絕食。

司馬懿看到自己幾個最寵愛的兒子也開始絕食，立即慌了神。他也顧不得養病了，趕緊從床上爬了起來，一會跑去看看這個，一會還得去勸勸那個，就彷彿熱鍋上的「螞蟻」一樣。到最後他終於找到了問題的解決辦法，那就是只要母親不吃飯，他們就不吃。司馬懿沒有辦法，只能厚著臉皮，來到張春華的房間去謝罪，請求張春華的原諒。起初張春華不肯原諒司馬懿，見他前來直接側過身子不再面對他。

儘管張春華心裡十分怨恨司馬懿，但是司馬懿畢竟是她的丈夫，

而且司馬懿一直死皮賴臉地請求原諒，一陣軟磨硬泡之下，張春華竟然真得迴心轉意了。司馬懿的幾個兒子當然是緊跟母親的步伐，也開始吃喝了。司馬懿看到自己的努力終於得到了回報，不禁擦著自己額頭上的冷汗，繼續回到自己的病榻上。

這場鬧劇就這樣落幕了，用現在的眼光來看，張春華絕食事實上就是母子連心，給司馬懿施加了一點壓力。幾個聰明的兒子當然明白這件事情是父親錯了。但在那個男尊女卑的封建時代，兒子不能直接對自己的父親進行指責。因此，他們只能選擇了絕食這種看似極端的方式，來表達自己的態度。司馬懿當然知道他們心中的想法，但是在權衡了利弊之後，他只能暫時放棄了自己喜新厭舊的脾氣，為了兒子們先放下自己的身段，去安撫自己年老色衰的妻子。

張春華就在這樣的環境中過完了自己的後半生，自己的老公雖然無情，但兒子們都非常孝順，這也給她帶來了不少的安慰。魏正始八年（西元247年），張春華去世，享年五十九歲，被安葬在洛陽的高原陵，被朝廷追贈為廣平縣君。到了第二年，也就是嘉平元年的時候，司馬懿就發動了政變，將曹爽誅滅，從此獨攬大權，嘉平三年司馬懿也去世了。這對曾經打打鬧鬧的夫妻，三年間相繼去世，倒是恰好印證了「奈何橋上等三年」的口號。

魏元帝咸熙元年（西元264年），司馬昭被冊封為晉王，父親司馬懿被加封追號為「宣王」，母親張春華也被追封號為「宣穆妃」。一直到司馬昭的兒子司馬炎篡位受禪之後，他才將自己的爺爺司馬懿改稱為「宣帝」，奶奶張春華則被追封為「宣穆皇后」。這個曾經被自己的老公嫌棄的彪悍女子，終於在自己的兒孫身上實現了讓她光耀後世的尊貴地位。

輔國謀臣──奇謀異策安天下

許攸：官渡之戰的關鍵人物

　　許攸原先是袁紹帳下的一名謀士。在官渡之戰中，袁紹的十萬大軍和曹操的軍隊進入了相持階段，而曹操長時間的堅守官渡城，導致軍糧越來越少，軍力也慢慢地疲憊下來，所以曹操趕忙派遣使者去許都求救，希望能夠置辦一些糧草。這個使者半路被許攸攔了下來，曹操的現狀也就盡在掌握之中了。許攸得此重要情報，就給袁紹出謀劃策，分析了曹軍當時的情況，曹操和我們相持了這麼長時間，許都一定會空虛無人，如果拿出一部分的兵力，來突襲許都，那麼就會輕而易舉地拿下，還可以抓到曹操。可以這麼說，當初袁紹如果聽從了許攸的話，那麼官渡之戰將會是另一個結局，而曹操面臨的也就是全軍覆沒。

　　可惜，袁紹本身就是一個多疑之人，又自以為是，這封書信在袁紹看來，就是曹操的一個誘敵之計。更加離譜的是，因為許攸和曹操在年少的時候曾經是好朋友，這使得袁紹懷疑許攸可能已經暗中投靠了曹操，這封書信就是他們串通好，引他上鉤的。

　　袁紹僅憑自己的猜測就想把許攸給殺了。許攸知道後，感歎袁紹不能有所作為，再加上自己原本是一個忠臣，卻被扣上了叛賊的帽子，心裡更是不舒服，再加上許攸的家人被袁紹拘禁起來，許攸一怒之下便要拔劍自刎，但是轉而一想自己的才華還沒有施展，不能就這樣死去。

　　於是，許攸收拾好自己的行李，投奔到了曹操的大營下。

　　這個時候，曹操正躺在床上為自己的糧草發愁，忽然聽到下人來

報，說是曹操的故人許攸來了。曹操聽了之後，從床上很快地爬起來，自己出門迎接。在這個寒冬天，曹操光著腳就這麼跑出去了。看到許攸，曹操心裡也是犯嘀咕，兩個人寒暄了一下，便進了曹操的營帳。

坐下之後，曹操就問許攸：「這麼遠的走過來，一定是有什麼事情吧？」

而許攸因為不知道曹操心中所想，所以也就沒有明說，只是問：你現在還有軍糧嗎？

曹操說道：一年足以。

許攸說：不是吧，再說。

曹操又答：半年足夠。

就這樣，兩相試探，曹操就是不說實話，許攸說道：曹公，你不用瞞我，你現在一天的糧食都沒有了。說著拿出截來的書信，遞給了曹操。

曹操大驚，問：這封信你從哪得來的？

許攸將事情經過告訴了曹操，唯獨沒有說他被袁紹給趕出來了，曹操一聽自己的計劃敗露了，於是趕緊給許攸叩頭，請他想想辦法。許攸說道：不用急，我的計策，袁紹不相信並沒有實施。隨後又說：你沒有糧食，但是袁紹有啊，他的糧食都在故市、烏巢一帶。那裡的守衛並不嚴密，你只要派少許人前去將他的糧草燒了即可。如果在路上碰到袁紹的部下，您就說是蔣奇的人馬，要去烏巢保護軍糧的。曹操聽了這話感激不盡，連忙召集將士，除了荀彧和賈詡之外，其它的武將們都不同意這個做法，認為可能有詐。

最後，曹操決定還是鋌而走險，這樣或許還有一線生機。

這一次，曹操親自帶領著自己的大軍前往烏巢，將其一舉拿下，並且還把袁紹的糧草用火燒了個精光，曹操還抓了烏巢的守將淳于

瓊，割掉了他的鼻子。

淳于瓊和曹操也是舊識。於是他對曹操請求道：「曹公，現在我在你的手上，這或許就是天意吧。現在我被你的手下砍去了鼻子，已經生不如死。看在我們倆過去的情分上，你就把我放了吧。」

曹操轉身問許攸：要不要放他。

曹操一向是一個奸詐之人，總會將問題丟給別人，殺與不殺都是別人的責任。就像當時曹操問劉備要不要將呂布殺掉。而劉備支支吾吾說了一大堆，還是一個字：殺。最後，氣得呂布破口大罵，說劉備是一個說話不算數的小人。

而這一次，許攸和淳于瓊在漢獻帝的問題上留下了隔閡，早就想把他處之而後快了，但是許攸也不明說。只是輕吟了兩句詩：明旦見於鏡，此益不忘人。意思也就是說，如果不殺他，等明天起來他照鏡子時，便會想起今天的恥辱，這樣就是給自己留下後患了。曹操一聽，覺得十分有道理，於是立刻命令自己的手下，將淳于瓊給殺了。沒過幾天，官渡之戰結束。

在這次戰役中，勝負的關鍵就在於許攸一人身上。如果沒有許攸，那麼曹操的性命都難保。或許曹操的勝利，袁紹也有很大的功勞，如果當時袁紹沒有懷疑許攸，那麼將由誰來決定曹操的去留呢？

就這樣，曹操的帳下多了一位名叫許攸的謀士。這次戰役勝利的最根本的原因，就是許攸太瞭解袁紹的性格了。他給曹操的建議是兵分八路，速戰速決，首先攻打鄴郡，然後拿下冀州，乾淨俐落，一氣呵成。

袁紹的都城就是冀州，冀州城大河也寬，城牆高不說，兵力也不少。在攻打冀州的時候，有很長一段時間，曹軍都沒有什麼進展。最後還是許攸出了一個主意，將漳河掘開，用水淹冀州的方法拿下了冀州。這個時候，袁紹已經死去，他的兒子袁尚則是逃亡了。

攻下了呂布，曹操得到了州郡。拿下了袁紹，曹操則是得到天下。諸葛亮曾經這樣說許攸：「這件事情並非是天時促成，而是人的謀略啊」。人的謀略也就是指的許攸。而經過官渡之戰以後，許攸漸漸地自大起來。他以為自己是曹操的救命恩人，怎麼說也會對他另眼相看。

許攸很是驕傲自滿，就等待著曹操的「傾心回報」了。但是無論許攸在這次戰役中的功勞有多大，他必定不能和在曹操身邊多年的荀彧或和荀攸等人相比，曹操對他們的感情和信任也要比許攸多得多。這也致使許攸是找盡了機會表現自己，讓一向聰明的許攸忘卻了曹操的為人，最終讓自己丟了性命。

他只是一味地想表現自己的功勞甚大，忘記了曹操所追崇的一句話：

哪怕是我負了天下人，也絕不容許天下人負我。

有一次，曹操帶著眾人進冀州的時候，許攸一看表現的機會來了，便說：「曹公，你可知道，如果沒有我，你能進得了冀州嗎？」曹操則是皮笑肉不笑地說了一句，那是那是，這可全都是你的功勞啊。這句話說出來，許攸是高興了，但是曹操身後的將士卻發怒了。

這天，許攸和曹操的另一位大將許褚碰上了，許攸一向瞧不起武將，認為他們只會逞匹夫之勇，但是為了顯擺自己的功績，他還是上前說話了。

但是許褚是什麼人啊，哪有什麼閒心聽他講這些，於是他很生氣地訓斥許攸：「我們眾將士身經百戰，經歷了多少生死，受了多少傷，才將這城池拿下，這哪是你的功勞。」

許攸一聽不樂意了，說：你只是一介武夫，如果不是我出謀劃策，你能拿下？你有什麼本事。

許褚說：別的本事我沒有，但是殺你一個人的本事我還是有的。

　　說罷，許褚拔出自己的佩劍就將許攸殺死了，然後帶著許攸的頭顱去見了曹操。

　　丞相，許攸他對你不敬，我就先斬後奏，把他給殺了。

　　曹操剛看到的時候，嚇了一跳。但隨後便穩定下來了，心中也是十分得意：這個許攸仗著幫我贏得了官渡之戰，天天炫耀不說，還依著我和他是舊識到處張揚。這個許褚，做得好啊！

　　但想歸想，面上還是要做一做的，於是擺出一副惜才的樣子，說：「這麼一個有才能的人，死了可惜，許褚，你說你怎麼能把他殺了呢，他可是我的舊識啊。」

　　實際上，這件事情，很可能就是曹操私底下授意的。試想一下，依照曹操的為人，如果沒有他的暗許，誰敢將他手下有功的大臣殺掉呢？如今，曹操已經得到了天下，許攸也就失去了他的價值，如果許攸是一個低調之人，或許還可以保住一命，只可惜，明知老虎不好惹，還偏要上去拔鬍子，真的是自尋死路啊！

荀彧：曹操帳下的首席謀臣

西元一八九年，董卓廢除了當時的漢室皇帝劉辯，而改立劉協為漢獻帝，當時年僅二十六歲的荀彧看到董卓自己把持朝政，自立為相，於是他便辭去了守宮令的職務，回家務農去了。荀彧回到了自己的家鄉，待了沒有多久，他就發現自己的家鄉處在中原，是一個兵家必爭之地，如果將來有什麼戰事，肯定會牽涉其中，於是，他想著應該另尋一個地方才是。正好這個時候，冀州牧韓馥是他的老鄉，韓馥派人想請荀彧搬往冀州去，就這樣，荀彧和自己的宗族遷往了冀州。

沒想到，荀彧剛來冀州沒有多長時間，冀州的主人就換成了袁紹。袁紹看到荀彧，將他看作是自己的上賓。但是在荀彧看來，袁紹並不能成為大器，甚至還可能出賣大漢朝，所以，並不是一個可依靠之人。

那時，曹操正在兗州招攬天下能人異士。荀彧便帶著自己的姪子荀攸投靠在曹操的帳下，而他這個做叔叔的竟然比自己的姪子小六歲。

荀彧加入曹營之後，所做的首要事情便是給曹操舉薦人才，或許會有人說，就算沒有荀彧的舉薦，這些有才之士也可能會投靠曹營的，但是，我們也可以這麼說，荀彧將這種可能變成了肯定，他的舉薦讓程昱、司馬懿、郭嘉等將才來到了曹操的身邊。

雖然說，曹操稱不上是一個很好的選擇，那個時候，曹操一點根基都沒有，大部分的事情還需要仰仗袁紹的支持。荀彧選擇了曹操，無非是拿著自己的腦袋去冒這個風險。但是荀彧的這個選擇確實決定了曹操以後的成就。荀彧的加入，讓曹操逐漸有了自己的勢力，而袁紹的實力卻在一步步的削弱。或許，那時的袁紹並沒有想到，十幾年

之後，給自己滅頂之災的就是這個不起眼的荀彧。

荀彧加入曹營的時候，曹操除了受袁紹限制之外，他還有許多強敵需要面對，比如，劉備、孫權、董卓等。

對於曹操來說，他所要面臨的形勢比較複雜，也比較兇險。這些人當中，曹操的實力可謂是最不起眼的。當時如果不是袁紹沒有把握住機會，劉表選擇按兵不動，呂布則是自大狂傲等因素，任何一方起來，就能夠將曹操的勢力扼殺在搖籃中。

西元一九四年，曹操以給自己的父親報仇為名攻打徐州。呂布則是趁著這個機會勾結曹操帳下的張邈等人想要奪取兗州。而在兗州把守的荀彧早就看穿了張邈叛變的把戲。他一面安撫著呂布，一面派兵去搬救兵。

但是，正在這個時候，豫州刺史郭貢又帶著幾萬人馬包圍了兗州，要求見荀彧。郭貢意圖在哪誰也不知道，但是如果荀彧不見的話，到時很可能就會倒戈，使自己的局勢雪上加霜，見一面或許還有一絲的勸阻機會。於是荀彧冒險去見郭貢，說服郭貢退了兵。此外，曹操帳下除了荀彧之外，還有一個一流說客，那就是程昱。他說服了甄、范、東阿三城將領一起聯手共同抵制呂布，給曹操保住這塊珍貴的後方基地。

不久，徐州將領陶謙去世之後，劉備代理徐州。曹操知道後非常生氣，想要出兵討伐。而荀彧出來阻攔，說當下的任務並不是去攻佔徐州，而是要奪回自己丟失的根基。他說，歷來帝王稱霸天下，都是因為他有著很深的根基作為保障，進可以勝敵，退也足夠防守。雖然說現在有困難，但是我們成就大業是從兗州開始，兗州就相當於昔日的關中地區。所以說，哪怕我們攻佔了徐州，最後也只能是因小失大。再說，劉備必定在徐州城內佈下重兵，而這邊呂布還在虎視眈眈，最終連徐州都沒有攻下，那麼我們就得不償失了。

不錯，就算是曹操攻佔了徐州，但是南有袁術、孫策，北有袁紹、呂布，這樣，曹操無疑是將自己置於虎狼口中。如果南北聯手，曹操必亡。曹操又說，但是今年糧荒，如果不攻佔徐州，曹營上下的糧草問題如何解決？荀彧回答道：「汝南一帶有一些黃巾餘黨，我們的軍隊可以前往那裡，小小的賊徒還不足畏懼，我們攻破他，用他們的糧草來供給三軍，這樣朝廷歡喜，百姓也高興，這也是一件順應天意的事情啊！」就這樣，曹操聽從了荀彧的建議，攻佔賊窩，搶奪糧食，還給自己帶來了一個好名聲。

隨後，荀彧又建議曹操迎接漢獻帝，對於這點提議，很多人都不贊同，而曹操也一直猶豫不決。但是荀彧卻說，當時晉文公容納了周襄王，使得朝中大臣對他效忠服從；而漢高祖為義帝縞素，收買了天下百姓的心。而曹操要想成就大業，就應該像晉文公、漢高祖那樣。曹操恭迎漢獻帝就是順從了民心，就這樣借著漢獻帝的威名使得天下子民都順從曹操。用復興漢室作為說服天下的理由，這是最偉大的謀略。如果曹操能夠輔佐漢獻帝，那麼勢必被人們看作是擁有至高品德的人。這樣一來，哪怕周邊還會有所起伏，但也不敢這麼明目張膽，肆無忌憚了。

後來，官渡之戰中，荀彧為了安撫百姓，下令開倉發放物資，使得人心所向，幫曹操解決了後顧之憂，使得曹操帶著自己的士兵擊敗了袁紹，而荀彧則是勸諫曹操，一鼓作氣掃除袁紹勢力的殘餘。就這樣，西元二〇四年，曹操掀了袁紹的老窩鄴城，而他現在的實力也已經今非昔比了。

曹操獲勝之後，便想著顛覆漢室，自己稱魏公，朝中大小官員都隨著迎合，而荀彧卻不贊同，荀彧輔佐曹操的目的就是希望能夠興復漢室，如今，曹操卻想著要取而代之，荀彧怎能答應？

而曹操為了清除障礙，不得不下殺手，但是朝中人幾乎都是荀彧

舉薦的，如果就這樣殺了他，保不定這些人會造反，於是，他想到一個辦法，他派人給荀彧送了一個空食盒，意思就是代表你已經沒有任何用途了。而荀彧也知道曹操的意思，於是，他服毒自殺了，終年五十歲。

荀彧的死，很多人都褒貶不一，有的人說他助紂為虐，是曹操手中最得力的兇器，也有的人說他到死都在捍衛著漢室的尊嚴，是漢室的忠臣良將。但是，深知曹操為人也只有荀彧，荀彧死了，他卻也給曹營埋下了一顆定時炸彈，一不小心就會被炸得粉碎。

司馬懿就是這顆炸彈，他是由荀彧提拔上來的，可以說他對荀彧是尊敬至極。荀彧去世之後，以司馬懿為首的人顛覆了曹營，恢復了東漢時期的政權局面，可謂沒有辜負荀彧的一番苦心啊。

另外，不能不說荀彧自身的一個優點，那就是長相十分俊美，他還喜歡用薰香，很受女性的喜愛，就這樣一個謀略之士，最後卻死在了自己一手栽培起來的曹操的手中，確實可惜。

賈詡：奇謀百出的「毒士」

　　賈詡出生在一個普通的家庭，在他年少的時候並沒有什麼作為，別人也看不出他有什麼不一樣，只是當時的名士閻忠將他比作是張良、陳平那樣的人才。

　　賈詡曾經做過察孝廉郎，後來因為生病的原因而辭官回家。在他返家的途中，很不幸他竟然遇到了叛亂的氐人。氐人將賈詡等一行幾十人全部都抓起來，準備將他們處死，就在這危難之際，賈詡心中有一計，於是他對這些人說：「我的祖父就是段公，如果你們能夠放我回家，我的家人必定會奉上重金，以表謝意。」

　　賈詡口中的段公就是當時的邊疆將軍段熲，他的名聲可以說是威震四海。氐人一聽到他的話，都不敢再加害他，並且還以上賓的形式招待他，好吃好喝的供著，最後送他回家的時候，還給了他禮物。而其餘的人則是一個也沒有逃出來，全部遇害了。

　　後來，賈詡還遇到了董卓的舊屬李傕等人。當時，李傕等人正面臨著被殺的危險，他們計劃著一起逃生。賈詡知道後，說與其逃生，還不如拼死一戰，贏了，算是為董卓報了仇，而輸了的話再跑也不遲啊！

　　這些人聽了之後，都感覺非常有道理，就這樣，說做就做，號召四方的兄弟，集結起來竟然有十幾萬人馬。於是，振臂一呼，在賈詡的幫助下，大軍殺進了長安。不僅打敗了呂布，殺死了王允，最後還攻佔了長安，挾天子以令諸侯，而李傕等人也都自封高官，一時之間，風光無限。

　　後來，賈詡看到李傕等人並不是一個可以依靠的主兒，所以就早

早收拾細軟，另擇良木去了。

　　賈詡離開李傕之後，第一個投奔的便是自己的老鄉段煨，但是這位老鄉因為賈詡的才華過人，所以一直都不敢重用他，無奈他又轉而投奔了張繡。

　　這邊，曹操看著後起之秀越來越多，心中十分惱火，於是便率軍征討張繡。而曹操有意要重用賈詡，但是賈詡念張繡對自己有恩，於是便拒絕了曹操的邀請。

　　後來，在賈詡的幫助下，曹操吃了出征以來最慘重的一次敗仗，曹操最大的兒子、侄子和自己的將領典韋都死在了這次的戰爭中，而曹操也受了傷。

　　第二次，曹操又帶兵攻打張繡，這一次，張繡和賈詡都投奔在了曹操的營下，並且曹操還重用了賈詡，封為執金吾。這個時候的賈詡，已經是一個年過半百的老人了。他從前所幫助的幾個人都是一些小角色，但是曹操不一樣，他知道這一次是真的找到靠山了。

　　西元二一一年，以馬超、韓遂為首的十幾萬人馬的軍隊，共同來抵抗曹軍。這一次戰爭，曹操沒有招架之力，只得退回到自己的城中，只守不攻。按理說曹操吃了敗仗，但是馬超和韓遂等人卻主動前來議和，曹操恐其有詐，便和自己的謀士賈詡商量。

　　賈詡說：「應該先答應他們的要求，讓他們放鬆警惕。隨後，我們就可以使用反間計，讓韓、馬兩個互相質疑，這樣，他們的軍隊就能夠一擊便破了」。

　　曹操聽了之後非常高興，他採納了賈詡的建議，賈詡還給曹操分析了馬韓二人的弱點，並且給他提出了一點計謀。讓曹操給韓遂寫一封模糊不清的書信，中間可以塗改幾次，馬超得知後，必定會起疑心，那麼他們之間的合作也就要到此為止了。

　　就這樣，賈詡利用一封書信，將馬超等人的十幾萬大軍打得還剩

下三十個騎兵，幾乎是全軍覆沒。

西元二一五年，曹操帳下的將軍龐德請戰，想自己率軍去和關羽拼個你死我活，曹操看到自己的士兵這麼有勇氣，心中也是十分高興，只有賈詡說，龐德是帶著情緒去的，這並不是一個好的徵兆啊！

曹操聽了賈詡的話，急忙派人去傳回龐德，但是龐德執意要和關羽決一死戰，哪還聽得進去，最後，死在了關羽的刀下。

剛剛外部算是太平了一些，曹營的內部戰亂又開始了。曹操的幾個兒子為了爭奪權勢，都在暗中培養自己的力量。而賈詡選中的則是曹操的長子曹丕，在暗中幫助他。有一次，曹丕問賈詡自己應該怎麼做，賈詡說：「希望你能夠修養品德，孜孜不倦地學習，做好兒子的職責就夠了。」在別人聽了只是一般的規勸話罷了，但是賈詡的意思是在告訴曹丕品德是最重要的，讓曹操感受到曹丕對他的孝心。從那之後，曹植所在意的是自己的功勞，而曹丕每一次出征擔心的只是曹操的身體，這讓曹操的心不自覺地偏向了曹丕這一邊。

這天，為了讓誰做世子的事情，曹操找賈詡商量。而賈詡做出一副苦思冥想的樣子，曹操見了之後，就問道：「只是讓你說一下心中的世子人選，你這是在考慮什麼？」

賈詡則是回答道：「我只是在想袁紹父子和劉表父子的事情。」

曹操聽了這句話，心中已經知道了答案，隨後又被賈詡這種狡猾的模樣逗樂了。於是便下令立曹丕為王世子。

西元二二〇年，曹丕很順利地登基，隨後又封賈詡做了太尉。

西元二二三年，曹丕想要出兵中原，於是他便找來賈詡，向他詢問：「我想一統天下，先生覺得是先攻打蜀國，還是先攻佔吳國呢？」

賈詡則是回答說：蜀國的國君劉備也是一個有著雄才偉略的人，尤其是他帳下的軍師諸葛亮更是上知天文，下知地理。而東吳孫權則

是能夠辨明虛實，他的將軍陸遜在險要的地帶屯兵駐守。再看看我們朝中的各個將領，他們都不是孫權、劉備的對手。哪怕是陛下您親自帶兵出征，結果也不一定能夠勝利而歸啊，我們現在要做的，就是耐住性子，等著這兩個國家政變啊。

但是曹丕卻不這麼認為，他堅持出兵，結果可想而知，打敗而歸，於是便感歎道：「我不聽賈詡的勸告，執意攻打蜀國，最後真的是失敗而歸。」

過了一段時間，曹丕聽人說劉備已經死去，這可是一個難得的好機會，於是又集結兵馬再次進攻。賈詡又出來勸阻說，劉備現在雖然是死了，但是他必定會將他的江山託付給諸葛亮。諸葛亮感激劉備的知遇之恩，一定會傾盡全力，來扶持幼主治理江山。陛下您千萬不要倉促而為之啊。

曹丕還是不聽，最後又是無功而返。

就是同一年，這個機智多謀的賈詡去世了。從他四十五歲的時候才開始自己的政治生涯，五十二歲的時候投靠在曹操的帳下，盡忠了二十多年，在他七十七歲的時候死去。易中天稱他是三國裡面最聰明的人物。他有著高超的處世原則，在他所出的計策中，成功率幾乎是百分之百，真可謂是一個智謀雙絕的大師啊！

徐庶：臥龍的舉薦人

　　徐庶，對於他的生卒年，史書上並沒有記載，只知道他出生於漢靈帝年間。在徐庶很小的時候，就把那些打抱不平、劫富濟貧的俠士看作是自己的偶像，立志要做一個像他們這樣頂天立地的男子漢。為了可以完成自己的這個願望，他從小就和一位師傅學習武術，並且日夜練習，十分辛苦。不僅這樣，他還和各種同道中人交朋友，共同切磋一下武藝，探討一些其中的奧妙。等到他學有所成的時候，徐庶便離開自己的家鄉，走遍大江南北，除暴安良、扶危濟困。沒多久，徐庶的名字就傳遍於湖，成了一個少年俠士。

　　西元一八八庶有一個朋友被當地一家惡霸害得家破人亡，這位朋友一氣之下便找到了徐庶，想讓他替自己報仇。而徐庶聽了自己朋友的講述之後，更是氣不打一處來，在臉上塗抹了一些泥巴，便手拿利劍走進了這個惡霸的家中，將這個人一劍刺死。可是就在徐庶要離開的時候，恰巧被聽到這個消息的官兵給包圍住了。畢竟他一個人怎麼可能敵得過這麼多人，最後被逮捕入獄，官府人員對他威逼利誘，最後還動了刑，但是徐庶因為江湖道義，至始至終都沒有供出自己朋友的名字。而又害怕因為這件事情而連累了家中的老母親，於是不管官員如何對他用刑，他都死咬著牙關，不說出自己到底是什麼身份。官府沒有辦法，只好讓人將徐庶綁在囚車上的柱子上，遊街示眾，目的就是想從老百姓的口中得知徐庶的身份。這裡的老百姓都非常感謝徐庶除了這個惡霸，竟然沒有一個人出來指認他是誰。最後官府真的是黔驢技窮了，後來經徐庶的好朋友東奔西走，幾經周轉，才將徐庶從監獄中救了出來。

　　這一次的事情，給了徐庶很大的衝擊。他知道自己以前的那些思想比較侷限，如果單靠他自己的力量，根本就是微乎其微，不足以將世間的不平事全部剷除，將天下間的害蟲全部誅盡。經過仔細的考量，現如今東漢王朝早就已經腐敗落寞，各方諸侯紛紛揭竿而起，在這樣的社會背景下，徐庶決定棄武從文，學出一身的治國之道，來為天下的百姓謀福祉。從這件事情之後，徐庶便和自己的武林好友一一告別，丟掉了曾經引以為傲的刀槍劍戟，靜下心來去專研兵法。剛進學館的時候，他的同窗知道他曾經犯過殺人罪，所以都不願意和他有什麼來往。而徐庶對於他們的反應絲毫不介意，還是和往常一樣，我行我素，專心於自己的學習工作中。徐庶本人非常的聰明，再加上他的勤奮努力和豪爽不羈的性格，同窗們很快就忘卻了他的曾經，都喜歡和他做起朋友來，在此期間，他和石韜成了很好的朋友。

　　西元一九〇年，漢室早就已經名存實亡，權臣專政，各地戰火連綿。徐庶和石韜二人為了躲避戰亂，全家都遷到了荊州一帶。在荊州的這段日子，徐庶又結識了很多人，其中就有諸葛亮、崔州平、孟公威、龐統等人。徐庶對於諸葛亮的才華很是欽佩，所謂英雄惜英雄，諸葛亮對徐庶也是另眼相看，這兩個人之間來往比較頻繁，將彼此視為知己，經常在一起討論當今的天下形式，評論一番天下豪傑，探討一下治國用兵的方法，日子過的實在是不亦樂乎。諸葛亮則是經常把自己看作是春秋名相管仲，徐庶對此也是深信不疑。

　　徐庶在荊州居住的時候，荊州牧劉表曾經有很多次派人請徐庶做官。但是在徐庶的心中，劉表雖然說是皇室貴族的後裔，也是一個禮賢下士之人，但是劉表卻是一個優柔寡斷，善惡無法明辨的人，他的這些名頭基本上都是徒有虛名而已，並不是一個可以輔佐的人，所以就都被徐庶一一謝絕了。

　　西元二〇一年，劉備前來投靠劉表，而劉表對於劉備的才能也是

十分忌憚，並不願意讓他委任要職，只是讓他帶兵在新野和曹操對抗。但是徐庶不同，通過自己的多方觀察，他發現劉備其實是一個胸懷大志，有著雄偉謀略的人，並且還善待自己的屬下，在軍隊中頗有威望。於是徐庶便打點好自己的家庭，就一個人來到了新野投靠劉備。而劉備這個時候，也正想要結交荊州一帶的有識之士，徐庶的到來正合他意，於是很客氣地招待了徐庶。劉備很欣賞徐庶的才華和人品，聽了徐庶的話，劉備二話沒說就給他了一個要職擔任，讓他參加軍隊的訓練。

西元二○四年，曹操帶兵攻打鄴城，而他的老窩則是防守空乏，於是劉備趁著這個機會，向許昌發動攻擊，而曹操的大將也不含糊，拼死抵抗。而劉表卻不願意派遣援兵，劉備的士兵少，將領更少，再這麼支撐下去，很可能就面臨著全軍覆沒的危險。在這個緊要關頭，徐庶給劉備提出了一個建議，那就是將自己的營寨燒掉，做出退兵的樣子，然後再派關羽和張飛等人帶兵在沿途的路上埋伏，等待著曹軍的追擊。而曹仁一向狂妄自大，並沒有仔細考慮是否有詐，將部下李典的勸阻當成耳邊風，命令于禁跟隨自己去追擊劉備，走到埋伏的地點，劉備的士兵將他們團團包圍，曹軍一方傷亡慘重。結果劉備扭轉了局勢，虛驚一場，這才能夠安全的返回到自己的營地──新野。

劉備對於徐庶的軍事才能讚賞有加，而徐庶則是對劉備說，自己的才華還不及諸葛亮的一二，劉備聽了這句話，對諸葛亮是比較好奇，想將他招募在自己的旗下，於是這就出現了三顧茅廬的故事，經過劉備的再三邀請，西元二○七年，諸葛亮答應劉備出山，這也就為以後的三國鼎立的局面奠定了基礎。

西元二○八年，曹操親率大軍南下，攻打荊州。這個時候劉表已經去世，而他的兒子劉琮則是不戰而降，歸順給了曹操。劉備則是帶著自己的二十多萬的軍民一起南撤。劉備的軍隊和曹操的軍隊在長阪

坡開戰，最後劉備寡不敵眾，以失敗而告終。徐庶的家人也落入了曹操的手裡，曹操還偽造了一封書信，讓徐庶前往許都，徐庶知道這個消息之後，心裡百般痛楚，眼含熱淚前來跟劉備告別。他對劉備說：本想著要和將軍您一起打天下，盡心盡力，忠心耿耿的扶持。只可惜今天，我的母親被曹操擒去，我也沒有了方寸，即使我現在留在將軍的身邊也不能有任何的幫助，還請將軍能夠讓我告別，去許都伺候我的母親！」劉備心中不捨得他離開自己的身邊，但是他也深知徐庶是一個有名的孝子，不忍心看見他們母子二人分離，更是害怕徐庶的母親一旦被害，而徐庶也就不會安心為自己出謀劃策，最後只能萬般痛苦地看著徐庶離開。

西元二二九年，諸葛亮三次攻打祁山，然後北上，討伐中原。他聽說自己的好朋友徐庶竟然歸順了曹營，心中免不了一陣感歎，但最後徐庶的家人還是被曹操殺害。

徐庶的一生，命運坎坷，道路崎嶇，雖然最後並沒有多大的作為，但是他卻將軍師諸葛亮帶到了劉備的身邊，而他的智謀在輔佐劉備期間也盡顯無疑，加上他的孝心可嘉，是後世學習的典範。

郭嘉：曹阿瞞的「奇佐」

郭嘉小的時候並不喜歡和同齡的孩子打鬧，相反，他卻喜歡和自己的長者交談。有些時候，他的一些見解，甚至都會讓這些老人們自愧不如。在別人看來，郭嘉長大之後絕對是一個了不起的人物。

曾經有一次，一個術士和小郭嘉交談一會兒之後，讚歎他是姜太公轉世。

到了二十歲時，他所攀談的對象已經從鄉里的老人變成了一些有識之士，其中就有荀彧、辛評、郭圖等人。郭嘉和其它人一樣，剛開始的時候都去投奔了當時實力比較強的袁紹。袁紹見了郭嘉之後，對他也是十分的讚賞，但在郭嘉看來，袁紹是一個優柔寡斷之人，不足以成就大事，於是毅然決定離開，轉而投奔到了曹操的帳下。

西元一九八年九月，曹操和呂布在徐州一戰，這一戰用了很長的時間，而曹操又擔心自己不在曹營，袁紹和張繡會伺機而動，於是就有了想回營的念頭。

郭嘉則是勸阻道：「丞相，您千萬回去不得啊，開始的時候，呂布的軍隊勇猛非凡，但是，他已經受到了接二連三的失敗，他們將士的鬥志都低沉了，這可是一個大好的機會啊！」

曹操聽了郭嘉的建議，取得了最終的勝利。這是郭嘉幫助曹操贏得的第一仗。如果不是郭嘉的建議，那麼曹操的心腹大患——呂布不知道要等到什麼時候才能除掉。

西元一九六年，劉備戰敗之後投奔到了曹操的手下。曹營上下對於這件事情的看法不一：荀彧等人則是主張應該立即將劉備除去，以絕後患，而郭嘉則是建議應該留用劉備。到了後來，劉備叛變，還成

了曹操的強勁敵手。這也讓更多的人認為，郭嘉當時的建議是多麼的荒唐。

西元二〇二年，袁紹臨死之前，立了袁尚作為自己的繼承人，郭嘉聽說這個消息之後，並不覺得詫異，這正是袁紹一貫的作風。於是，郭嘉對曹操說：「我們現在不能強行進攻冀州，袁氏兄弟都在那裡，到時他們一定團結起來對抗，這樣一來我們就很難獲勝。現在我們要做的就是靜觀其變，等著吧！過不了多久，我們就能看到一齣兄弟相殘的好戲。」

就這樣，在郭嘉的建議下，曹操又贏了一仗，袁尚兵敗之後，投奔了袁熙。當時曹操聽從郭嘉的話，重用各方有謀之士，甚至還給予和自己不合的陳琳要職。而對於袁尚，曹操問了他的舊臣王修，王修則是避而不答，曹操稱讚他為忠臣。

而郭嘉則是說：「丞相，我這裡有一計，可以不動一兵一卒，只是用那些投靠而來的袁氏將領就可以了，這一次的進攻任務就交給他們。」

曹操聽從了郭嘉的話，隨即派遣降將張南、呂曠、呂翔、焦觸、馬延、張凱等人各帶著一部分的兵馬，分成三路向幽州進攻。這一次的戰役可謂是攻無不克，屢戰屢勝。一直攻打到了烏桓，這個時候大將曹洪向曹操建議到：「現在袁熙、袁尚的氣數將盡，他們才會遠投沙漠。如今，如果我們再繼續追進，這個時候倘若劉備和劉表趁機來偷襲我們的都城，這樣我們根本就來不及去救，所以說，現在不應該再追擊了，應該班師回朝。曹洪的建議不是沒有道理，想當初，曹操在征討徐州時，呂布便趁虛而入，端了曹操的老窩。而現在，因為追擊袁尚，已經遠離了都城，如果再不回去，恐怕都城難保啊！」

但是郭嘉並不贊同這麼做，他認為，丞相現在的實力雖然很強大，但是那些身處沙漠的人，一定仗著自己的距離比較遠而有恃無

恐，這個時候他們必然不會多加防備。我們如果抓住這個機會，一定能夠給他一個突然襲擊，攻破城池也就比較容易了。況且，袁紹可是烏桓的恩人，而袁尚和袁熙兩個兄弟還活著，如果烏桓和他們聯手，又是一個麻煩，所以應該早早的剔除才是。而劉表和劉備二人，劉表害怕以後掌控不了劉備，所以必定不會重用的，劉備的才能在一些小職位上也不會有什麼大的作為。所以說現在雖然是遠征，但也不必擔憂。

於是，繼續前行，曹操還命人做了一個道路不通的牌子樹立在濱海旁，以此來麻痺敵人。可是沒有想到，大軍剛行進了兩天，沙塵暴肆起，道路崎嶇，不利於前行，所有的將士們也都打了退堂鼓，曹操詢問郭嘉的意見，而此時的郭嘉因為水土不服的原因，大病不起，面容憔悴。

曹操看到郭嘉這個樣子，眼淚都要掉下來了，他說：「都是因為我想要踏平沙漠，才導致你長途跋涉，染病臥床，你讓我怎麼安心啊？」郭嘉寬慰曹操說道：「丞相不必自責，我很感激您對我的恩情，就算是拿去我的生命都不能報答，何況只是小病一場。我們都知道用兵貴在神速，以目前的形勢進軍是不行的。現在大軍要將自己身上的包袱丟掉，輕裝上陣，而且還要改變行軍的路線」。於是，按照郭嘉的提議，大軍走了二十多天到達烏桓，實在是很不容易。

這一戰給袁尚等人一個措手不及，曹操雖然取得了勝利，但也遇到了一個很悲痛的打擊，那就是他的軍師郭嘉身亡了。

等曹操到達易州的時候，郭嘉已經死了好幾天了。曹操悲痛不已，說道：「你明知道自己的身體不好，一直擔心如果去了南方，很可能就會因為水土不服的問題而不能活著回來。可是你卻時常鼓勵我去征討荊州。我還將這件事告訴了荀彧，好讓他時常提醒著我，千萬不能讓你去南方。可是，沒想到你最後還是走了。這些都是因為我的

緣故啊。第一次和你聊天的時候，我就知道你是那個可以助我成就大業的人，可是如今你走了，以後我遇到問題的時候，該去問誰呢？荀彧等人他們的年齡和我都差不多，以後我的基業本來就打算託付給你，可是現在，你怎麼能讓白髮人送黑髮人啊！」這曹操哭的是一把鼻涕淚兩行，其它武將見了之後都勸曹操要節哀順變，不能忘了當下的局勢。

西元二〇八年，曹操和孫權、劉備決戰於赤壁，這也是歷史上比較有名的以少勝多的戰役。在赤壁之戰中，曹操吃了敗仗，他仰天大哭道：「如果郭嘉還在的話，這一戰，我怎麼可能會輸。」而這一句話也說明了曹操一生的雄偉大業竟然是因郭嘉的死亡而告終，真是不可思議。

郭嘉的計謀並不是尋常人所能猜測到的，曹操也是一個不錯的軍事家，但是在郭嘉面前，可謂是小巫見大巫了。郭嘉這個人，說話時的嗓門特別大，並且語言豐富，表情更是生動，這也致使很多人都喜歡聽他講話。從整篇文章來看，曹操對於郭嘉可真是充滿了愛啊，是君主對臣子的愛，亦是長輩對晚輩的愛。

實際上，大部分的人都會想著，如果郭嘉再多活上幾年，那麼赤壁之戰會不會改變，勝負到底會在誰的那一方，只可惜這麼多的疑問，就這樣成了一個永遠解不開的謎。

楊脩：曹操帳下的「冤死鬼」

在東漢末期，出現了一個比較有名的文學家，名為楊脩。楊脩從小就喜歡學習，天資聰穎，在建安年間的時候，楊脩被舉薦為孝廉，擔任郎中一職，後來又去了曹操的帳下，做了一名主簿。

那個時候，曹操軍事繁忙，楊脩則是幫助曹操處理內外的事宜，每一件事情都處理得非常好，正合曹操的心意，楊脩所具備的才華，連曹操自己都自歎不如。

曾經，曹操的幾個兒子都想拉攏楊脩到自己的帳下，比如說，楊脩曾經送給曹丕一支王髦劍，曹丕對這把劍萬般珍惜；而曹操的小兒子曹植更是很多次的寫信給楊脩，有修好之意。

但是，楊脩卻是聰明一世，糊塗一時，在生性多疑的曹操帳下，如果還不懂得收斂自己的光芒，那麼所面臨的就只有死路一條了。

有一回，曹操派人在自己的府上建造了一座非常漂亮的後花園。在建成之後，曹操便帶領著眾人前去參觀，領著大家在自己的園子中轉了一圈，到走之前一句話也沒有說，只是提筆在自己的園門上寫下了一個「活」字。這弄得其它人都搞不清楚是什麼意思，所以只好向楊脩請教。楊脩對這些工匠們說，活字是門內一個活，也就是一個闊字，丞相的意思就是嫌你們將這花園的院門造得寬了。工匠們聽了之後，於是又連忙趕工，將院門改小了。第二天，曹操前去觀看，看到之後，心裡是十分的滿意，於是便問工匠們：「你們是誰讀懂了我的意思？」工匠們說：「這都是楊主簿的功勞！」曹操聽了之後，面色雖然沒有任何變化，但是心裡已經對楊脩有所忌諱。

還有一次，塞北的人向曹操進貢了一盒比較美味的奶酥，想討曹

操的歡心。曹操吃了一口後，突然心中又有了主意，想要看看自己大臣們的智慧如何，於是拿起筆來，就在那個奶酥的盒子上寫了「一合酥」三個字，讓自己的手下遞給大臣們一一瀏覽。大臣們看著奶酥盒上的三個字，一時之間都不知道是什麼意思，而楊脩看到之後，竟然讓人送上了餐具，將這一盒奶酥分吃。但是曹操的東西，誰敢亂動呢，於是大臣們都誠惶誠恐地說：「魏王的食物我們怎麼敢品嘗呢？」而楊脩卻說道：「一合酥，意思也就是說一人一口酥，這是魏王賞賜給我們的，但吃無妨！」所有的文武百官聽了楊脩的話，都放下心來，就這麼分吃了。吃完之後，曹操詢問楊脩這麼做的理由，楊脩說道：『您在盒子上寫下「一合酥」三個字，無非就是想讓我們將這盒奶酥分吃掉，我們這些人怎麼敢違抗您的命令呢？』曹操表面上雖然誇讚楊脩聰明，內心卻是厭惡極了。

曹操生性多疑，每一天晚上睡覺的時候都害怕別人會來謀殺自己，於是他經常囑咐身邊的人說：「我在睡覺的時候，經常會殺人，所以只要我睡著的時候，你們千萬不要靠近！」這天，曹操正在自己的營帳中睡覺，故意將自己的被子掉在了地上，他的一個侍衛見狀，想要上前替他蓋上。這個時候，曹操從床上下來，拔劍就將他殺了，隨後接著爬到自己的床上去睡。

等睡醒之後，曹操假裝做了一個夢，忙問身邊的人說：「到底是誰將我的侍衛給殺了？」其它的人將事情的經過告訴了曹操，曹操失聲痛哭起來，下令一定要將這個近侍厚葬。這樣，所有人都認為曹操睡覺的時候，真的會起來殺人，而只有楊脩看穿了曹操的鬼把戲，在侍衛下葬之前，他竟然指著侍衛的屍體說道：「丞相現在沒有在夢中，倒是你，真正的活在夢中了！」曹操聽完這句話之後，心中對他已經起了殺心。

當時，曹操親率大軍去攻打劉備，不料中途被困在了斜谷界口，

如果要這樣進攻的話，又害怕攻打不進，而如果要退兵的話，一定會遭到恥笑。曹操心里正在掙扎不定的時候，他帳下的廚師給曹操端進來一碗雞湯。曹操看見碗中有雞肋，不禁有感而發。正在沉吟期間，夏侯惇進入了營帳，想要請示夜間巡邏的口號。曹操說道：「雞肋！雞肋！」於是夏侯惇告訴自己手下的士兵，口號為「雞肋！」而主簿楊脩聽見「雞肋」二字的時候，便讓士兵們收拾東西，準備返回。於是有人將這件事情告訴給了夏侯惇。夏侯惇心中比較吃驚，於是便將楊脩請到了自己的營帳中，問道：「楊主簿為什麼要收拾行裝呢？」楊脩回答說：「你看今天晚上的口號也就知道，魏王已經決定要退兵回國了，雞肋，是一塊沒有肉的地方，但是將它丟掉，未免又太可惜。再看現在，如果強行進攻的話，根本就不可能取得勝利，而就這樣退兵的話，也會遭到別人的嘲笑，既然在這裡並不能得到什麼好處，那麼倒還不如早早收拾行裝，早日歸程呢，你看吧，明天的時候，魏王一定會班師還朝的。所以說我們現在先行收拾行裝，以免在回營的時候顯得慌亂。」夏侯惇讚歎道：「還是您能夠揣摩魏王的心事啊！」於是也跟著收拾起行裝來。就這樣，整個軍營上下的士兵們都在收拾行裝，為明天的返營做準備。曹操聽說了這件事情之後，將楊脩傳到了自己的營帳中詢問他原因，而楊脩則是將自己的分析給曹操說了一遍。曹操聽了之後，怒氣衝天，說：「你怎麼敢如此放肆，這樣蠱惑軍心，造謠生事！」於是便命令自己身邊的劊子手將楊脩給殺死了，並且還將他的頭顱掛在了轅門的外面。

其實從這件事情上，我們也可以知道，或許楊脩的分析是正確的，但是居高位者就怕別人看穿自己的心思，所以說在老虎身邊工作的聰明人，總會難得糊塗。

楊脩，可以說的是歷史上比較典型的一個。從客觀方面來說，楊脩有著出眾的才華和見識，他能夠琢磨透徹曹操心中的所想所思。但

是，楊脩能夠看透一切，卻始終沒有讀懂那顆要殺自己的心，曹操畢竟心眼小，楊脩也只是他征戰中的一個可有可無的人而已，如果說起令人感歎的地方，那也只能說選錯了主子吧！

諸葛亮：神機妙算的賢蜀相

諸葛亮出生於西元一八一年，他的家庭是一個官吏之家。史書上記載，諸葛亮身高八尺左右，相貌堂堂，甚是偉岸，渾身充滿著英霸之氣。

諸葛亮九歲的時候，自己的母親章氏因病去世了，不幸的是，父親在他十二歲那年也去世了。當時，諸葛亮的叔叔諸葛玄在豫章這個地方做太守，於是他帶著自己的弟弟諸葛均投奔到叔叔家生活。從小就失去了雙親，諸葛亮既沒有什麼富貴的生活，更沒有顯赫的家世，這種日子也養成了諸葛亮不服輸的性格。

諸葛亮從小就比較聰慧，喜歡畫畫，也有著超乎常人的記憶力。

長大後的諸葛亮滿腹才學，娶了黃承彥的女兒，話說此女醜陋無比，但是卻也是一個響噹噹的才女。

諸葛亮一身的抱負，他也想找到一個明君可以成就一番事業。這個時候，諸葛亮把目標放在了劉備的身上，這也就有了後來的「三顧茅廬」之說。以劉備當時的身份，肯屈尊來請諸葛亮，已經十分難得，從這裡也可以看出劉備是一個愛才之人，而諸葛亮的識人本事也不可小覷啊！

看在劉備如此誠心的分上，諸葛亮給劉備把天下的局勢分析得頭頭是道，對劉備來說，可謂是起到了醍醐灌頂的作用。劉備聽諸葛亮一分析，更是不捨得放棄他這個智囊了。於是就來了一個三請諸葛亮。最後在劉備的哭天搶地中，諸葛亮終於答應出山了。

有一次，諸葛亮來找劉備商討軍機大事，見劉備正在編織草鞋，於是就說道：「主公，這都什麼時候了，您怎麼還有心情做這個？」

劉備說：「先生既然來了，就坐坐吧。」諸葛亮又問：「主公，您覺得劉鎮南和主公你是曹操的對手嗎？」劉備答不是。諸葛亮又說道：「既然你們都不是曹操的對手，那麼荊州遲早都要被曹操所佔領。」劉備詢問其辦法，諸葛亮說：「現在應該加強兵力，按時徵收賦稅。」劉備聽了之後直點頭。可是劉備還有一件很煩惱的事情，那就是調解劉表兩個兒子劉琦和劉琮的關係。劉琦雖然和諸葛亮沒有什麼關係，但是劉琮卻是諸葛亮的一個遠門親戚。

這不禁讓他為難，他不想理會這件事情，但是最後劉備還是硬塞給了他，而諸葛亮想出來的辦法就是希望這兩個人權力能夠相互制衡，劉備從中也能得到好處。先拉攏劉琦，擴大兵力，如果發生戰亂，劉琦和劉琮二人可以相互抗衡，誰知。劉琦是個短命鬼，先行一步就去了。

西元二〇八年的八月，劉表去世，他的小兒子劉琮繼位。諸葛亮還沒有做好準備，曹操大軍就已經南下了。而劉琮卻想著要割地求和。如果按照這個勢頭髮展下去，一旦劉琮和曹操聯了手，那麼劉備的偉業也就到此為止了。那麼眼下也就只有一個辦法了，那就是跑。劉備一行人來到了夏口。在這裡碰到了孫權帳下的大將魯肅，因為不知道孫權到底是什麼態度，於是諸葛亮便前去充當說客。孫權聽了諸葛亮的分析之後，決定和劉備聯合起來一起對抗曹操。並且他也看上了諸葛亮的才華，還想讓他留在吳國，為自己效力。

在這個小故事中，就有了歷史上著名的「草船借箭」，說的是為了共同對抗曹操，需要製造大量的箭，而周瑜嫉妒諸葛亮的才華，便讓諸葛三天之內造出十萬支箭，本想為難諸葛亮，沒想到卻成就了一段成就諸葛亮的傳奇。

西元二二一年，劉備征討吳國，看似佔據了四郡之地，但是這些地方都是人煙稀少，經濟落後，再加上這裡的人根本就不服從劉備的

管制。於是，劉備便想去借荊州，孫權和劉備的關係十分的微妙。剛剛聯合擊敗了曹操，剩下了荊州這塊肥肉，幾雙眼睛都緊緊盯著，想將其占為己有。而孫權表面上看似對劉備比較客氣，其實內心是想將他消滅，少一個人分羹。

所以說，劉備這一次自己去吳國借荊州，真的是兇險重重啊。但是為了前程，也只能以身冒險了。諸葛亮為他準備了錦囊妙計，使得劉備說服了孫權，借到了荊州，這也為劉備以後治理國家奠定了很好的基礎。

西元二二一年，漢獻帝被害身亡，諸葛亮便想著讓劉備做後漢的皇帝。

劉備稱帝之後，封諸葛亮為丞相。但是喜事還沒有過去，憂慮也就跟著來了，荊州被人搶走，蜀國大好的江山眼看著被人奪走了一半。但是如果現在和孫權開戰的話，最後漁翁得利的必定是曹操，所以諸葛亮並不贊成劉備攻打吳國。

西元二二二年的八月，劉備執意攻打吳國，卻被不知從哪冒出來的陸遜擊敗，一時是潰不成軍。到了第二年，劉備便臥病不起，他也深知自己的時日到了，於是便命人召來諸葛亮等大臣，交待自己的後事。劉備將諸葛亮叫到自己的面前，十分難過的說：「你的才能，十個曹丕也趕不上，有你來輔佐君王，必定能夠安邦定國，成就大業。如果我的兒子是君王的料，那麼你就輔佐他；如果他不成才，你就可以自己取而代之。」而劉備也要求自己的兒子將諸葛亮看作他們的父親，像尊敬自己一樣尊敬他。這讓諸葛亮是感激涕零啊，以後就會更加毫無二心地輔佐著少主公，死而後已。不得不說，劉備也是一個智者！

西元二二三年，劉備死後，十七歲的劉禪成為了第二個蜀國的皇帝，封諸葛亮為武鄉侯，劉禪也是一個聰明的君主，他對諸葛亮說：

「蜀國上下的大小事宜由主公決定即可，我就只管祭祀就可以了。」
這個時候，天下成了三分的局勢，一時之間，所有的重擔都落在了諸
葛亮的肩膀上。

諸葛亮先是設立了丞相府，輔佐幼主處理軍國大事，更有甚者，
其它國家得知劉備死後，都紛紛給諸葛亮寫信，希望他可以為自己效
力，但都被諸葛亮回絕了。

西元二二九年的春天，諸葛亮派遣陳式攻打武都、陰平等地。雍
州刺史郭淮帶著自己的援兵趕到，而諸葛亮這個時候已經帶兵到達了
建威，郭淮沒有辦法，只能是撤退，就這樣，在諸葛亮的帶領下，這
二郡已經屬於蜀國了。

西元二三一年的二月，諸葛亮又帶著大軍攻打祁山。在這場戰役
中，他們第一次運用了先進的武器。這個時候，曹真生病，都督司馬
懿帶兵抵抗。諸葛亮也不急於應戰，只是收集糧食，等糧草充足之
後，諸葛亮派了高翔、魏延、吳班三員大將，一舉擊破司馬懿的軍
隊。這一次收穫頗豐。

前線打得火熱之際，後院卻又起火了，託孤大臣之一李嚴，一向
和諸葛亮不和，因為自己的錯誤，讓在前線的諸葛亮糊裡糊塗地回了
營。不過在回營的過程中，諸葛亮還用計殺死了魏國的大將張郃。

西元二三四年，諸葛亮逝世，當時只剩下了他的小兒子諸葛京。

諸葛亮可以稱得上是比較優秀的軍事家，也是一個計謀師，他使
一向聰明的周瑜感歎「既生瑜何生亮」，他的草船借箭永遠是後世談
論的話題。

龐統：與臥龍齊名的鳳雛先生

　　龐統是湖北人，在當時有一個人稱水鏡先生的司馬徽和龐統有過一面之緣。有一次，司馬徽正在樹上採桑，後來，走來了一位年輕人，在這棵樹下休息，於是兩人就攀談起來。剛開始的時候，司馬徽並沒有將這個年輕人看在眼裡，可是誰想到兩個人越聊越投機，不知不覺地竟然談到了深夜。

　　司馬徽問：「怎麼稱呼你」。

　　龐統答道：「本人姓龐，名統，字士元」。

　　就這樣，龐統幾乎是一夜成名，話說龐統這個人的長相十分的一般，為人也非常樸素，就是屬於扔進人堆裡找不出來的那種。

　　龐統和諸葛亮應該是早就認識，兩人被不近不遠的親戚關係牽扯著。龐統有一個特點，喜歡表揚別人，往往他表揚的內容要比實際誇大許多，這也不得不讓人聯想到有拍馬屁的嫌疑。

　　龐統服侍的第一個人便是孫權，而當時周瑜是孫權最喜歡的人，在龐統的心裡是看不上周瑜的，於是孫權也就沒有重用他，在魯肅的推薦下，龐統又投奔了劉備。

　　那個時候，劉備已經攻佔了荊州，做荊州牧這一官職，而龐統則是以從事的身份當起了耒陽縣令。龐統在任的時候，根本不理縣務，政績十分的差，最後還被免了官。而吳國的將領魯肅給劉備寫了一封信，向他推薦了龐統，魯肅在信中這樣說道：「龐士元是一個人才，讓他做一個小小的官職實在是委屈了他的才華，如果能夠好好的任用，他定是一個良才，可以讓你如虎添翼。」而此前，諸葛亮也向劉備提起過龐統的事情。於是，龐統這個人激起了劉備的興趣，便召見

龐統。劉備和龐統一見如故，從古論今，劉備對他真是十分讚賞，於是便任命他為治中從事。從那之後，龐統成了繼諸葛亮之後又一個值得劉備重視的人，他和諸葛亮都是軍師中郎將。

　　有一回，劉備找來龐統閒聊，隨口問道：「你以前在周瑜的身邊做事。我那一次去吳國的時候，聽說周瑜曾經給孫權上書，要將我扣留在吳國，不知道有沒有這件事？在誰的手下做事就應該忠於誰，你放心大膽地說，不必隱瞞。」龐統則是回答說：「的確有這件事情。」劉備則是隨即又感歎道：「那個時候，我蜀國正處於危難當中，必須向孫權求救，所以也不能不見他。沒想到，這一去，竟然差點落入周瑜的手中！」劉備繼續說：「都說英雄所見略同，當時，我要去見孫權的時候，諸葛亮也是勸阻我不要去，而且一直強烈的反對，現在想想，或許他也是害怕我被孫權扣留下。當時，在我心中，我以為孫權最大的敵人應該是曹操，所以應該不會把我怎麼樣，而且還會很高興和我聯手抗曹，沒想到，最後是我沒有考慮周全。現在想想，可真是一步險棋啊！」

　　西元二一一年，法正奉了益州牧劉璋的命令來到了荊州，求見劉備，希望劉備可以去益州和劉璋一起抵抗張魯。並且法正私底下還給劉備出了計策，那就是趁著支持益州，一舉拿下益州。劉備對於這個主意，一直是猶豫不定，不能下定決心。龐統則是進言道：「荊州這個地方荒涼落魄，人們流離失所。況且現在，東面有孫權在虎視眈眈，而北面還有曹操在那裡靜觀其變，這樣下來，荊州根本就很難有好的發展。而益州則是有著百萬的農家，是一個土地富饒，物產豐富的地方，如果能將它拿下，作為我們的根基，那麼成就大業也就指日可待了。」

　　聽了這番話，劉備還是擔心：「現在，我最大的敵人是曹操，而我治理國家上也都和曹操相反，他峻急，那麼我便寬厚；曹操生性暴

虐，那麼我便待人仁慈；曹操狡詐多變，那麼我便忠誠不二。每一件事情都和他相反，只有這樣我才能夠得民心、得天下。而現在又讓我去佔領益州，這不是讓我失信於天下嗎？」龐統接著說：「但是，現如今，整個局勢都動盪不安，如果一味地堅持自己最初的看法，那麼最後只能面臨著消亡的危險，所以應該學會隨機權變才好。並且強者吞併弱者，逆取順守，報之以義，歷來都是古人所重視的道理。只要是在事定以後，在封給他一塊土地即可，這樣的話，還有誰再敢說您忘恩負義呢？如果你不抓住這個機會的話，別人也會抓住的。」劉備聽了龐統的話，感覺非常有道理，於是便將諸葛亮、關羽等人留在荊州鎮守，而自己親自帶著龐統等，出兵益州。

劉璋盛情款待了劉備等人，還給他們準備了充足的糧草，並且連戰略要地白水關都交由他管理，目的就是讓劉備說明他攻打張魯。這個時候，劉備的實力早就今非昔比了，他的軍隊已經擴充到了三萬多人，有上好的馬車，堅實的兵甲，充足的糧草和志氣高昂的戰鬥力。吃飽喝足之後，劉備並沒有像劉璋說的那樣立馬攻打張魯，反而他卻在葭萌做起了收買民心的事情。

西元二一二年十二月，劉備已經在葭萌屯兵將近一年了。龐統則是給劉備獻上了一些好計謀：「挑選一些精兵，日夜兼程，偷襲成都。劉璋並沒有什麼雄偉大略，而他對此也必定沒有防備，等我們的軍隊一到，便能輕而易舉地拿下，這是上計。高沛、楊懷二人都是劉璋手下的大將，他們各自帶領著一隊精兵，在關頭把守著，聽說有幾十個人都上書勸諫劉璋，讓他派遣將軍去荊州。而將軍還沒有到，又中途聽說，荊州告急，要馬上回去搭救，從外表上看去我們的軍隊也是整裝待發的模樣，而高沛和楊懷二人對於將軍你的威名深感佩服，如果聽到你要回去，那麼他們肯定高興地卸下防備，只是輕裝來見將軍，而將軍就可以趁著這個機會，帶著軍隊逼近成都，這個是中計

也。將白帝退還給劉璋，將劉璋的軍隊引向荊州，表面上是要還給他的意思，其實是讓他放鬆警惕，這個便是下計。」

劉備認為龐統說得對，於是就按照他的計劃實行。將楊懷、高沛兩位將軍殺死，自己帶兵直接攻打成都，這一路上，士兵們勢如破竹，戰無不克，沒過多長時間，劉備等人就已經攻克了涪城。在涪城裡面，劉備和自己的將士們在一起，置酒作樂，得意非凡。而他則是喝了一點酒，趁著酒興對龐統說道：「今天的這場宴會，真是高興啊。」而龐統卻說道：「把討伐別人國家作為樂趣的人，並不是一個仁者所為。」這個時候，劉備已經有點醉了，所以大怒道：「武王當時征討周王朝的時候，不也是歌前舞後，難道他不是仁君嗎？你說的話有失恰當，還不趕快出去！」但是說完這句話，劉備便後悔了，又將龐統請了回來，而龐統卻不理會劉備，回到自己的位置上，只顧著飲酒。劉備問是誰的過錯，龐統說君臣都有，這才使得氣氛緩和了起來。

西元二一四年，劉備帶兵包圍了雒城，而龐統帶著所有的士兵們攻城，不幸中箭身亡，劉備心疼不已，甚至還為他留下了眼淚。

龐統死了之後，劉備親自為他挑選墓地，葬於落鳳坡。

法正：劉備的第一謀士

　　建安初年，當時，天下鬧饑荒，人們都吃不飽飯。而法正則是和自己的好友孟達一起投奔到了劉璋的部下，但是劉璋並不是一個知人善用的人，在那裡停留了很長時間，也才當上了一個新都縣令，後來還被任命為軍議校尉。法正原本就感覺埋沒了自己的才華，再加上又被州邑地區的人誣陷，所以一直很是苦悶。而益州的別駕張松和法正是好朋友，他也感覺劉璋並不是一個能夠成就大事的人。

　　西元二〇八年，劉璋派遣張松去拜訪曹操，回來之後，張松勸諫劉璋不要再與曹操往來，應該和劉備拉好關係才是。不久之後，赤壁之戰使得曹操一戰不起，而劉備的實力則壯大了許多。劉璋想著應該派遣何人去拜訪劉備呢，張松則是舉薦了自己的好友法正。剛開始的時候，法正還推脫不去，最後不得已只能前往。見到劉備之後，劉備對他是禮遇有加，而法正也看出劉備是一個有著雄才大略的人，更是一個可以投靠的選擇。於是他回去之後，便和自己的好友張松商量，要一起投奔劉備。

　　西元二一一年，劉璋聽說曹操要討伐張魯，他害怕曹操此次是醉翁之意不在酒，到時再把自己的益州給吞併了。張松便給劉璋出主意，說可以將劉備迎進蜀國，讓他來討伐張魯，於是法正第二次作為使者，去拜訪劉備，並帶著幾千人馬，請劉備入蜀。法正趁著這個機會，背叛了劉璋，對劉備說道：「閣下有著治國之才，而劉璋並不能擔此重任，現在，我的好友張松在城內做內應，時機一到，我們就可以攻佔益州；而益州是一個富饒之地，再加上它那險峻的地勢，要想成就基業，實在是易如反掌。」而諸葛亮也認為如果想一統天下，那

麼荊州和益州是兩個必要之地，而法正和張松的倒戈真的是一個絕佳的好機會，於是劉備答應了法正的計劃，準備攻佔益州，入主蜀國。

西元二一二年，劉備謊稱幫助劉璋攻打張魯，而進軍葭萌。不料，事情敗露之後，張松被殺，劉備與劉璋的關係也徹底決裂，於是劉備親率大軍逼近成都。而益州的從事鄭度給劉璋建議道，可以採用堅壁清野的作戰方法來整垮劉備。劉備得知後，非常的擔心，而法正則是對劉璋比較瞭解，他認為劉璋雖然不是一個有才之人，但也稱得上一個愛民之人，這個方法他是不可能採納的。果然如法正所說，劉璋聽了鄭度的話說：「我只是聽說抗敵是為了安民，卻從沒有聽說過利用百姓來躲避敵人的辦法。」於是便給鄭度罷了官。

西元二一四年，劉備帶領大軍包圍了成都，而蜀郡的太守許靖想要出城投降，但是被人發覺了，又因為在這緊要關頭，如果要將許靖處死，必然會引起動亂，許靖也因此逃了一命。劉璋歸順之後，劉備也沒有啟用許靖。許靖和他的弟弟許劭是當時比較著名的名士，但是卻沒有政治上的才能。這個時候，諸葛亮給劉備進言道：「許靖的名聲很大，人氣也比較旺，不能白白浪費了這個資源，應當充分利用，不能讓他從政，但是卻可以借助他的名氣使天下人敬重您啊。」法正也跟著勸說：「許靖本人是沒有什麼能力，但是他的名聲可是遍佈天下。而且現在主公剛剛成就大業，您如果不用許靖，那麼以後招賢納士也就十分困難了，別人也會以為你不善用人。」聽了這兩位賢臣的話，劉備又逐漸的開始重用許靖了。

劉備攻佔益州之後，最重要的任務就是和原蜀中的將領們搞好關係。而這些大臣們都勸諫劉備娶原蜀地舊將吳壹的妹妹為妻，可是她妹妹的亡夫便是劉璋的哥哥劉瑁，在劉備眼中看來，這麼做是不合禮法的。而法正則是進諫道：「要說親疏關係，比得上晉文公和子圉的關係嗎？」晉文公當年逃難來到秦國，娶了自己侄子的妻子為妻。法

正認為晉文公都能夠娶自己侄子的妻子，並且還未遭到什麼禮法的抨擊，更何況你和劉瑁之間這種遠得不知道的親戚呢。

於是，劉備便娶了吳氏作為自己的夫人。隨後，劉備還賞賜了幾大功臣：諸葛亮、法正、張飛和關羽四人，每人各五百兩黃金，一千兩白銀，五千萬兩錢，賞了千匹錦緞，這是將帥中最高等級的賞賜。劉備任命法正為蜀地的郡太守和揚武將軍。而後又命令法正和自己的軍師將軍諸葛亮、左將軍西曹掾劉巴、興業將軍李嚴和昭文將軍伊籍五人一起編撰《蜀科》，使得劉璋以往的鬆弛政策有了改善。可是，法正在軍事上是個天才，但是在這種事情上卻顯得有點吃力了，他只知道墨守成規，對於變通那是想都不敢想。

《蜀科》頒佈之後，因為裡面的一些法令觸犯了當地豪強的權益，致使他們心中極大地不滿，甚至還採取了一些消極的態度來抵制蜀漢政權。針對這件事情，法正給諸葛亮說出了當年劉邦入關時與當地的民眾約法三章的故事，認為可以讓主公效仿漢高祖，採取「緩刑弛禁」的政策，對他們放寬約束。但是在諸葛亮看來，盲目地仿造漢初時的法度是不對的，應該要學會變通，因時制宜。並且還給法正寫了一封信——〈答法正書〉，信中他講明了其中的利害關係，並告訴他最終的意思。〈答法正書〉中這麼說道：你只知道其一，並不知道其二。秦國因為暴虐無道，百姓怨聲載道，天下有志之士，振臂一呼，秦國四分五裂，漢高祖正是因為這個才成立了國家，所以採用那些方法來安撫百姓。而劉璋自身軟弱無能，自他管轄以來雖然是愛護百姓，但是他的法制鬆散，官員大臣都互相吹捧，在政治上毫無作為，刑法也沒有威懾力。現在蜀地中的很多人，都因為自己手中有權而自恃自傲，君臣之禮在他們這裡形同虛設；得寵的人處高位，位元分低的人身份也是低賤，如果就順著這個規律下去，對治理朝政很不利。所以說效仿漢高祖是十分錯誤的，理當像現在這樣。而我們現在

有嚴明的法律，但在執法中也無外乎恩情，限制了他們的爵位，但在加官進爵的時候他們才知道光榮；治理國家就應該恩威並濟，上下有序。這才是治國的關鍵所在啊！

西元二一九年，劉備帶著軍隊南下沔水，和張郃一戰。法正則是採取聲東擊西的方法，給劉備製造機會，連夜突襲。張郃抵擋不住劉備的大軍，向夏侯淵求助。

夏侯淵給張郃撥去了一半的精兵，而自己則是帶著其餘的士兵鎮守在南線。接著劉備又派人偷襲走馬谷，給他們燒了一把火，這邊夏侯淵帶著士兵忙著救火，哪還顧得上其它。這個時候，法正提議趁機攻打夏侯淵，夏侯淵沒有防備，被黃忠斬殺，曹軍一夜之間如同散沙，被打得潰不成軍。從這之後，劉備也就真正把握住了漢中之戰的主導權。

西元二二〇年，劉備的頭號謀士法正死去，終年只有四十五歲。對法正的死劉備非常傷心，連著哭了好幾天。賜諡號為翼侯。

張昭：助幼主立威的謀士

　　張昭年輕的時候，就已經是江東一代比較有名氣的文人雅士了，他博學多才，而且為人也是十分的謙虛。當時的徐州刺史陶謙想要給他一官半職做做，都被他謝絕了。陶謙以為張昭沒有將他放在眼裡，於是下令將張昭拘禁起來。直到後來被趙昱搭救才得以出來。

　　西元一七五年，張昭只有二十歲，便被舉薦為孝廉，在當時，這個概率可是微乎其微啊，而且做了這個位置，有很多的機會可以見到皇上。但是張昭卻沒有接受。

　　東漢末年的時候，中原動盪不安，張昭和其它的民眾一樣，逃難來到了江南，被孫策看中，受到了重用，做了長史和撫軍中郎將的職位。孫策十分欣賞張昭的才華，他管轄的地方所有的重要事務幾乎都交給張昭處理，孫策能夠打平江東，其中張昭的貢獻功不可沒。也正因為如此，張昭也受到了北方士大夫的尊敬，他們在書信中曾多次提到過張昭，並且對他十分的稱讚。對於這件事情，孫策不但沒有懷疑，而且還瀟灑地說：「想當初，管仲輔佐齊國的時候，人們都將他稱為仲父，而將齊桓公稱為霸者宗。現在張昭的賢能之名遍佈天下，我還能夠任用他，我可不能獨佔這個功名啊！」從這裡也可以知道，張昭的地位和昔日管仲的地位是一樣的。

　　西元二〇〇年，孫策遭人謀害。這個時候張昭為四十五歲，周瑜只有二十六歲，魯肅也只有二十九歲，孫權才十八歲。那麼要將這個江山託付給誰，就要慎重考慮了。

　　孫策臨死之前交代孫權說，內事你決定不了的可以去請教張昭，而外事不知道的可以問一下周瑜。

　　隨後，孫策單獨召見了張昭，說道，如果我的弟弟孫權成不了大器，你儘管取而代之。如果以後的戰事不順利，局勢扭轉不了的情況下，你們也可以歸順朝廷。

　　孫策去世之後，孫權十分的傷心。張昭勸慰孫權說道：「你是孫策的弟弟，你繼承了帝王的位置，而你現在的負擔要比創建帝業還要困難，你要做的就是安撫好這個國家，讓這個國家不斷地強大起來，以此來成就大業。而看看現在，天下都亂成一團，各方群雄強盜紛紛舉旗，如果只是一味的因為孝廉而悲哀不已，豈不是匹夫之情，毫無大志？」他還親自將孫權扶上馬，陳兵而出，這樣所有的人才算是認可了他們的這個新帝王。

　　孫權按照孫策的囑咐重任張昭。張昭還是擔任長史一職。而張昭是一個敢於直諫的人，如果孫權犯了錯誤，他就會毫不猶豫地指出來，他的這種做法對於孫權來說是有好處的。例如，有一回孫權大擺宴席，宴請群臣，並且還要求所有的大臣們一醉方休。張昭聽到這個消息之後，十分的生氣，馬上離開自己的座位。孫權則是攔住他問道：「我們一同高興一番，你為什麼生氣呢？」張昭立刻說道：「當年，紂王建造酒池就是為了和大臣們尋歡作樂，那個時候他們以為是高興，實則並非是好事，而是災難的開始啊。」聽了張昭的話，孫權感到十分的慚愧。

　　西元二〇八年，赤壁之戰一觸即發，張昭因為考慮到曹操打著天子的名號來號令諸侯，會對孫權造成不利，於是便主張孫權投降朝廷，但最終在主張迎戰的周瑜等人反對下，沒有實施。周瑜帶著眾兵將在赤壁一戰，最後反而是打敗了曹操的大軍。

　　赤壁之戰過後，曹操曾經給孫權寫過一封信，希望孫權能夠將張昭除去，然後在一起攻打劉備，恢復之前的友好合作關係。曹操只是勸說孫權要將張昭殺掉，而並不是殺掉周瑜，看來，在曹操的心中，

張昭的威脅要遠在周瑜之上。

西元二三二年，魏國大將公孫淵叛變，投靠了吳國。孫權很是高興，想要給他封一個要職。但是張昭等對於公孫淵叛變一事多有疑問，認為這裡面一定有詐，所以就集體上書阻止孫權。

而這一年，張昭在孫權身邊已經有三十二年的時間了。孫權也由當時的毛頭小子變成了一個年過半百的人，張昭這個時候已經七十八歲了，就這樣，因為這件事情，兩個人爭吵起來。

在孫權看來，從他二十歲的時候就聽從張昭的安排，如今都已經過去三十多年了。而每當吳國的官員進宮時，在宮內是拜見孫權，而在宮外則是拜見張昭，由此也可以看出，孫權對張昭待遇可不薄啊！如今，孫權也已經有了決策的能力，而張昭還是凡事都出來阻攔，這使得孫權很不高興。

於是，孫權手中拿著刀，直指著張昭。

張昭看到孫權這樣對待他，不禁心裡一酸，眼淚就要留下來了。

張昭哽咽著說，當年，你的母親和你的哥哥把你託付給了我，叮囑我好好的照顧你，但是他們卻沒有叮囑你好好的照顧我。所以，只要我活著一天，我就要直言進諫一天，一直到我死去。

孫權聽張昭這麼一說，心裡也不是滋味，手中的刀也隨之落地。

但是，兩人唏噓了一番，最終孫權還是沒有聽從張昭的話，而張昭為了抗議，竟然拒不上朝，這邊孫權做的更是絕，命人將張昭家的大門封上，讓他一輩子也不要上朝。張昭看到孫權這樣對他，他也不服弱，從裡面用土將自己家的大門堵上，不讓外人進來，就這樣，兩個年過半百的老人鬧起了脾氣。

後來，果然如張昭所說，公孫淵是詐降，還將吳國派遣的使者殺死。

孫權知道後，心中十分後悔不聽張昭的話，幾次派人去請張昭

「出土」，他就是不應。無奈，孫權只有親自去張昭的家裡請這位倔強老人，但是張昭連君主的面子也不給，就是不出。眼看著這麼僵持下去也不是辦法，於是孫權在張昭家的大門口喊道：「先生，您還在生氣嗎？快出來吧。」幾聲之後，裡面毫無反應，孫權也生氣了，他命令自己的手下放火，他就不信張昭不出來，眼看著火勢越來越大，孫權心中也著了急，又趕緊讓人滅火，最後，張昭在他兒子的攙扶下走出來了。孫權便將他帶回了宮，心中也是十分的自責。

晚年時期的孫權，變得昏庸無能，脾氣暴虐，濫殺無辜。朝中許多忠臣都被他找了各種原因害死，其中就包括被孫權氣死的陸遜。不過儘管這樣，他對張昭卻還是像從前一樣，無論張昭怎麼忤逆他，他都不會怪罪。張昭七十歲之後，就已經慢慢地退出了政壇，做起了一個悠閒的婁侯。不再涉足鉤心鬥角，也遠離了世務的紛爭，晚年的張昭安心做起了學問，其中《春秋左氏傳解》和《論語注》便是出自他的筆下。

西元二三六年，張昭的一生也走到了盡頭，他吩咐自己的後事一切從簡就好，就連進棺材時都沒有替換衣服，孫權戴孝弔唁，並且賜了諡號為文侯，終年八十一歲。

魯肅：孫劉聯盟的捍衛者

　　眾人眼中的魯肅夾在諸葛亮和周瑜之間，一直以老好人、和事老、忠厚有餘、才智不足的形象示人，還經常被周瑜、諸葛亮所愚弄。在單刀會上，關羽把魯肅嚇得差點尿了褲子。那麼魯肅真是如此蠢頓、膽小之人嗎？答案當然是否定的。毛氏父子曾評價魯肅說：人們只知道他為人謹慎忠厚，卻不知道他的慷慨，只知道他的誠實，卻不知道他的英明敏銳。

　　不僅如此，魯肅實際上是高於周瑜，和諸葛亮並肩的人物。魯肅的墓碑上有副對聯對魯肅的一生做了最客觀的評價，對聯這樣寫道：扶帝燭曹奸，所見在荀彧上；侍吳親漢冑，此心與武侯同。對聯的意思就是說，如果在魏、蜀、吳三國各自選取第一謀士的話，就是荀彧、諸葛亮和魯肅三人。而《三國演義》這本書能夠出現在世上，其中貢獻最大的應當是魯肅。因為他建立和維護了孫劉聯盟，才出現了後來三分天下的局面。

　　魯肅死後，孫權劉備關係惡化。先有關羽之死，後有劉備之敗。結果蜀國和吳國變得更加弱小，魏國卻日益強大，大大加速了兩個國家的滅亡。可見，魯肅是影響三國局勢的重要人物。

　　實際上，魯肅並不是斤斤計較，咬文嚼字的讀書人，相反，魯肅的性格豪爽，樂善好施。漢末天下大亂之際，魯肅非但沒有派人保護自己的財物，反而用自己的財物賑災濟世。周瑜當居巢長之時，曾帶領數百人拜訪魯肅，請他資助一些糧食。當時，魯肅的家裡有兩個圓形大糧倉，每倉裝有三千斛米。周瑜剛表明借糧之意，魯肅就毫不猶豫，立刻將其中一倉（45萬斤）糧食全部贈送給他。

　　自此周瑜與魯肅兩人建立了如同春秋時期的公孫僑和季札一樣牢不可破的朋友關係。

　　魯肅的名聲也傳到了袁術的耳中，於是袁術就聘請魯肅為東城長。魯肅覺得袁術德才不足以成就大業，就離開袁術。後來通過周瑜的推薦，成為了孫策的參謀。

　　魯肅事實上並不像影視劇中那般文弱。史書上說，魯肅體貌魁奇，喜歡擊劍騎射。他曾經把少年們召集起來，給他們提供衣食，讓他們在山中射獵，講武習兵。傳聞袁術派人追趕魯肅之時，魯肅讓人把盾牌立在地上，開弓遠射竟將盾牌射穿。雖不敵關羽，但與關羽較量一番還是可以的。

　　一直屬於武將行列的魯肅幫助吳國擬定規劃，輔佐孫權稱帝。在孫策死後不久，魯肅的祖母也去世了，於是他就請假回家。在家期間，好友劉子揚寫信勸他北上去投奔鄭寶。本對孫權不太看好的魯肅接受了劉子揚的勸說。臨走之前，魯肅去向周瑜告別。周瑜不想讓自己的好友就這樣一走了之，於是他對魯肅說：「當初馬援答光武云『當今之世，非但君擇臣，臣亦擇君』。」孫權雖然還年幼，但是他親近賢臣，對有才能之人也很看重。有位大師曾經說過，能夠取代劉氏王朝的，一定在東南出現，按照如此推理，那這個人應該就是孫權。經過周瑜的一番勸阻。魯肅最終改變了主意，留在了吳國。

　　在孫權面前魯肅得到了周瑜的大力推薦。一次宴罷之後，孫權把魯肅單獨叫到房中，同榻對飲。孫權說：「當今漢朝王室瀕危，四方英雄群起，我繼承了父親和哥哥的事業，想要有桓文那樣的功勞。您既然已經留在了我的身邊，那麼依你看，我該怎麼做呢？」魯肅回答說：「想當初劉邦和項羽之間的帝王之爭，最後以項羽的失敗而告終，而現在曹操就如同昔日的項羽一樣，將軍您怎麼才能成為桓文二公呢？」魯肅的意思就是，漢室敗落的局勢已經不可逆轉。但是，也

不會出現象戰國時期那種王室衰落，諸侯並立的局面。現在的天下格局和楚漢相爭時期相似，如今想要稱霸是不可能的。短期之內，強大的曹操不可能滅亡。我們現在的計劃是與曹操劃江而治。等到機會成熟，再與曹操一戰。東吳的對手現在也只有曹操一人。因此，東吳應該駐守江東，看天下形勢再取荊、湘，以圖天下。這一戰略方針後來成為東吳孫權的基本國策，在東吳建國初期，始終貫徹在實際行動中。

魯肅的規劃和勸解大大出乎了孫權的意料。那時候孫權只是想要割據一方之地，而並沒有統一天下的遠大志向。孫權因此得出結論：魯肅，絕對是張子房一樣的人物。張昭、周瑜都沒有魯肅這樣的眼光。於是孫權決定把魯肅留在身邊，甚至有一個月的時間裡，兩人朝夕不離。

孫權實施了魯肅的戰略方針，從建安六年至建安十二年先後佔領和鞏固了揚州六郡，建安十三年春，黃祖被孫權討滅，江夏也被孫權佔據，開始窺伺荊州。

西元二二九年，孫權稱帝。他登壇祭天時，對朝中之臣說：「昔魯子敬嘗道此，可謂明於事勢矣」。由此可見，魯肅絕對是孫權稱帝的第一功臣，魯肅曾在危險中力挽狂瀾，建立和維護了孫劉聯盟。

赤壁大戰前，曹操八十萬大軍壓境。魯肅北上，劉備南逃，兩人在長阪坡會面。魯肅向劉備表明了江東的形勢，並極力說服劉備與孫權「並力」抗曹。當時正處於危險之中的劉備很快同意了魯肅的建議。經過深思熟慮之後，孫權也接受了魯肅的建議把荊州送給劉備，還將自己的妹妹許配給他。曹操聽說孫劉聯盟之後也震驚不已。

雖然魯肅極力聯合劉備抗曹，當時劉備只不過想要利用東吳，壯大自己的勢力，所以消極抗曹，限制東吳。在益州的問題上，我們可以看出劉備的野心，只許州官放火，不許百姓點燈。單刀會，就是雙

方開始破裂的前兆。魯肅本性忠厚，沒料到劉備是言而無信的無恥小人。本以為劉備對東吳沒有什麼威脅，沒想到卻成為東吳發展最大的阻礙。

魯肅過去曾有糧食兩倉，又擔任數年大都督。本應家財萬貫的他，生活十分節儉，不愛修建亭臺樓閣，不沉溺於酒色之中。在魯肅治軍期間，即便軍務再忙，也手不釋卷。空閒之時與人談起軍務，更是滔滔不絕。

有一次他到呂蒙的駐地巡查，交談之時，竟然被呂蒙的問題難住。呂蒙問他，你和關羽隔江相對，有什麼計策能對付他。魯肅未來得及思索隨口說道，隨機應變吧。呂蒙隨即提出五套計謀用來對付關羽。看到呂蒙口吐蓮花，魯肅大為震驚。他走下座位，拍著呂蒙的背說，我未料到，原來你竟然有如此的謀略。士別三日，當刮目相看啊。這也是成語「士別三日，當刮目相看」的出處。

西元二一七年，偉大的戰略家、政治家、外交家、軍事家魯肅去世，終年四十六歲。

魯肅死後，孫權的政治傾向開始倒向了呂蒙一邊，孫劉聯盟徹底破裂。孫權在魯肅死後曾客觀地評價說：「公瑾曾經將魯肅邀到東吳，把他舉薦給了我，而我也和他在一起飲酒談困過，所說的無非就是如何成就帝業的事情，這是第一件大快人心的事。後來，曹操把劉琮的兵力掌控了之後，曾經揚言要帶著所有的士兵討伐我江東地區，當時，我問過營帳中的所有將領，商討應敵的對策，但是，最後誰都不沒有給出答案。當我詢問張子布和秦文表的時候，他們都建議我給曹操寫一封信，然後派人迎接曹操。只有魯肅立馬反對說不可以，還規勸我趕快將周公瑾召回，命令公瑾親率大軍和曹操對抗，這稱得上是第二件大快人心的事情。魯肅的才智和謀略遠在張儀、蘇秦等人之上。雖然，後來魯肅勸解我把荊州給了劉備，這是他的一個錯誤的決

定，但是也不能夠因為這樣而將他的長處抹去。」在三國的人物之中有長遠的戰略眼光，能夠看清各方局勢的，有三個比較突出的人：諸葛亮、沮授、還有一個，就是魯肅。

最後，歸納多人的評價如下：魯肅，家中富有卻不吝嗇，樂善好施。生活節儉，不務俗好。手不釋卷，又善言論。理想遠大，有過人的英明之處。說主稱帝，勸主抗曹；建立聯盟，功分三國。

魯肅死後不久，孫權派呂蒙襲取荊州，孫劉聯盟完全破裂。吳、蜀爆發大戰。

神勇武將——馬上英雄顯神威

呂布：狼子野心癡情漢

　　呂布的祖父離世之後，他的父親呂良繼承祖父的大業，後來娶黃氏為妻，黃氏為五原郡補紅灣人，是當時一家大戶富豪財主的女兒。黃氏聰敏賢慧，琴棋書畫，樣樣精通，而且知書達禮，最擅長的就是染織。黃氏共生有四個女兒，因為沒有兒子可以為之傳宗接代而痛苦不堪。有一天，黃氏跟隨自己的夫君前往白馬寺廟拜佛求子。回來的時候已經非常晚了，黃氏做了一個非常奇怪的夢，夢裡面有一隻猛虎向自己撲來，在情急之下，黃氏急忙呼喚丈夫前來打虎，誰想老虎卻一改往日雄威，溫順地臥在黃氏的身旁。回去沒有幾天，黃氏就有了身孕，全家上下歡呼雀躍，但是已經懷孕十二個月時仍沒有生產的跡象，呂家上下陷入焦慮之中。

　　後來，黃氏到染織坊做事，忽然屋外有人大聲叫嚷。百姓聽聞紛紛出門觀看，只見當時西北方向的上空出現彩虹，顏色光彩奪目，此情此景甚是奇異。緊接著五原頓時山地崩裂，地動山搖。這時，黃氏感覺身體不適，腹中頓時疼痛難忍，盆骨悶脹，羊水外溢，再難行走半步，整個人蜷縮在布匹上面，一會兒功夫只聽見一個男嬰的啼哭聲，呂布就這樣誕生了。

　　男嬰的降生更是非常奇怪，只見臍帶自行斷截，雙眼炯炯有神，兩個小拳頭緊緊握住，站立在母親的面前，黃氏被這一幕嚇呆了，急忙擦掉兒子身上的污物，緊緊抱在懷中。回家之後，將剛才所發生的一切講給丈夫聽，呂良心中大快：我兒子是天上的神仙降臨啊。因為出生在布上，所以起名為呂布。

　　呂布自幼隨母親習文作畫，而且聰慧好學，一點即通，還有著過目不忘的本領。這樣一個天真活潑的孩子實在討人喜歡，但是也有讓人擔心的時候，呂布生性好鬥，而且力大過人，尤其喜歡舞槍弄棒，身高和體重均超過常人，年紀相仿的孩童沒有一個人敢和他在一起玩耍，個個避而遠之，而和女孩在一起的時候，呂布就會變得溫順體貼，簡直是判若兩人啊！

　　從小呂布就特別喜歡和大人們待在一起，喜歡問這問那喜歡學習。呂布特別喜歡騎馬，只要見到馬就會特別有精神，表現得異常興奮，五歲的呂布就開始跟隨牧馬人去野外放馬，每一次他翻上馬背都會手舞足蹈一番，然後手持木棍就像一名威武的勇士一樣，那時的他就已經可以手持棍刺獵殺野雞野兔。在七歲的時候，呂布可以單獨騎馬在山上追擊野狐山鹿，從來都不會空手而歸，時常將比自己重幾倍的小馬駒抬起來自由玩耍，有時候還會將其舉過頭頂。

　　在呂布九歲那一年，跟隨自己的父母去補紅灣拜望外公，外公非常高興，特意殺羊進行招待，幾個大人奔跑在羊群中多次不能得手，呂布心中實在著急，便親自出馬，大人們一個個用詫異的眼光注視著他，只見他上去不費吹灰之力生擒兩隻羊，旁觀者甚是驚歎，外公見到這種情況甚為高興，當場許諾送給呂布一匹好馬。從此之後，呂布日日與馬相伴，精心料理，愛馬已經到了如癡如醉的地步，從不離胯。

　　在十一歲的時候，匈、漢兩族在白馬寺廟舉行隆重的慶典儀式，呂布跟隨父親前去參加，由於他的騎技超人，馬快如箭，在賽馬的比賽中，奪得了騎手的榮譽。隨後，又觀看了摔跤比賽，天生好鬥的呂布，他見到摔跤手們屢戰屢勝，心中也想一試為快，於是為了逞一時之勇，衝入賽場，大聲喝道：「讓我來試一試！」

　　摔跤勝者看到呂布不禁笑出了聲，當時的呂布還僅僅是一個孩

童，所以那些人根本就沒有將他放在眼裡，頃刻間二人便撕扯在了一起。在經過幾個回合的較量之後，小小的呂布竟然把身高與體重均超出自己幾倍的大力士摔倒在地，一時間轟動了賽場，眾人紛紛歡呼，稱呼呂布為大力士神童。從此之後，呂布成為了五原地區家喻戶曉的小童星，人人皆知，其名號更是如雷貫耳，這讓呂布的父母感覺無比自豪。

呂布因為驍勇善戰，被州刺史丁原任為騎都尉，後來屯居在河內，擔任主簿一職。漢靈帝駕崩之後，丁原入京和大將軍何進策劃殺死了許多宦官，並為執金吾。呂布雖然可以稱得上是一個能人，但他也是一個貪財好色之人。董卓入京後，他也瞭解到呂布的為人，隨即下令派李肅前去丁原的家中，將丁原除去，然後把呂布收為己用，不久之後，又將呂布認作自己的乾兒子。董卓的勢力強大，逐漸掌握朝政大權。

在關東軍出兵討伐董卓的時候，呂布也曾參戰，但是心高氣傲的呂布與大將胡軫不和，以至於讓孫堅有機可乘，最終導致了悲慘的一幕，董卓挾天子以令諸侯，遷都長安。董卓本性兇暴，不得人心，因此經常將呂布喚作自己的侍衛和守中閣，而且董卓生性多疑，曾因為一點點失誤就向呂布擲出手戟。曾經呂布和董卓府中的婢女有染，事出之後又怕被董卓發覺，因此呂布經常會寢食難安。

當時的貂蟬本是司徒王允門下的一名歌妓，為了徹底清除董卓，王允便將這位貌美如花的女子指婚給呂布，想讓她從中離間董卓父子，而貂蟬也不辱使命。先是迷住了呂布，後又看呆了董卓，而呂布好色如命也是眾所週知的事情，看到自己的義父想霸佔貂蟬，心中自然不高興。就這樣，董卓和呂布之間的關係也漸漸疏遠了，呂布為此大鬧鳳儀庭，父子從此反目成仇。緊接著王允的一招美人計，就誘導著呂布除掉了董卓。

　　王允等人除掉董卓之後，繼而拉攏呂布，呂布欣然接受，被任命為奮武將軍、假節，冊封儀式可與三司相媲美，後又進封為溫侯，和王允同朝掌政大權。

　　張邈接受陳宮的意見，決定邀請呂布率兵進攻曹操管轄的兗州一地，此時曹操正忙著東征徐州的陶謙，在得知此消息後便即刻班師回朝，和呂布展開激戰，但是呂布終究不是曹操的對手，兵敗之後，又投靠到劉備的麾下，劉備任命他為屯兵小沛。劉備和袁術發生矛盾，呂布藉此機會攻克徐真州，以徐州牧自居。劉備敗北之後，便前去投靠呂布，呂布反過來也讓他做屯兵小沛一職。

　　隨後，劉備東山再起，和袁術形成了對峙的局面。

　　袁術與劉備相爭，呂布為了避免袁術攻克泰山寇，繼而對自己造成威脅，便出面相助袁術，在轅門射戟將此事做了一個徹底的了斷，之後，在陳圭的教唆之下，呂布和袁術的盟友關係破滅，繼而轉向曹操的陣營，希望可以和曹操結盟，誰知袁術竟然讓陳圭的二子陳登和曹操有了往來，從此陳登成了曹操的內應，目的就是為了討伐呂布。

　　東漢建安三年，曹操出兵攻打呂布的根據地下邳，呂布雖然勇猛，但卻是一個有勇無謀的庸才，而且生性多疑，自持己見，堅決不採用陳宮的建議，諸將之間互相不信任，因此屢戰屢敗。被曹操圍困三個月之久，斷水圍城，呂布的營中可以說是一盤散沙，而且上下離心，其部下相繼成為叛將，甚至有些士兵將陳宮綁架，以此要脅呂布希望可以保住自己的性命，呂布自知大勢已去，於是下令讓自己的手下將自己的首級交到曹操的手裡，左右將領不忍下手，於是，呂布在十二月癸酉宣佈投降。

　　呂布被五花大綁地捆到了曹操的跟前，那個時候劉備正好要和曹操聯手對抗袁術，呂布要求為自己鬆綁，曹操大笑道：「捆綁老虎怎能不緊。」呂布說：「現在曹公可以得到我，如果可以讓我率領騎

兵，曹公親率步兵，如此一來便可以統一天下了。」曹操聽得心動了，於是便問劉備，劉備說：「曹公您已經親眼所見呂布是怎樣對董太師了嗎！」呂布死前說：「大耳兒劉備最不能相信。」最終，呂布被縊殺梟首。

夏侯惇：忠心耿耿的無用將軍

　　夏侯惇是曹操比較信任的人，有人可能會說，像曹操這種多疑的人，怎麼會對夏侯惇毫無防備呢，這就要從他們倆之間的關係說起了。

　　當初，曹操的爺爺是一個太監，沒有子嗣，於是便領養了一個孩子，這就是曹操的父親曹嵩。史書上有記載，曹嵩是夏侯家的後代，亦是夏侯惇的叔叔。而曹操和夏侯惇的關係也就明瞭了，他們是堂兄弟。

　　除了這層關係之外，還有一層更加親密的關係，他們兩人還是親家。曹操的清河公主嫁給了夏侯惇的兒子夏侯楙。這樣的關係也致使曹操對夏侯惇是無比的信任。

　　當時，曹操帶兵叛變董卓，夏侯惇就義不容辭地跟隨左右，曹操做了奮武將軍，而夏侯惇便是軍中司馬，就這樣，盡心盡力地跟在曹操的身後。

　　從這次之後，夏侯惇就正式加盟在曹操的營下，對他是忠心耿耿，鞠躬盡瘁。曹操對他也不薄，特別是剛開始建業的時候，曹操更是將很多重要的任務交給夏侯惇去做。

　　但是，儘管這樣，夏侯惇在軍事上的貢獻卻是屈指可數，能夠搬得上檯面的戰役也就屬於那次呂布帶兵偷襲兗州了。當時，曹操領兵在外，呂布帶兵突襲曹操的營地，幸虧是夏侯惇拚命抵抗，才沒有讓呂布帶走曹操的家眷，沒有對曹操造成威脅。除了這件事情，歷史上對夏侯惇這個人介紹最多的還是他的敗績，夏侯惇不能說是一個常敗將軍，但是怎麼說也不是一個戰功赫赫的大將。

　　西元一九〇年，為了招募新兵，夏侯惇跟著曹操來到了揚州。在地方官員的協助下，招了四千士兵，但是最終也因管理不周，使得這些新兵造反，還將曹操的帳篷給燒了。最後曹操不得不拿起手中的利劍，一連殺了幾十個叛兵才將這場戰亂鎮壓下來。

　　西元一九四年，曹操帶兵東下，征討徐州，讓夏侯惇帶著部分的士兵，看守自己的老窩兗州。不巧的是，兗州的豪強張邈和陳宮等聯手呂布起兵叛亂，將兗州的大部分地區據為己有。不僅如此，呂布還趁這個機會，發兵去了鄄城，而這裡就是曹操家人所居住的地方。為了防止曹操的家人被抓走，夏侯惇只能棄小保大，帶兵匆忙趕去鄄城。冤家路窄，還沒到鄄城，便中途和呂布的軍隊照了個正面。這次戰役應該稱得上夏侯惇為數不多的勝仗。最終雖然打敗了呂布，沒有讓鄄城失守，沒有讓曹操的家眷淪為人質，但是也讓呂布佔了濮陽，將夏侯惇所有的軍用物資全部繳獲了。

　　不僅這樣，呂布還略施小計派遣一個使者前去詐降，沒想到夏侯惇卻信以為真，最後落得個被擒的下場。這些人還有一個條件：那就是，要想換回夏侯惇，就要交出軍中所有的金銀財寶來，不然的話，夏侯惇的生命可就不保了。所有的士兵們聽到這個消息都亂作一團，主將都沒有了，這場戰役勝負也就分出來了，甚至有一些士兵已經站到了呂布的那一邊。

　　幸虧，夏侯惇手下的一員將領韓浩也在，沒有讓這種情況繼續惡化下去，而是穩住了軍心，讓戰士們不要慌張。只見韓浩一個人到了劫持者的面前，告訴他們，哪怕夏侯惇在他們的手中，也是沒有什麼用的，一面還哭著給夏侯惇說，自己無論如何都不會向劫持者妥協的。把該說的說完，韓浩一聲令下，所有的士兵一哄而上，將這些詐降者和叛變者通通殺死，才免除了一場危機。曹操知道這件事情之後，還頒佈了一條法令，如果再遇到類似的事情，不用顧忌人質的安

全。這件事情，總的來說責任還是在於夏侯惇的身上，作為一軍的將領，連這點分析局勢的能力都沒有，軍中前途堪憂啊！

這件事情過去沒有多久，曹操便將自己的精兵從前線撤回兗州，和呂布的軍隊開始了一場兗州爭奪戰，這一戰就是一年多的時間。而主將夏侯惇的身影自然也出現在戰場上，要說夏侯惇還真是點背，一件大的功勞沒有立過不說，這一戰還讓他失去了一隻眼睛，從此也就變成了一個獨眼將軍。從這之後，軍中的將領在私下都將他稱為盲夏侯。這個消息傳到夏侯惇的耳朵裡，心裡十分的惱火，但是又不好說什麼，只有自己對著鏡子生氣，為此他不知摔碎了多少鏡子。人們都說，軍人身上有傷是一種光榮，但是像夏侯惇這樣，沒有戰績不說，連自己的身體都保護不好的將軍，說是光榮實在有些牽強，也難怪他亂發脾氣。

西元一九八年，徐州戰場上出現了夏侯惇的身影，他是奉了曹操的命令前去支持劉備的，卻又和自己的老對手呂布碰上了。這一次，夏侯惇沒有幫上忙不提，最後還被呂布的手下高順打得節節敗退。不僅如此，因為夏侯惇的失敗，使得深處困境的劉備變得不堪一擊，最後只能丟盔棄甲，落荒而逃，最後賠了夫人又折兵，家眷都落在了呂布的手中。

西元二〇二年，這年冬天，夏侯惇再一次出現在戰場上，他是這次出征的主將，前去征討在荊州居住的劉備，劉備和夏侯惇在博望地區展開了一場激戰，這一次，夏侯惇的失敗也是在意料之中的事情。

就在兩方打得如火如荼時，突然劉備把自己的營地燒了，之後就帶兵寨撤退，他的這一舉動在夏侯惇的眼中，就是落荒而逃，是個敗象，應該乘勝追擊。但是他的副將李典卻並不這麼想，他認為劉備這樣還沒有征戰多久就撤退，實在是不尋常，其中必定是設下了圈套，就等著我們的大軍上當，再看看他撤退的路線，一路上都是一些崎嶇

坎坷的路，路邊灌木叢生，很適合埋伏，所以不可貿然追擊。所以他建議夏侯惇不應該在追擊了，但是眼看著好不容易有一場勝仗，夏侯惇怎麼可能會放棄這個機會，於是將李典的話當成了耳旁風，依然堅持帶兵追擊，不出意外的在中途遭到了伏擊，夏侯惇的軍力損失慘重，如果不是李典及時救援的話，那麼不僅軍隊要全軍覆沒，就連夏侯惇自己的生命也難保啊！最後夏侯惇順利脫險，但是他的部將夏侯蘭卻被劉備俘虜了。

從上面這些戰役中，我們瞭解到夏侯惇這個人。他就是一個有勇無謀的莽夫而已，無論是領兵打仗還是看守家園，都不及其它的將領。但是，即便是這樣，他依然是曹操父子最為信任的人。

如果放在其它人身上，自己手下竟然有這麼一個將領，那麼早就讓他下馬去馬棚了。但是曹操父子為什麼偏偏就這麼看重夏侯惇呢？還是一句話，那就是親戚。

在經歷過這麼多次的失敗之後，曹操並沒有放棄對夏侯惇的提拔和鍛鍊。看著他並不是帶兵打仗的料，於是便就給他了一些其它的職位。營救劉備失敗後，夏侯惇基本上就不出現在戰場上了。

到了官渡之戰的時候，夏侯惇是一個地方的行政官員，沒想到，軍事上毫無作為的夏侯惇，在地方管理上還是有一套的。當時，夏侯惇所管轄的地區，正好趕上了天氣大旱，蝗蟲遍佈，如果再不及時治理，那麼今年就可能面臨著顆粒無收的悲劇。這個時候，夏侯惇便命令將太壽河的水截斷，在這個基礎上修建了一個蓄水陂塘，並且還親自上陣搬運泥土，以此來帶動大家的積極性，他讓人們在水中種植水稻，這也就徹底解決了糧食的問題，百姓們也就能夠安居樂業了。

這也是讓曹操沒有想到的，原來夏侯惇的才華並不在於軍事，而是在於治理地方上。

除此之外，夏侯惇的個性也深得曹操的賞識。夏侯惇早年的時候

跟著老師學習，有一次，有人當面羞辱了他的老師，夏侯惇很生氣，便將這個人給殺了，從這裡也可以看出，夏侯惇是一個性格剛烈之人。就算後來，夏侯惇身處軍營之中，卻一直沒有荒廢了學習，他還為自己聘請了老師來傳授他學業，這在整個三國時期應該是絕無僅有的。

而夏侯惇本人是一個比較安靜簡樸的人，雖然他的官職一直很高，並且有著很豐厚的待遇，但是所有的多餘錢財，他都會分給其它的人，也不會額外去購置私人產業，是一個當之無愧的好官。而他的這個秉性和曹操節儉的主張十分的合拍。

這也難怪，為什麼夏侯惇這樣一個「無用」將軍，卻深得曹操的喜歡。因為無論在什麼朝代，什麼職位，夏侯惇這樣的人就是最好的助手和可信之人。夏侯惇死後，曹操的兒子還緬懷到：「夏侯惇是魏國的大功臣，他的功績應該用竹帛給他記錄下來。況且我是魏國的君主，怎麼可以忘記他的功勞呢！」

西元二二〇年，這位將軍去世，諡號為忠候。

夏侯淵：超一流的帥才

　　夏侯淵是曹魏的名將，在三國時期對曹操集團的發展和強大起了十分巨大的作用。雖然在後世出現的文學作品中，夏侯淵多被塑造成為一個非常平庸的將領，但是歷史上的夏侯淵在曹魏武將當中所發揮的作用卻是十分罕見的。夏侯淵在曹操統一中原的戰爭中表現了自己傑出的才能，後來更是獨當一面，鎮壓了涼州地區割據勢力的反叛。曹操每一次交給的任務都被他出色地完成。但最後在漢中定軍山一役中，這位出色的軍事將領卻被老將黃忠殺死。夏侯淵被殺死之後，劉備命人將他厚葬，後來的蜀帝劉禪還親自對夏侯淵之子夏侯霸解釋夏侯淵當時的死因。

　　西晉陳壽所著《三國志‧夏侯淵傳》記載，夏侯淵是夏侯惇的同族兄弟。但是他與夏侯惇的關係卻沒有和曹操之間的親密，因為他的妻子是曹操的小姨子，所以夏侯淵也是曹操的連襟。夏侯淵與曹操的親密關係史料中記載：曹操還沒做官之前曾經在譙縣犯過法，要被治罪的時候，夏侯淵卻站出來替曹操頂罪，因此曹操得以脫險，而夏侯淵卻被關入了監獄。後來曹操聯繫各方勢力才使其免於一死。大概這也是後來曹操重用夏侯淵的原因之一吧。

　　夏侯淵也和其堂兄夏侯惇一樣，從曹操起兵反對董卓暴政的那一刻起，便加入了曹操的勢力集團。他曾被任命為別部司馬、騎都尉等官職。曹操對於夏侯淵和夏侯惇兩兄弟，採用的是不同的培養方法，雖然兩人都是先被任命軍隊職務，然後再管理地方工作，但是夏侯淵工作的重點是在地方。夏侯淵曾先後被任命為陳留、潁川兩郡的太守。到曹、袁紹進行官渡之戰的時候，夏侯淵也只是一個小小的代理

督軍校尉，負責後方駐軍的日常管理。官渡之戰之後，夏侯淵又被任命為指揮官，負責監督調運徐州、豫州、兗州的軍糧，在曹軍軍糧供應方面起了關鍵性的作用。因為軍隊糧草得到了保障，使得後來曹軍在平定河北的戰役中，很少出現糧草告急的現象，從而也極大地鼓舞了曹軍將士的士氣。雖然在指揮糧草調運方面夏侯淵表現出色，但是他的軍事才能卻是始終沒有發揮出來。西元二〇一年，徐州叛亂爆發，夏侯淵的軍事才能得以施展，曹操派他與張遼一起聯合進攻昌狶，也展露了這位帥才的勇猛果斷。

　　第一次作為主帥出現在戰場上的夏侯淵，他的敵人是叛軍昌稀。昌稀本是徐州地方豪強之一，後來在呂布驅除劉備攻佔徐州之時，與吳敦、尹禮、孫觀、臧霸等其它徐州豪強們一起投靠了呂布。當呂布被曹操殺死之後，這幾個豪強又像牆頭草一樣投靠了曹操。當時，正在著手準備與袁紹在官渡決戰的曹操，對這群人採取了拉攏和利誘的方法，分別授予幾人官職，使他們在徐州地區的地位得到保證。但是昌狶卻心存不滿，剛剛打響官渡之戰，他就投靠了劉備，公然開始反曹。當時劉備實力太差，很快在曹操的打擊下逃離徐州投靠荊州的劉表去了，最後只剩下昌狶還在徐州之地頑強抵抗。曹操雖然竭盡全力，但是由於昌狶盤踞徐州地方多年，也無法將他徹底擊潰。夏侯淵就是在這種情況下，被派到徐州鎮壓昌稀叛軍的。

　　因為夏侯淵初臨戰場，沒有豐富的作戰經驗，圍攻昌狶數月而無果。不僅如此，軍隊的軍糧已經消耗殆盡，曹軍處境艱難。在夏侯淵有意撤軍之時，張遼卻堅持認為昌稀應該同曹軍一樣筋疲力盡，應該派人前去與之談判，使戰事盡快得到解決。於是夏侯淵派人與昌狶會談，並成功誘使昌稀出城與張遼會面。昌、張兩人會面之後，張遼對昌狶曉之以理、動之以情，而後又單槍匹馬，孤身去三公山上昌狶的家中拜訪他的家人。最終昌狶被張遼的冷靜和沉著所感化，隨後他和

張遼一起拜見了曹操表示歸順之心。夏侯淵初出戰場能夠採納張遼的正確意見，並使叛軍最後得以歸順。這讓曹操很是意外。

之後不久，黃巾軍餘黨司馬俱、徐和等人發動叛亂，曹操派夏侯淵和泰山太守呂虔同去鎮壓。夏侯淵在軍事方面的潛力在這場戰役中又一次得到了發揮。夏侯淵和呂虔一起經過數十次的大小戰役，終於把叛軍平定，並將徐和斬首，俘虜數千叛軍。夏侯淵因為出色的表現被曹操授予典軍校尉的官職。更為重要的是，夏侯淵通過這幾次的戰鬥積累了豐富的作戰經驗，開始擁有自己的作戰風格和特點。對於夏侯淵軍事才能的不斷進步，曹操心生喜悅。

昌豨投降曹操後不久，心中又不安分起來，再次發動了叛亂。曹操先派出大將于禁前去征討，結果無功而返，隨後，他又想起了曾戰勝過昌豨的夏侯淵。於是，就讓夏侯淵率領大軍與于禁一起平定昌豨。信心滿滿的夏侯淵，很快將昌豨打敗，昌豨受降被殺。

幾經戰爭之後，夏侯淵的軍事才華得到了初步展現。赤壁之戰時也被委以重任，成為曹軍的重要將領之一。西元二〇九年，夏侯淵被任命去鎮壓廬江地區雷緒的叛亂，之後，被曹操晉升為為代理征西將軍，帶領徐晃等人平定太原郡的叛軍。很快叛軍被夏侯淵鎮壓，首領商曜被殺，從此太原郡及周邊地區的局勢得到穩定了，為曹操內部局勢的穩定發揮了關鍵性的作用。

不久後的關隴之戰，更是讓夏侯淵名震天下，從此成為了三國時期的名將之一。

西元二一一年，曹操以討伐漢中軍閥張魯為藉口，派遣司隸校尉鍾繇率領三千士兵進入關中地區，並派夏侯淵率軍在後策應。得知曹軍進攻的涼州各路軍閥，迅速組建了以馬超、韓遂為首的十路聯軍，並召集了大軍十餘萬在潼關地區擺開陣勢，準備和曹操進行一場生死對決。得知消息的曹操，馬上派當時手握重兵的夏侯淵參加戰爭，投

入到關隴戰場上，最後取得了勝利。

關中之戰初，在渭南地區夏侯淵和叛軍展開激烈的戰爭，後又與朱靈等人一起平定了隃麋、汧縣的氐人，與曹操在安定會師之後，又將叛軍的首領之一的楊秋逼降。

西元二一二年，曹操返鄴城之前，夏侯淵被任命為代理護軍將軍，率領朱靈、路昭等人鎮守長安。屯兵長安不久，夏侯淵親自率軍大勝南山叛軍劉雄，隨後在左馮翊鄭渾的配合下將叛軍的首領梁興和韓遂包圍並斬殺梁興。曹操聞訊後大喜，提升夏侯淵為博昌亭侯。

西元二一三年，關隴部分地區被東山再起的馬超叛軍佔據，涼州刺史韋康也被圍困在冀城。後又有氐王、隴右地區其它的割據勢力和漢中軍閥張魯等勢力先後加入叛軍勢力，涼州局勢開始變得嚴峻起來。

正在苦思破敵之策的夏侯淵得到一個天賜良機。同年九月，參加涼州軍事的楊阜利用自己與駐守歷城的撫夷將軍姜敘自幼交好的關係，勸服姜敘一起抗馬。很快在諸將領的相互配合之下，馬超親屬悉數被殺，馬超也逃離冀城投靠漢中軍閥張魯。在歷城的馬超集合團也分崩瓦解。

西元二一四年，馬超向漢中張魯借兵殺回涼州並圍困祁山。在該地鎮守的姜敘向夏侯淵求援，夏侯淵派兵支持，很快便將馬超趕出涼州的地盤，收回失地。此後，馬超集合團的殘餘勢力未踏入涼州一步。

戰勝馬超之後，夏侯淵又憑藉自己的軍事才能平定了駐守在涼州地區以韓遂為首的另一個割據勢力。至此，存在於涼州地區，最強大的的兩支割據勢力──馬超和韓遂全部被夏侯淵消滅。

涼州地區的勝利讓夏侯淵不僅獲得了曹操的青睞，也使他在涼州各民族中樹立了極大的威信。此後，夏侯淵成為了鎮守西北邊疆的不

二人選。夏侯淵真正的對手劉備，卻讓夏侯淵在漢中喪命。

夏侯淵之死，史書上說法不一。但是夏侯淵死後，因為夏侯淵的堂侄女是張飛的妻子，所以夏侯淵死後，張飛請求劉備厚葬了夏侯淵。後來當夏侯淵之子夏侯霸被迫逃往到蜀國的時候，蜀國後主劉禪還親自接見了夏侯霸，並告知了其父的真正死因。自此，一代名將退出了歷史的舞臺。

張遼：勇字當先的猛將軍

　　在曹魏集團中，張遼原本是個並不起眼的角色。他既不是曹軍初創時期所看重的譙沛集團的成員，也不是名門貴族之後，只是一個來自北疆并州的降將。但是原本應該默默無名的張遼，最後卻成為了東吳集團最為忌憚的著名將領之一。而張遼的成長之路也頗為傳奇。

　　張遼，本姓聶，字文遠，漢末并州雁門馬邑人。西漢「馬邑之謀」的發動者聶壹是他的祖上。在西漢的時候久負盛名，但是家族到了張遼這一代就已經沒落了。為避禍改姓為張。張遼的家鄉，自東漢中期以來就多次遭受外族入侵，在這個形勢混亂中的張遼，有了一個特殊的成長舞臺。據《三國志・張遼傳》中記載，年輕時候的張遼就以武勇在當地聞名，並在郡中擔任小吏，後年少有為的張遼又被當時擔任并州刺史的丁原看中，將他提升為州從事。

　　東漢末年開始，宦官專權現象嚴重。為了讓宦官的氣焰有所收斂，大將軍何進聽取袁紹的意見，邀各路諸侯進京，張遼也到達京城洛陽。隨後，何進讓張遼去河北徵兵，在張遼回來的時候，哪裡會想到京城已經變天了。

　　西元一八九年，宦官們先發制人，大將軍何進被殺死，隨後數千宦官又被袁紹、袁術等人乘機誅殺，京城陷入混亂。這時，朝政被奉命進京的涼州軍閥董卓乘機把持了朝政。董卓為了控制洛陽的局勢，誘使呂布將丁原殺死，原來丁原所率領的并州部隊也和呂布一併投靠了董卓。剛回洛陽的張遼迫於無奈，只好投靠到了呂布的麾下，並被董卓委任為騎都尉。

　　很快，董卓的篡權引起了各地諸侯和士大夫們的強烈不滿，西元

一九〇年起，關東的諸侯組成聯軍開始征討董卓，雙方戰事爆發。在
這次戰爭中，董卓的部隊雖然取得了一定的勝利，但是也暴露出嚴重
的內部矛盾。董卓的嫡系軍隊與呂布所指揮的并州軍隊兩方的關係出
現嚴重裂痕。關東聯軍雖然在戰場上沒有收穫任何戰果，但是董卓為
長遠考慮，還是決定避開關東聯軍的鋒芒，遷都長安。遷都長安之
後，因為美人貂蟬的關係，董卓與呂布這兩位好色之徒的關係日益破
裂，最後竟直接發展成為雙方的正面衝突。對董卓暴政一直不滿的司
徒王允利用這個機會，誘導著呂布策反。西元一九二年，呂布和王允
將董卓誅殺，董卓長達三年的朝廷專權就此結束。然而，王允、呂布
等人隨後在董卓殘部處理的問題上產生了重大失誤，引起了郭汜、李
傕等涼州舊部的激烈反抗。郭汜、李傕等人募集士兵十餘萬人對長安
進行猛攻，長安再次被涼州勢力佔據，司徒王允也在期間被殺，呂
布、張遼等人被迫逃離長安流浪中原。西元一九六年，呂布終於將劉
備趕走，獨佔徐州。第二年，跟隨呂布多年的張遼被授予了魯國國相
的職位，成為呂布集團中重要的一員，當時他只有二十八歲。

　　西元一九八年，張遼和大將高順一起向劉備發起進攻，並取得勝
利，使徐州的局勢得到了暫時的穩定。但呂布集團隨著曹操集團的介
入，也隨之分崩瓦解。同年年底，曹操在徐州下邳將呂布抓獲，並將
其和高順、陳宮等人一併殺害。張遼隨後則帶領呂布的殘部向曹操投
降，曹操將其封為中郎將，賜爵關內侯。從此以後，張遼成為曹軍中
的一名戰將。

　　投靠曹操後的張遼軍事才能很快得以顯露。西元二〇〇年，官渡
之戰開始，戰爭之初，曹操任命張遼和關羽作為大軍的先鋒，被袁紹
大軍圍困的東郡太守劉延因此被兩人解救，張、關二人與袁紹大將顏
良在白馬地區展開激戰，不但成功擊敗了袁紹軍隊，而且袁軍大將顏
良也被斬殺。張遼很快被曹操晉升為裨將軍。官渡之戰末期，張遼被

下令鎮守魯國諸縣。

官渡之戰結束後，徐州豪強昌豨等人發動的魯國各縣叛亂，被張遼和夏侯淵一起平定。在東海一戰中，由於張遼的堅持，使得曹軍在糧草殆盡的困境中，成功扭轉敗局使叛軍歸順。隨後發生的一系列的戰爭中，張遼也發揮了關鍵的作用。他先後打敗袁譚、袁尚，攻克陰安將百姓遷移到黃河以南；之後張遼又成功招降趙國、常山等地幾支農民起義軍及黑山軍孫輕部。並成功率軍進入海濱地區，擊敗柳毅，出色完成曹操交付的使命。後來，張遼隨曹操遠征柳城，不僅大勝匈奴軍隊，同時匈奴單于蹋頓也被其成功斬殺。張遼凱旋回到鄴縣時，曹操不僅親自出城迎接，載著張遼一同進城，而且將張遼晉升為盪寇將軍，隨後又封其為封都亭侯。同時曹操還在給漢獻帝的奏摺中高度讚揚了張遼的突出表現。

西元二○八年，張遼在屯兵長社之時，軍中突發動亂，張遼臨危不亂，親率數十軍士穩定軍心並成功抓獲主謀，平定動亂。同年七月，張遼跟隨曹操一起征討荊州劉表。隨後，赤壁之戰爆發，張遼也參與其中。不過曹操卻是以失敗告終，隨之曹操集團的統一大業也被迫擱淺。因為親身參與了赤壁之戰，張遼對東吳軍隊的彪悍程度深有體會，為其之後對抗東吳軍隊提供了豐富的作戰經驗。

赤壁之戰後，淮南地區局勢變得更加複雜。加之雷緒、陳蘭、梅成等人的先後叛亂，淮南局勢更加嚴峻。於是，西元二○九年曹操派遣夏侯淵、張遼等人征討叛亂。張遼最終成功擊敗叛軍，叛亂首領陳蘭、梅成被斬殺，其餘部眾被俘獲。廬江郡的叛亂基本平息。

西元二一五年是張遼軍事生涯中最為輝煌的一年。當時在漢中地區，曹操的主力與張魯進行了決戰。曹操為張遼留下了只有七千兵力，讓張遼在淮南重鎮合肥鎮守。孫權不久率領十萬大軍圍攻合肥。張遼成功安撫曹軍情緒，並親自率領組織的一支八百人的敢死隊，在

第二天開戰的時候，就成功斬殺兩名吳軍將領。張遼的英勇殺敵激勵了魏軍，在張遼的帶領下，他們奮勇殺敵，直闖孫權的帥旗之下。孫權見其氣勢，大驚失色，不得不退到山丘之上自保。在孫權看清雙方形勢之後，張遼早已帶領部下成功突圍。最後，吳軍士氣全無，在久攻合肥未果，疾病肆虐的情況下被迫撤退。

張遼在吳軍撤退之時成功抓住戰機，率軍進行追擊，對脫離大軍的孫權進行圍攻。孫權落荒而逃，損失慘重。經過這次戰爭，張遼的威名開始在江東地區流傳開來。在得知張遼以寡敵眾並大獲全勝之後，曹操晉升張遼為征東將軍。後來，張遼又被封為前將軍，賜予其帛千匹，谷萬斛，哥哥和兒子也被曹操封為列侯。

在生活中，張遼和一起參加官渡之戰的關羽結識，私交甚篤。除了與關羽感情深厚之外，張遼和其它曹魏文官武將的關係並不是很融洽。張遼與鎮守合肥的樂進、李典之間關係就一直不和。而且差點因為關係不和的原因導致合肥之戰的失敗。同時張遼與其頂頭上司武周的關係也不怎麼樣。張遼曾因越級推薦胡質這件事情，惹惱了武周，幸胡質沒被張遼所惑，主動以病為藉口進行推辭。後來，經胡質調節張遼才與武周化干戈為玉帛。

曹操去世不久，曹丕篡漢稱帝。曹丕非常器重張遼這位戰功卓著的將領。不僅以古代的名將召虎相比讚揚，同時還晉升張遼為都鄉侯。並將一輛輿車專門賞賜給張遼的母親，安排張遼的親屬前往駐地對張遼進行探望。並在其母探望之時派專人為其開道引路，張遼的部屬在道路的兩旁對其母跪拜相迎。後來，曹丕還專門為張遼和其母建府邸進行表彰。張遼患病之時，曹丕還親自探望。

孫權對於這位曹魏的名將也是十分忌憚。西元二二二年，張遼奉命屯兵海陵，得知張遼前來的孫權，馬上告誡自己的屬下：「雖張遼身體欠佳，但仍然銳不可當。大家一定要萬分小心。」不過，東吳的

將領呂范忽視孫權的告誡，在與張遼交戰的時候，被張遼斬首，他的四萬手下和萬艘戰船全數被繳獲。不過，此戰之後，張遼也因病死在了江都，終年五十四歲。曹丕聽到張遼的死訊之後，不禁痛哭流涕，追諡張遼為剛侯。

許褚：忠心耿耿的「虎癡」

　　許褚，長八尺餘，腰大十圍，樣貌雄毅，神勇過人，曾經在和葛陂賊的交戰過程中因為箭矢耗盡，隨即擲石攻打敵人，在糧食短缺的時候裝作和解，目的就在於得到想要的糧食，所以在淮汝地區只要提到許褚的大名，很多人都十分畏憚。

　　漢末召集了上千年輕力壯的青年與宗族，集結大家的力量共修築防禦建築以抵禦敵軍入侵自己的領地。當時，上萬的汝南葛陂賊兵攻打許褚，敵人的勢力強大，許褚寡不敵眾，這一戰讓許褚幾乎精疲力盡，就連箭矢也全都用完了，眼見敵軍就要攻城，在情急之下，立即下令讓所有的男女老少都去找大石前來禦敵。每一次當敵兵險些衝上來的時候，許褚下令擲下飛石將敵人擊退，這樣一連幾次進攻，許褚一連幾次將敵人擊退，其氣勢銳不可當，賊兵再也不敢靠近。這樣一直僵持到糧食將盡，許褚便假意和賊兵求和，之後商量拿自己的牛換取賊兵的食物。賊兵將牛牽走之後，不知怎麼牛自己又跑了回來，許褚來到陣前，牽著牛的尾巴走了百餘步，牛竟然不驚不叫，賊兵見狀頓時大驚，於是再也不敢來取牛了。經過這樣一番折騰，陳、梁、淮、汝等地區的人們，只要一聽到許褚的名字就會膽戰心驚，不戰而降。

　　建安二年，曹操一舉佔領了淮、汝等地區，許褚帶領眾將士投靠到曹操的門下，曹操高興之至，即日就拜許褚為都尉。次年，許褚追隨曹操討伐張繡，曹操任命許褚為先鋒，許褚率領的大軍作戰英勇，勢如破竹，片刻之間便斬賊首上萬人，立下戰功，曹操即刻升遷許褚為校尉。不久，許褚再一次隨曹操出征，這一次官渡之戰對峙袁紹大

軍。當時，有人意圖謀害曹操，卻畏於許褚，因為許褚是經常陪伴在曹操左右，因此遲遲不敢下手。一直到了許褚休假的時候，他們便懷揣著利刃前來拜見曹操。這時，在家裡的許褚感到心神不寧，於是立即趕到了曹操的身邊。還沒有實施刺殺，就看到許褚走進了營帳，這些人立即大驚失色，許褚見狀況不太對勁，便即刻下令將這些人斬殺。經過這件事之後，曹操便更加相信許褚，出入同行，一刻也不離開自己的身邊。

建安九年（西元204年），許褚追隨曹操出兵進攻鄴城，曾多次立下戰功，曹操非常高興，繼而賜封許褚為關內侯。

建安十六年，許褚再一次跟隨曹操出兵前往潼關討伐韓遂、馬超二人。曹操想要渡河，但是到了河邊的時候，下令讓大軍先走一步，自己留下與許褚和虎士數百人做斷後的工作。這時候，馬超親自率領步騎上萬人，前來劫殺曹操，箭矢就像雨水一般向曹操射來。許褚見勢不妙，便對曹操說：「賊兵的數量甚多，如今我們的大軍已經安然過河，您也該走了。」於是將曹操攙扶上船，賊兵的攻勢相當猛烈，勢如破竹，剩下的部隊都爭相上船，船因為超重即將沉沒。許褚當即將攀船者斬殺，用左手高舉馬鞍拚死為曹操擋住箭矢，然後用自己的右手使勁推著船渡河。事後回想起來，當時真是千鈞一髮，若是沒有許褚，恐怕曹操就要大難臨頭了。之後，曹操私下裡和韓遂、馬超等談話，讓所有人都退下，僅留許褚一人在場。馬超生性自負，而且勇力絕人，曾試圖偷襲曹操，但是素日裡聽聞許褚的名號，想著隨從應該就是這個人。於是便問曹操：「曹公的虎侯現在在哪裡啊？」曹操向許褚示意，許褚雙目瞪著馬超，馬超遂不敢輕舉妄動。幾天之後，曹軍一舉將馬超的大軍擊敗，在雙方交戰的過程中，許褚曾親手砍下敵軍的首級。因為許褚立下戰功，所以曹操冊封許褚為武衛中郎將。

之後，曹操麾下大將曹仁千里迢迢特意從荊州趕來朝謁，曹操待

在自己的寢殿中沒有出來，曹仁便在殿外見到了許褚，請他到旁邊的偏室談一些事情。當時的許褚說話並不響亮，吞吞吐吐只說了一句話：「魏王就要出來了。」說完之後，便轉身向殿內走去，許褚的態度讓曹仁心中非常不快，所以記恨在心。當時就有人問許褚：「征南將軍曹仁本是宗室的重臣，竟然可以放下身段找你說話，這是你的榮幸，你為何還要推辭呢？」許褚不假思索地回答道：「雖然曹仁是親族重臣，但是他畢竟只是一個鎮守外藩的將領。我是一個負責內部守備工作的人，我們二人在公開場所說話就可以啊，為什麼還要到私下去說呢。」曹操知道這件事之後，便更加寵信許褚，繼而升任許褚為中堅將軍。

建安二十五年（西元220年），曹操病逝，許褚因此痛哭不已，直至吐血倒地。

黃初元年，即西元二二〇年，曹丕繼承大統，登基做了皇帝，冊封許褚為萬歲亭侯，晉升為武衛大將軍，指揮中軍禁兵。許褚得到曹操家族的重用，而且深得他們的信任，即使在曹操去世之後，許褚依舊負責曹丕的安全。許褚的警衛部隊訓練有素，軍紀嚴明，很多都是劍客出身，當然也存在極少數的將軍，其中，上百人都得到了都尉校尉的稱號。

太和元年（西元227年），曹叡登基稱帝後，繼而晉升許褚擔任牟鄉侯一職，邑七百戶，與此同時，冊封許褚的兒子為關內侯。在許褚去世之後，亦被追諡為壯侯。從此之後，曹叡因為懷念許褚的忠心，對許褚的子孫大行封賞，相繼冊封為關內侯。

徐晃：治軍嚴正的優秀戰將

　　董卓被王允、呂布殺了以後，涼州軍閥餘下的力量攻佔了長安，並且把持了朝政，不久之後，兩人就反目成仇相互廝殺。此時，楊奉手下的將領徐晃勸楊奉保護漢獻帝回到洛陽，楊奉聽了之後很贊同，在護衛下，漢獻帝劉協在楊奉和徐晃等人的護送下終於擺脫了李傕、郭汜等人的羈絆，並輾轉到了安邑地區。徐晃因為保護劉協有功被封為徐都亭侯。但是，劉協的命運並沒有因此發生改變，保護劉協的將領後因爭權奪勢產生了巨大的矛盾，袁紹、曹操等各地的諸侯也對劉協虎視眈眈。這時，徐晃又建議楊奉和曹操聯手，用來擺脫目前糧草不足、人心不穩等諸多困境。楊奉剛開始採納了徐晃的建議，但是一年之後，他又和曹操反目。

　　西元一九六年十月，在梁地一帶，曹操和楊奉開戰，楊奉不敵曹操，只能南下逃亡去投奔袁術。當初建議聯合曹操的徐晃也變成了曹操帳下的一員。

　　曹操很賞識徐晃。就在徐晃給曹操當部下之後。不久，曹操就給了徐晃一支軍隊，讓他去攻打叛軍。徐晃果然不負所託，勝利歸來。這場戰爭結束以後，曹操就正式讓徐晃當裨將軍一職。西元二○○年，官渡之戰從此拉開序幕。此時的劉備在徐州殺死刺史車冑並發動叛亂，嚴重影響到曹操的全部作戰計劃，曹操沒辦法只能親自東征徐州消除隱患。徐晃也參加了徐州之戰並迅速地擊潰了劉備，之後沒有停歇就趕回了官渡前線去應付袁紹的大肆攻擊。

　　同年的四月，袁紹派顏良攻擊了曹操防守薄弱的地方，對鎮守白馬的劉延展開了猛烈地交鋒，曹操聽到之後，馬上親自北上去援救劉

延，並且派關羽帶領張遼、徐晃等人作為衝鋒部隊先去迎擊顏良。此戰中的關羽一擊得手，並殺死了顏良，張遼、徐晃兩人在旁邊做策應，擊垮了顏良所部；接下來在延津南地區，徐晃又攻破了袁紹的另一支精銳部隊——文醜所部，文醜也在混亂之中被殺。這兩次的勝利也讓曹操對徐晃這位半路歸降的將領刮目相看，讓徐晃擔任偏將軍的職位。之後的戰鬥中，徐晃先和曹操並肩作戰，接著在故市又和曹仁、史渙一起攻打袁紹的運輸車輛，而且還放火燒毀他們的運糧車。之後，徐晃又與別的將領一起向袁紹發動了總進攻並且取得了最後勝利，這場戰爭決定了漢末中原霸主地位。

西元二一一年，曹操以討伐漢中軍閥張魯為理由，派鍾繇帶兵三千人進攻關中地區，並派出夏侯淵帶領大軍做後盾。涼州的各路軍閥知道曹軍進入關中之後，迅速地組成了以韓遂、馬超為首的十路聯軍，並糾集了十多萬大軍在潼關一帶擺出陣勢，準備和曹操一戰到底。曹操得知消息以後，也隨即調兵遣將，打算和韓遂、馬超等人展開了一場生死較量。雖然史料中沒有記載徐晃所在的位置，不過可以從其這個時期的活動中判斷，他很可能還是在夏侯淵的部下，是最早進入關隴地區的曹軍部隊。

馬超、韓遂的叛亂爆發以後，曹操親自率主力軍隊趕往潼關，同時還命令徐晃駐守汾陽縣，來保障黃河以東地區的安全，曹操到達潼關之後擔心沒有辦法渡道蒲坂津，就又把徐晃召來進行詢問。徐晃認為：此時曹軍主力部隊已經達到潼關戰場一線，而叛軍的部隊卻不在蒲?津地區駐兵，這就只能說明他們缺乏足夠的軍事謀略。徐晃向曹操提議他親自率領一支精兵作為大軍的先鋒部隊橫渡蒲坂津，以此來切斷叛軍他們之間的聯繫，這樣就可以輕鬆地打敗叛軍。曹操對徐晃的建議表示非常的贊同，曹操命令徐晃親自率領步騎兵四千人橫渡蒲坂津。徐晃他們剛剛渡河，叛軍將領梁興就帶領五千人馬夜間偷襲了徐

晃，結果被早有準備的徐晃擊退。曹操第一步作戰計劃很順利地就完成了。隨後曹操在潼關打敗了馬超、韓遂叛軍，取得了關隴之戰的完美勝利。於是徐晃就奉命和夏侯淵一起攻打除麋、沂縣的氐人，和曹操在安定會師，把佔據安定地區的叛軍首領之一楊秋逼迫投降。

關隴之戰結束以後，曹操回到了鄴城，把徐晃和夏侯淵一起留下，守護長安。徐晃又和夏侯淵一起並肩作戰先後平定了逃往都城和夏陽的叛軍梁興所部，殺了梁興並招收了投降的三千多人。夏侯淵和徐晃他倆共同努力之下，經過了三年艱苦的平叛，終於把涼州地區的馬超、韓遂等割據勢力都消滅掉了，馬超逃到漢中，韓遂被他們殺死，涼州地區的局勢被徹徹底底地改觀了。

涼州戰事結束之後，西元二一五年徐晃又投入到了由曹操親手指揮的漢中之戰。曹操把徐晃派到伐檀、仇夷等地區，讓他征討當地親張魯的少數民族武裝。這些少數民族很有自知之明，知道自己的勢力抵不住徐晃的強大攻勢，只好紛紛投降歸順。另外，徐晃還幫助化解了敵軍對張順的圍困，並且還攻佔了敵軍陳福所佔據的三十多處地區。

徐晃在涼州、漢中等地的優秀表現引起了曹操的關注，為了表彰這位戰功卓著的將領，曹操把徐晃提升成了平寇將軍，並讓徐晃作為夏侯淵手底下的主要將領，和夏侯淵一起鎮守漢中地區。這一次，徐晃面臨的對手正是不久前佔領益州全境、士氣正旺的劉備集團。在和劉備較量中，徐晃展現了他武勇的本色。

西元二一八年，劉備大肆地進攻漢中，他的部下陳式率領十多營的兵力封鎖了馬鳴閣道路，企圖想要切斷漢中曹軍之間的聯繫。徐晃就帶領部隊發動強勢的攻擊，把陳式的部隊打得落荒而逃，在和徐晃交戰之中，不少的敵軍士兵沒有辦法逃生，紛紛掉下山谷，敵軍傷亡很是慘重。曹操聽了之後非常高興，給予了徐晃諸多獎勵，並且頒佈

嘉獎令。令中說道：馬鳴閣路是漢中的咽喉要道，地勢險要。劉備他打算佔據該地方，以此來切斷漢中與中原之間的聯繫，順便來奪取漢中地區。徐晃將軍這次戰爭中一舉打亂了劉備的戰略方針，粉碎了敵人的陰謀，真是非常好啊！

儘管徐晃軍隊取得了一些戰爭的勝利，但是在定軍山，漢中曹軍主帥夏侯淵的意外身亡，曹操不得不親自征戰漢中，結果卻也是以失敗告終，曹操不得已下令放棄漢中。徐晃也只能默默地接受這一痛苦的現實。

漢中戰爭的失利並沒有影響到徐晃在曹操心目中的地位，對於他在戰場上的驍勇善戰，曹操還是對他有足夠的信任。就在曹操撤回去之後的一個月裡，徐晃就接到了一項更為艱巨的任務：支持被圍困的襄陽和樊城地區。這次，徐晃的對手竟是大名鼎鼎的關羽。這一仗自然而然地成為了徐晃軍旅生涯中最為輝煌的一戰。

徐晃作為曹魏集團的名將，徐晃的軍旅生涯是輝煌的，同時也是很有特點的。《三國志・徐晃傳》中說：「（徐晃）性簡約畏慎，將軍常遠斥候，先為不可勝，然後戰，追奔爭利，士不暇食。」意思是說徐晃的一生謹慎小心，且常常在戰前就派出偵察兵去瞭解掌握敵人情報，並且會提前考慮到影響他軍隊戰鬥勝利的種種不利因素，他會等到一切隱患消除之後才會出去開戰，會盡最大的努力去爭奪戰爭的勝利。為了能盡快的奪取戰爭勝利，有時候他都顧不上吃飯。西晉史學家陳壽把徐晃列為曹魏「五子良將」的其中之一，與張遼、張郃、于禁、樂進等名將合傳。

曹操死後，曹丕讓徐晃任命為右將軍，被進封成了逯鄉侯。曹丕當上皇帝以後，徐晃又被封為了楊侯。後來他還和征南將軍夏侯肖一起並肩作戰，在上庸地區，他們和劉備的義子劉封展開了對於東三郡的爭奪，並且成功地驅逐了劉備在東郡的勢力。之後，徐晃又接到命

令被派到鎮守陽平關，並被改封成了陽平侯。後來徐晃他還參與了魏明帝曹叡進攻孫權的戰鬥中，並且和司馬懿一舉成功大獲東吳將領諸葛瑾的軍隊。

魏明帝太和七年（西元227年），一代名將徐晃去世，被封為壯侯。

關羽：忠義千秋的名將

　　關羽大約是在漢桓帝延熹三年（西元160年）六月時出生的，早年因為犯事就逃離了家鄉，一直逃到了幽州的涿郡。中平元年，漢室宗親的劉備在涿縣組織了一支民間義勇軍進行了起義，企圖參與撲滅黃巾軍的戰爭，關羽和張飛也在這支起義軍當中。劉備幾經輾轉，擔任了許多官職，最後投奔到了昔日的同窗公孫瓚的旗下，被他封為平原國相，關羽和張飛也分別被封為部司馬，統領部曲。三個人的感情很好，情同兄弟，甚至常常一起同床而睡，當劉備坐下時，關羽和張飛兩個人更是不顧自己的辛勞在劉備身邊守護。

　　興平元年，曹操開始攻打陶謙，想要奪取徐州，陶謙向劉備求救，劉備和關羽就率領著一千多將士前往救援，曹操退兵之後，陶謙為了答謝劉備，再三地相讓下，劉備擔任了徐州牧。建安元年，劉備遭到了袁術和呂布的共同夾攻，將徐州丟掉了，關羽便跟隨劉備一起投奔了曹操。建安三年的時候，劉備與曹操聯合起來在下邳與呂布交戰，奪得徐州，此戰之後，他們二人又跟隨曹操回到了許昌，曹操任命車冑做了徐州的刺史。後來袁術投奔了袁紹，曹操命令劉備在徐州攔截袁術，劉備趁機將車冑偷襲殺害，命令關羽佔領了下邳和徐州，劉備隨即返回了小沛。

　　建安五年，曹操帶兵攻打劉備，關羽戰敗被擒，沒有辦法只得投降，曹操不但沒有懲罰他，而且還待以厚禮，任命他為偏將軍。後來袁紹派兵在白馬攻打東郡太守劉延，曹操親自率領大軍前來救援，命令張遼和關羽作為前鋒。關羽一看見顏良的麾蓋，立即策馬衝鋒，直接斬殺了顏良，帶著他的頭回來了，關羽的氣勢，袁軍將領幾乎沒有

人能夠抵擋，白馬之圍被解，關羽又被曹操任命為漢壽亭侯。在白馬之圍戰役中，曹操為了看看關羽是否有久留身邊的心意，命令張遼用人情試探。張遼找到關羽，關羽得知張遼前來的意圖，很惋惜地對他說，曹操雖然對他很好，但是他和劉備感情深厚，曾經發誓要共生死，這一生都不能背棄，因此他堅定地告訴張遼，他最終還是不能留下，等為曹操立下幾次功勞，也算是報了恩，然後便會離去。

張遼將關羽的話轉述給曹操，曹操知道關羽遲早有一天會離去，不但沒有責罰他，反而是大加賞賜，一心想要留住他，但關羽將曹操的賞賜全部留下，又留了一封書信就告辭了，回到了劉備身邊。曹操身邊的人都想追上他將其殺害，但曹操念他是個英雄，而且各為其主，本就是無奈，就放過了關羽。後人為這一段佳話取名為「千里走單騎」。

劉備後來投靠了劉表，在新野屯兵駐守。建安十三年，曹操率領大軍南下，劉備向南逃跑，同時劉備派遣關羽帶領數百艘船與他在江陵會合，但半途中劉備被曹操追上，幸好關羽及時到了漢津，與劉備一同乘船到了夏口。劉備與孫權聯手將曹操擊敗後，曹操便留下了曹仁率領大軍在荊州防守，於是劉備和孫權手下的大將周瑜又一起夾攻曹仁，命令關羽截斷曹仁的後路。最終劉備取得了這場戰役的勝利，關羽也因此被推舉為元勳，被封為襄陽太守和蕩寇將軍。劉備平定蜀地後，又任命關羽為董督荊州事，讓他掌管荊州地區。劉備的勢力範圍，其中包括荊州南部的四郡和江陵以及附近的公安，事實上，此時關羽管理的轄區共有荊州五郡。

建安二十年，孫權得知劉備已經奪取了益州，就希望從劉備的手裡取回荊州。但劉備卻不願意交還，他告訴孫權，奪取了涼州就會歸還荊州。孫權對此十分怨恨，於是便派魯肅繼續向劉備索要荊州。孫權和劉備雙方的將領在陣前據理力爭，最終落得不歡而散。孫權見荊

州要不回來，就命令呂蒙帶軍進攻荊州的南部，魯肅也帶領一隊人馬在益陽牽制關羽，使劉備得不到任何支持。但當時關羽帶領了三萬人馬，在河的對岸進行紮營，這個地方後來就被人們稱為了「關羽瀨」。這個時候，曹操趁機攻打漢中的張魯，劉備看情況不好迅速與孫權修和，二人達成協議將荊州平分，但此時雙方的關係已經逐漸惡化。孫權對劉備和關羽二人十分仇視。

建安二十四年，劉備在漢中稱王，關羽被封為前將軍。同一年，關羽奉命攻取荊州的北部樊城，曹操派大將率領軍隊援救，當時正趕上下大雨，漢水暴漲，曹操的軍隊被大水困住，各位將士只能到高的地方進行躲避，關羽看準時機，坐著大船進行攻擊，最終奪得了勝利。這一戰史稱「水淹七軍」。

曹操的大將于禁因為漢中一戰，只能向關羽投降，龐德則被關羽抓獲，因其不降最終被處斬，後來關羽進一步在樊城圍困曹仁，同時還派了一部分人包圍了襄陽。至此，曹操指派的荊州刺史胡修和南鄉郡太守傅方等人最終都投降了關羽。這時候，曹操的許多軍隊都受關羽的遙控，甚至還有許多叛亂想引關羽作為援軍，嚇得曹操差點決定用遷都的方式來躲避關羽的圍攻。此次事件被稱為關羽威震華夏。

建安二十四年十月，曹操想要以遷都的方式來躲避關羽露出的鋒芒，而司馬懿和蔣濟等人極力勸阻，認為孫權一定是不願意看到關羽得意，他們給曹操出主意，可以將江南封給孫權，以此作為條件讓他從背後攻擊關羽，曹操同意了這個建議，同時他還動員徐晃、張遼等將領以及豫州刺史呂貢和兗州刺史裴潛等人率領大軍到樊城展開救援，與此同時，他還作了親自征討關羽的準備。孫權命令呂蒙作為此次出征的主帥對荊州進行偷襲，並親自率領大軍作為後援。荊州重鎮江陵的守將糜芳，事實上，也是劉備的小舅子因為之前和關羽之間有嫌隙，這次的征戰很大一部分就是出於報復關羽，最終不戰而降，呂

蒙幾乎是不費吹灰之力就把荊州的各個郡給攻陷了。

　　曹操派出的樊城救援將領徐晃，剛開始，徐晃對關羽有些懼怕，認為自己很難與大將關羽相抗衡，不過之後曹操又派出了徐商和呂建以及殷署和朱蓋等對其進行增援，最終使得這一戰徐晃勝出。此時的關羽獲知了後方生變的事情，立即下令軍隊南撤，但此時水軍仍然控制著漢水。關羽帶領的軍隊，大部分軍人的家屬都住在江陵，當他們得知江陵已經失陷的消息時，軍隊開始逐漸潰散，一直退到了麥城。十二月，關羽再次率數十騎人馬出逃，一路進行突圍，一直殺到了距離益州大約一、二十里的臨沮。在那裡，關羽遭到了潘璋的部將馬忠的埋伏，最終關羽被擒，和他的兒子關平在臨沮被殺害。

　　孫權把關羽的首級送給了曹操，曹操對關羽以諸侯之禮安葬在洛陽。與此同時，孫權也將關羽的身軀以諸侯之禮安葬在當陽，也就是關陵。蜀漢方面也決定在成都為關羽建造衣冠冢，也就是今天的成都關羽墓。關羽的故鄉山西運城為了紀念他，也為他建立了關帝廟，被世人認為是關羽魂魄歸返的地方。因此民間對於關羽的死也稱為『頭枕洛陽，身臥當陽，魂歸故里（或稱「魂歸山西」）。』

　　關羽去世之後，因其忠義，他的形象逐漸被後人神化，被民間尊為「關公」。歷代朝廷都會對前人進行評價，而且對同一個人的褒貶也不一樣，清代將關羽奉為「忠義神武靈祐仁勇威顯關聖大帝」，被尊為「武聖」，他的名號與「文聖」孔子齊名。關羽在《三國演義》也被尊為「五虎上將」之首，毛宗崗曾經稱其為「《三國演義》三絕」中的「義絕」。

張飛：粗中有細的「黑臉漢」

張飛，可謂是個家喻戶曉的人物。不過，在一千多年來的歷史演變過程中，張飛這個人物形象給人留下最多的印象卻與歷史上的記載相差太多。唐代的時候，李商隱就曾經寫過相關的詩句：「或謔張飛胡，或笑鄧艾吃」，而在民間世人對張飛的評價更是直接，將他稱為「莽張飛」，可見三國之後，世人對張飛的評價基本定位在：莽漢。事實上，在歷史資料的記載當中，張飛其實並非是一位莽漢，他不僅作戰勇猛，而且智勇雙全，是劉備集團中名望僅次於關羽的大將。

中平元年（西元184年），黃巾起義爆發，當時的東漢政府派人進行圍剿，各地方的武裝力量也開始紛紛舉兵討伐，張飛和劉備一起參加了鄒靖組織的州郡軍隊，從此開始了自己數十年的軍旅生涯。

劉備自從丟官之後，就在中原等地區闖蕩了幾年，初平二年的時候，他投奔了曾經的同窗公孫瓚。當時的公孫瓚可以算是北方地區割據勢力最強大的一方。劉備投奔公孫瓚之後，在他的幫助下，劉備不但有了一個容身之所，而且還被公孫瓚提拔做了平原相。張飛跟隨劉備多年，情同手足，也成了劉備手下的別部司馬，和自己的結拜兄弟關羽一起負責統率平原境內的武裝力量。在這段日子裡，劉備、張飛和關羽三個人的關係也日益密切，勝似親兄弟。興平元年，中原地區已經有兩個軍事政治聯盟相互之間展開了較量。一方以袁紹、劉表和曹操為代表，另一方則是以袁術、公孫瓚和陶謙為代表。這兩大勢力集團分別在青州、冀州、徐州和兗州等地區展開了一場大混戰。劉備作為公孫瓚的部下，他奉命和青州刺史田楷一起增援陶謙。

同年年底，徐州牧陶謙因病去世，他臨終前將徐州交給了劉備管

理。劉備也因這個原因成為了徐州牧。但是，袁紹集團早就已經盯上了徐州這個地方，過了兩年之後，袁紹就帶領軍隊開始了對徐州的進攻。面對這種形式劉備不得不親自率兵進行防禦，臨行前劉備命令張飛在徐州重鎮下邳進行鎮守，同時還將自己的一家老小全部託付給了張飛照顧。但沒想到，張飛卻沒有完成劉備的囑託。

據說，曹豹數年前與張飛是戰友，但二人因為發生了矛盾，張飛一怒之下就將曹豹殺死了，這件事情引起了曹豹手下將士的不滿，同時使得下邳城內的形勢變得一片混亂。這樣的形式正好給敵人提供了有機可乘的機會，於是袁術便寫信給當時正在徐州寄寓的軍閥呂布，袁紹以資助糧草作為交換的條件，鼓動呂布偷襲下邳。早就對徐州有所圖謀的呂布乘此機會派兵從水路向東行進，到了距離下邳城的西面四十里的地方，意圖對下邳發動進攻。這時候，劉備手下的一員將領投敵，並與曹豹的部將聯合起來打開了下邳的城門，最終使得呂布的偷襲成功。入城之後，呂布在城門樓上端坐著，他的將士們卻在城內放火，同時還對張飛的守軍展開了大規模進攻。張飛毫無作戰準備，很快就敗下陣來，一路撤退，最終被趕出了下邳，甚至連劉備的老婆孩子都沒來得及營救。

曹操和劉備的關係逐漸惡化，建安六年的時候，劉備帶領自己的軍隊投靠了荊州的割據勢力劉表。在這段時間裡，劉備的團隊得到了極大的發展，不僅他的軍事力量得到了壯大，而且還和荊州地區各個階層之間都保持了良好的關係，荊州也就成為劉備真正的根據地。而且諸葛亮也是在此時被劉備「三顧茅廬」請了出來。不過，因為劉備對於諸葛亮過於信任，使張飛和關羽二人極為不滿。

在荊州的這段時間，也是張飛一生中最為太平的時光。除了建安七年年底同曹操的部將夏侯惇、于禁和李典等人戰過一次之外，就再也沒有發生過戰事，張飛的長子張苞和他的女兒就是在這個時期出生

的。

建安十三年，赤壁之戰以後，劉備的勢力得以發展壯大，為了表彰勞苦功高的張飛，劉備將張飛任命為征虜大將軍，還把他封為了新亭侯。此時的張飛已經威名遠揚，傳遍了大江南北，就連東吳的名將周瑜也對其表示讚賞，稱他是「熊虎之將」。

不過，張飛一生最為出色的還並不是這些，他真正的才能表現在數年之後的漢中爭奪戰。

就在劉備爭奪益州的時候，曹操的勢力開始延伸得到了漢中地區。建安二十年，曹操打敗了漢中的割據勢力張魯並且將他的地盤佔據了。劉備為了阻止曹操集團繼續向益州延伸，決定派遣張飛和黃權到三巴地區與曹操作戰。黃權帶領軍隊與曹操據守三巴地區的部將樸胡交鋒，而張飛則是與曹操集團的名將張郃在宕渠對峙。這一仗使其雙方對峙了五十多天，經過多次的激戰，仍然沒有分出勝負。最後，張飛決定親自率領幾萬精兵從小路對敵軍發動襲擊，打他個措手不及。結果敵軍驚慌之中四下逃竄，最終張飛獲勝。這一戰讓張飛意氣風發，他在八濛山立了碑以紀念這次的勝利，並且在碑上親筆寫下「漢將張飛大破賊首張郃於八濛」十二個大字。

當然，張飛的征戰生涯中也有過失手。建安二十三年的春天，劉備派張飛、馬超和吳蘭一起率領大軍進入武都地區，為了配合劉備大軍在定軍山的行動，張飛的任務就是在側面牽制曹軍。但是此時張飛所率領的軍隊兵力薄弱，為了引誘曹軍停止進攻，張飛命令他手下的將士們大張旗鼓地出現在曹軍的後方，裝出一副截斷敵軍退路的架勢。但是沒想到此計被曹魏名將曹休識破，他果斷地帶領部隊發動進攻並將吳蘭斬殺了。這一仗，是張飛的生涯中記錄最為詳細的一次敗仗。

張飛算是三國時期劉備集團名將的一位代表人物，可以說他為劉

備後來的勢力壯大立下了汗馬功勞。張飛不僅在作戰中勇猛無畏,而且是一個文武兼備難得的帥才。不過,張飛的性格暴躁,稍有不順就會對自己手下的士卒進行鞭打,這樣也為他後來的被殺埋下了隱患。雖然如此,縱觀張飛的一生,將其歸列為三國時期的一代名將也是名副其實。

趙雲：單騎救主的虎威將軍

　　提起常山趙子龍，相信大家的腦海中，立即會出現一個身高八尺，姿顏雄偉的英雄形象。對他翹起大拇指，誇讚他在戰場上的叱吒風雲、驚天動地，真不愧一身是膽的虎威將軍！

　　黃巾起義的時候，趙雲被本郡人推薦率領吏兵去投奔公孫瓚。那個時候，袁紹自稱冀州牧，而吏民也往往願意跟隨他。因此，公孫瓚心裡很不安。當他看到趙雲前來投奔，心裡高興得不得了。他問趙雲：「你們州立的人都願意跟著袁紹，為什麼你與眾不同，反而來投奔我呢？」其實，他之所以這麼問，是想讓趙雲承認他是正義之師。趙雲義正言辭地回答：「如今天下大亂，很難分清楚誰好誰壞，老百姓都生活在水深火熱之中。本州經過反覆討論商量，讓我帶著吏民來投附能夠廣施仁政的所在，根本就沒有忽略袁公而重視您的意思！」公孫瓚面對這樣的回答無言以對。此後，趙雲便開始跟著公孫瓚南征北戰。

　　當時，有仁義之名的劉備正依託公孫瓚。他見趙雲相貌堂堂，英勇善戰，非常喜歡，想要納為己用。於是，他私底下與趙雲私交，拉攏趙雲，使得趙雲也有了歸附之心。也許天公作美，正好公孫瓚派劉備幫助田楷去抵抗袁紹，劉備也趁機「借用」趙雲，為其執掌騎兵，進一步「拉攏」趙雲。

　　趙雲的兄長去世，趙雲告別公孫瓚還鄉。劉備料定他這一去就再也不會回來了，就親自上前與他握手言別，殷切地千叮嚀萬囑咐。趙雲感動地說：「不管將來的局勢如何，我趙雲都不會背德忘義的。」

　　後來，劉備輾轉到了袁紹的地盤棲身，趙雲前去找他，就這樣，

兩個人在鄴城相見。劉備對趙雲禮待有加，與其同床而眠。劉備私底下讓趙雲為其招募兵士，趙雲不負重託，為其招來了數百人，並讓他們自稱是左將軍劉備的手下，而這一切，袁紹都不知曉。後來，袁紹在官渡全軍潰敗，劉備就帶著趙雲前往荊州投奔太守劉表。

建安十三年，曹操進攻荊州，劉備與曹操在當陽長阪血戰大敗，他拋棄妻小，狼狽地向前逃去。然而，在逃跑的途中，發現趙雲不見了。這個時候，有人對他說：「趙雲已經北去。」劉備卻大聲喝道：「休得胡說。子龍絕不會棄我而去！」的確，趙雲是什麼樣的人，既然已經認劉備為主，怎麼會輕易背棄呢？那麼，他到底去了哪裡呢？原來，他單騎救主去了。在亂軍之中，他手中抱著弱小的少主劉禪，保護著甘夫人，也就是劉禪之母，奮力殺出重圍，最終，將二人平安地帶了回來。為此，劉備非常感激趙雲，眾人則非常慚愧，自責胡亂猜疑趙雲的忠心。此後，趙雲升任牙門將軍。

接著，趙雲跟隨劉備平定江南，戰功赫赫，被封為偏將軍，領桂陽太守。劉備率兵進入益州之後，趙雲留守荊州，領留營司馬。當時，劉備的孫夫人，也就是孫權的妹妹，驕傲自大，飛揚跋扈，經常帶領兵丁官吏，縱橫不法。劉備認為趙雲有威信，一定能夠整頓好內部的紀律，所以，特地命令他執掌宮內事務。

孫權聽說劉備西征，於是，以母親病重的理由騙孫尚香帶著劉禪趕回東吳，想要以此牽制劉備。趙雲聽到這個消息之後，立即與張飛領兵前去攔截，用武力強迫孫夫人留下了少主劉禪。

劉備入蜀之後，作為益州牧的劉璋讓他攻打漢中的張魯。劉備表面應承，心中卻打起了小算盤。他帶兵進軍到葭萌便停頓不前。時機成熟後，他立即帶兵回攻劉璋，包圍了成都。這個時候，趙雲也跟著諸葛亮沿水道進入蜀地。到達江州之後，諸葛亮命令趙雲從岷江而上進入江陽與其會合。劉備平定益州之後，便升任趙雲為翊軍將軍。

建安二十四年，夏侯淵兵敗身死。曹操率領二十萬大軍前來爭奪漢中。他把糧食運到北山之下，堆積起來像一座山那麼大。

大將黃忠認為敵軍的糧食可以截取，便引兵前去。但是，過了約定的時間，黃忠尚未歸來。於是，趙雲便帶上了幾十個騎兵出營探視，正好碰上了曹操的大軍。但是，趙雲絲毫沒有慌亂，挺槍驟馬殺入重圍，左衝右突，如入無人之境。這令曹兵個個心驚膽戰，不敢逼近，趙雲趁勢且戰且走。

剛開始，曹兵遭到趙雲的猛然衝擊，陣勢大亂，但是，沒過多久，就重新圍攏起來。趙雲奮力殺敵，成功衝出重圍。就在他接近自己營寨的時候，發現部將張著在敵陣受傷了，趙雲毫不猶豫地，再次拍馬殺入重圍，救助張著，最終，突出重圍。

曹軍在他們後面緊緊追趕。當時，沔陽長張翼看到曹兵追來，便提議讓軍士閉門拒守。然而，趙雲不但沒有關上城門，反而命令將士將營門開得大大的，並且，偃旗息鼓。

曹軍到達之後，發現營門大開，看不到旌旗，聽不到鼓鳴，便懷疑其中有伏兵，便準備引兵退回。不料，曹兵剛一轉身，就聽趙雲一聲令下，營中的將士弓弩齊發。與此同時，營中鼓聲大震，號角齊鳴。曹軍頓時被這個氣勢嚇破了膽，自相踐踏，相擁著退到漢水旁邊。有很多的士兵在慌亂之中，落入漢江，最後溺水而亡。曹軍因此傷亡不計其數。

第二天，劉備特意來到城中，嘉獎趙雲，並稱讚趙雲：「子龍一身都是膽也！」於是，犒賞三軍，歡宴至晚。從此之後，將士們更加敬畏佩服趙雲，稱他為虎威將軍。

建興七年，趙雲去世。後主劉禪下詔說：「當年，趙雲追隨先帝，功績卓著，名震天下。在我幼年的時候，歷盡艱難，也依靠著他的忠義，才得以脫離危險。諡號是用來記錄元勳功績的，著議趙雲諡

號。」大將軍姜維等人會議，紛紛稱讚趙雲的豐功偉績，建議後主應諡趙雲曰：順平侯。

　　最後，後主劉禪聽從了大家的意見，追諡趙雲為「順平侯」。

馬超：世人眼中的神威大將軍

　　馬超的祖先就是中國戰國時期比較有名的將領趙奢。在秦朝一統天下之後，為了不惹禍上身，他們才將趙姓改為了馬姓。東漢時期，馬超的父親馬騰也是一名干將。

　　後來，馬超跟著自己的父親活躍在西涼地區。

　　西元二〇八年，曹操攻打荊州。在發兵之前，曹操任命馬超為偏將軍，帶領他父親馬騰的舊屬。從這之後，馬超手中握住了馬騰所建立的軍隊力量，接了自己父親的班，成了這支隊伍的統帥，這個時候的馬超只有三十三歲。在馬超的帶領下，這支軍隊的力量逐漸壯大，比起以前有所發展。樹大招風，這支軍隊很快便引起了其它人的注意。根據史書上記載，當初吳國的大將周瑜曾經向孫權建議說，在奪取蜀地的時候，可以和馬超聯手，從這裡也可以看出，馬超的軍事力量已經不容忽視。

　　除了在自己的勢力周圍發展外，馬超還懂得與他人建立友好關係，以便遭遇困境的時候，也能夠有人前來搭救，有利於更好的穩固自己在涼州一帶的地位。除此之外，馬超和在漢中的張魯也有幾分交情，二人一直保持著很友好的合作關係。

　　自從馬超率領馬騰的部隊之後，他就開始與韓遂交好，同時還結交了一些同盟，比如說楊秋、李堪、成宜等人，在攻佔潼關的時候。曹操在此之前，曾經找韓遂和馬超商談。在這個過程中，馬超想憑藉自己的武藝，趁曹操不備時，將他抓獲，但是曹操身邊的將士許褚似乎已經看穿了馬超的心思，兩眼直勾勾地瞪著馬超，讓他根本就沒有下手的機會。於是這個小算盤只能落空。最後，在潼關之戰的時候，

曹操採納了賈詡的計劃,使用反間計,離間馬超和韓遂的感情,使他們倆對彼此都產生了懷疑,那麼將領之間生疑,軍隊的戰鬥力也會迅速下降,十部聯軍就這樣敗在了曹操的手中。

曹操的軍隊要西渡黃河的時候時,馬超給韓遂提出了一個建議,他對韓遂說,「現在曹操大軍想要西渡黃河,我們現在要做的就是從渭水的北面前去阻止曹軍,不到二十天的時間,徐晃的軍隊就會糧草用盡,最後也只能是不戰而敗」。但是韓遂卻不贊同馬超的看法,說道:「我們就放他們過河去,將他們困在茫茫的河中,他們不是敗得更快!」最後,馬超妥協,結果可想而知。後來曹操知道了,聽到馬超的計策之後,對自己的手下說:「馬超如果不除,那麼我死之後,恐怕連個安息的地方都沒有了!」

後來,潼關之戰失敗之後,馬超去了諸戎地區逃亡,而曹操則開始追擊,怎知半途中忽然聽到自己的地盤出了點事,於是也只能放棄追擊,帶軍回大營了。當時,曹操的手下楊阜說道:「馬超的身邊有韓遂、英布這樣的大將,而且他還得到了羌、胡等族的支持,如果我們現在就啟程回去,而不乘勝追擊的話,那麼隴上的各個郡縣恐怕就要落到馬超的手裡了」。後來,果然不出所料,馬超帶著軍隊佔領了隴上郡縣,而那裡所有的人都投降了馬超。馬超將涼州刺史韋康殺掉之後,又佔領了冀城,收編了冀城的兵力。馬超還自封自己為征西將軍,在攻佔冀城之後,韋康以前的舊屬楊阜等人合計要害馬超。就這樣,冀城還沒有焐熱,便又失去了。局勢很是緊張,馬超也陷入了進退兩難的境地,只好跑到了自己的合作夥伴張魯那裡去避避風頭。但張魯也不是一個知人善用的主公,只是讓馬超在一個小城中待著,並沒有給予重用。而劉備在攻打成都的時候,馬超便偷偷給劉備寫了一封信,表示願意歸降。

劉備做了漢中王,便提升馬超為左將軍,並且還給了他一定的權

力。後來劉備成了蜀國的皇帝之後，馬超則是驃騎將軍，任職為涼州牧，在他冊封的詔書上，劉備這樣寫道：「我劉備在萬般無奈的情況下，才當上了漢王，繼任了大統，延續著漢室的宗廟。而曹操父子倆，一向作惡多端，罪大惡極，我對這件事情非常傷心，整天活在憂苦之中。而天下的黎民百姓對曹操也是怨恨至極，都想著早早可以除此奸臣，還一個太平正道。而馬將軍你在北方有很高的知名度和號召力，你的威猛早就展現出來了，所以說我現在就委任你，讓你充分展示自己的雄偉謀略，第二也是想要讓你替我查看周邊的區域，第三則是要幫助那裡的百姓解決困難。希望你能夠軟硬兼施、恩威並施，能夠嚴格按照我朝的律法來治理，做到賞罰分明，也要讓他們感覺到在漢朝統治下，生活是美好和太平的。」

西元二二二年，馬超去世，終年只有四十七歲。馬超在他臨死的時候，曾經給劉備上書說：「我的宗族有兩百多人口，都被曹操給殘忍地殺害了，現在只留下了我的堂弟馬岱，就讓他為我們的宗族延續子嗣吧，我就把他託付給您了。」

馬超的一生充斥著悲情的色彩。宗族裡面有二百多人口都被曹操所殺，好不容易活下來的人又都死在了梁寬和趙衢的手上。最後，在馬超的保全卜，總算留下了自己的獨子馬秋。在投靠劉備的時候，他的心中必定是抱著成就一番事業的心去的，但是後來馬超卻是發現自己的這一願望永遠都不可能實現，這個風靡一時的三國名將，最後也只能帶著遺憾和哀怨離開了人世。

黃忠：半路歸順的討虜將軍

　　黃忠本是荊州的一名中郎將，在當時屬於高級軍官。黃忠本是劉表的部下，建安十三年的時候，曹操帶兵攻打荊州，劉表病死，他的兒子將荊州拱手讓給了曹操。黃忠也成為了曹操手下的降將。曹操念黃忠是個人才，臨時任命他為裨將軍，仍然駐守原地，統歸長沙太守韓玄管理。因此，在赤壁之戰中，黃忠並沒有參加，只是做了一名戰爭旁觀者。

　　曹操在赤壁之戰中戰敗，荊州的大部地區也陷入了權力的真空狀態。此時的劉備集團便乘機和孫吳集團達成了協定，開始向荊州的南部進軍，並且很快就攻佔了荊州以南的很多地區，其中就包括黃忠所在的長沙郡。這個時候的黃忠只得易主，投靠了劉備。事實上，根據史書的記載，劉備對長沙的佔領並沒有發動戰事，屬於和平解決，黃忠也在中間起到了不小的作用。

　　建安十六年年底，劉備答應了益州牧劉璋的邀請帶領軍隊進入了益州，而此時的黃忠也已經成為了劉備大軍中的一員。很多人都認為黃忠能夠跟隨劉備入川是劉備對其能力的一個認可，其實該觀點也未必正確。根據劉備當時的人員配置來看，此次劉備帶領入川的人員大多都是劉備在荊州時期所吸收的文武人員，而真正的劉備嫡系人員和將領大都留守荊州。雖然劉備的這一舉動並不能說明什麼問題，但至少可以看出劉備對於自己革命大本營的安危還是十分看重的，因此才將自己的心腹大將全部留在了荊州鎮守。

　　建安十七年，張松寫給劉備的密報被他的兄長張肅截獲並且將其交給了劉璋，因此劉備的陰謀被曝光，劉備和劉璋之間的關係開始惡

化，兩個人反目成仇，益州爭奪戰也不可避免地爆發了。劉備斬殺了劉璋的大將楊懷等人，然後派遣黃忠和卓膺帶領軍隊南下，向劉璋的根據地發動進攻。不久，黃忠所帶領的一對人馬在劉備的率領下攻佔了涪縣地區，同時與劉璋派來的大將冷苞、劉璝、鄧賢和張任等人展開了激戰。黃忠帶領部下奮勇抗擊，劉璋的軍隊遭受了重大損失，最終退守到綿竹。隨後本是奉命增援的李嚴軍隊又投降了劉備，致使一時間劉備的實力大增，很快就能夠向益州的腹地展開了大的攻勢。

益州之戰，黃忠的勇猛已經表現了出來，成為了劉備集團中小有名氣的一員將領。隨後爆發的漢中之戰，更是讓黃忠的才能盡顯，成為劉備集團的一員名將，此戰就是大家耳熟能詳的定軍山之戰。

建安二十年正月，劉備因在益州之戰中得到了大量的兵員補充，勢力大增，因此劉備決定親自率領部眾向曹操漢中地區的防禦要地定軍山進攻，此時的黃忠已經成為劉備大軍中的主力之一，這次戰爭中他所面臨的敵軍就是曹軍在漢中地區的最高指揮官、曹魏的大將夏侯淵。

雙方在激戰的過程中，劉備的軍隊對張郃防守的東圍地區發動了猛烈的攻勢，但是因為張郃戰事不利，於是向夏侯淵進行了求援，夏侯淵立即從自己駐守的南圍陣地上撥出了一半的兵力對張郃進行援助，沒想到他的這一計劃被劉備手下的兩位著名謀士法正和黃權識破了，劉備大軍立即調整了自己的進攻重點，開始轉向夏侯淵的南圍。早已蓄勢待發的黃忠就在這時候開始大顯身手了。黃忠率領部下金鼓齊鳴、殺聲震天，數萬大軍一齊從走馬谷中衝出，向夏侯淵的軍隊發動了突然襲擊。夏侯淵沒想到自己會遭到突然襲擊，毫無準備，最終被黃忠殺死。

定軍山一戰可以說在漢中之戰的最後結局的確定中起到了關鍵作

用。那麼黃忠作為定軍山一戰中表現最為突出的一個將領，可謂是立下了頭等功勞。因此，這一戰之後劉備立即封他為征西將軍。後來劉備在漢中稱王，又封黃忠為後將軍，從此，黃忠在劉備集團中真正地成為了一員名將。

從歷史的角度來看，劉備集團的組成情況是十分複雜的。其中包括一直跟隨劉備打天下的關羽、張飛、趙雲等人，也有半路加進來的諸葛亮、龐統等人，剩下的就是像黃忠和李嚴這樣歸降過來的人。因此在劉備的集團中難免會表現出一些親疏之分。黃忠被任命為後將軍之後，關羽對待黃忠的態度就有些不同，那時候遠在荊州的劉備嫡系人員關羽聽到這個消息後，對劉備的此次任命表現出了強烈的不滿。

當費詩見到關羽之後，關羽沒能控制住自己的情緒，立即發飆了，拒絕接受官印，同時還說出了「大丈夫終不與老兵同列」的話，言下之意就是根本沒把黃忠這樣的老兵放在眼裡，同時也將自己對劉備任命的不滿表現了出來。幸好費詩機智，將情況實話實說地告訴了關羽，還對他進行了一番利弊的權衡，這才稍稍抑制了關羽的不滿情緒，同時還避免了加劇關羽和黃忠兩員大將之間的矛盾，也在一定程度上免去了劉備的尷尬。

建安二十五年，黃忠因病去世。他的兒子黃敘早在黃忠死之前就已經離世了，因此可惜了這一代名將，連個後人都沒有留下。

從黃忠生平的事蹟和歷史評價來看，黃忠最終得以成名，其關鍵還在於定軍山的戰役。後世之人將他的作戰特點歸結了兩個字：勇猛。事實上除了作戰勇猛之外，黃忠還有一個令人敬佩的地方，根據歷史的記載，據說關羽因不滿意對黃忠的任命，曾經稱黃忠為老兵，但是按照關羽的年齡進行推算的話，關羽在說這句話的時候，他自己也應該有五十多歲了。那麼根據關羽的話來看，黃忠的年齡顯然是比

關羽還要大。以這樣的年紀還能衝鋒陷陣，率領大軍奮勇殺敵，取得了定軍山一戰的勝利，實在是難能可貴。世人也因此傳下了諺語：人老心不老，賽過老黃忠，也是有一定的原因的。

姜維：諸葛亮唯一的學生

　　姜維的家族在天水地區極具盛名，與閻、任、趙合稱「天水四姓」，州郡提拔官吏經常在這四大姓中挑選。姜維的家族是當地著名的地方豪強。姜維的父親姜同，曾任天水郡功曹。在鎮壓涼州地區少數民族叛亂的戰鬥中，為了保護太守而戰死在沙場。姜維從小與母親相依為命。在姜維母親的監督下，學習了漢末大儒鄭玄的經學，姜維對此並不感興趣，反而對建功立業、光耀祖先的事情比較上心。姜維在青少年時期就秘密將江湖死士招入門下，為日後的仕途儲備力量。因為家族雄厚的勢力加上是忠烈的後代，年輕的姜維很快被提拔為中郎將，參與管理天水郡的軍事事務。當時年僅二十餘歲的姜維，前途十分光明。但是隨後因為諸葛亮的北伐，姜維的人生發生了巨大的轉變。

　　西元二二八年，諸葛亮第一次發動了北伐戰爭，歷史上稱為「一出祁山」。戰爭之初，諸葛亮大軍很快便順利兵臨姜維所在的天水地區。當時天水太守馬遵正與姜維、曹梁緒、尹賞、梁虔等人外出巡視。馬遵聽聞天水被蜀軍進攻之後，立即將姜維等人拋下獨自逃往上卦。當姜維請求進入卦城被拒之後，無奈之下，姜維等人又回到故鄉冀縣，但是也被拒絕。走投無路之下，姜維等人只能投奔諸葛亮。不久天水郡、南安、安定三地紛紛響應諸葛亮，對曹魏政權引起了強烈震動。曹真、張郃立即被魏明帝派出迎戰。在街亭一戰中，諸葛亮大敗，不得不放棄天水、南安、安定三郡向漢中撤退。隨著戰事的逆轉，姜維也同諸葛亮來到了漢中。

　　諸葛亮對姜維很是器重。因姜維久居涼州，深刻瞭解涼州的社

會、經濟、政治方面的情況，為諸葛亮奪取涼州並進攻中原戰略的實現，起了無法替代的作用。諸葛亮同時發現姜維在軍事方面的才能且志向遠大，是個可塑之材，所以諸葛亮將姜維看成自己的接班人培養。因此，在姜維歸順之後，諸葛亮立即將他封為倉曹掾、奉義將軍、當陽亭侯，還特意寫信給向張裔和蔣琬稱讚姜維的種種才能，對姜維報以厚望。為了對姜維的軍事才能有所提高，諸葛亮親自對姜維進行了教導，並將姜維推薦給了後主劉禪。經過諸葛亮的悉心教導下，姜維進步神速，很快成為了諸葛亮的得力助手。西元二三〇年，姜維得到了諸葛亮的大力推薦，被晉升為中監軍、征西將軍。之後，姜維都隨諸葛亮參加了數次北伐戰爭，成為諸葛亮最為器重的軍事將領之一。

西元二三四年八月，諸葛亮在五丈原病逝。諸葛亮死後，後主劉禪任命蔣琬為尚書令、大將軍、封安陽亭侯，獨自處理蜀漢朝政，並將右監軍、輔漢將軍、封平襄侯之職封賜給姜維，讓他統帥諸軍，從此姜維成為蜀漢軍隊中的前線最高統帥。蔣琬輔政時期，改變諸葛亮時期主動出擊的做法，開始在邊境地區採取積極防禦、伺機進攻的策略。西元二三八年，曹魏的遼東三郡發生叛亂，後主劉禪趁機命令蔣琬和姜維率領大軍進駐漢中地區，伺機向曹魏發起進攻。次年，蔣琬被晉升為大司馬，姜維也被授予司馬職位，姜維曾多次和曹魏名將郭淮交戰並取得了一定的勝利，顯露出一部分的軍事才能。西元二四一年姜維因戰功被授予涼州刺史一職。西元二四二年，姜維奉命撤回，數年的邊境襲擾戰也就此結束了。西元二四三年，姜維又被晉升為鎮西大將軍兼任涼州刺史（遙領）。

西元二四四年三月，曹魏大將曹爽率領數十萬大軍進攻漢中地區，當時漢中地區只有王平率領三萬軍隊鎮守。於是後主劉禪命令大將軍費禕與姜維一起支持王平。在為期近四個月的戰鬥中，蜀軍以少

勝多，成功地將曹爽的主力牽制在秦嶺一帶，並在沈嶺、衙嶺、分水嶺地區截擊曹爽，曹軍損失慘重。

西元二四六年蔣琬去世，費禕接任。姜維重新向費禕提出北伐計劃，北伐計劃卻遭到冷遇。費禕繼任之後，自認自己的才能不敵諸葛亮，所以就繼續採取蔣琬時期的政策，北伐的計劃隨之被擱置。西元二四七年，屢次在戰場上獲得佳績的姜維被晉升為衛將軍，和大將軍費禕一同共錄尚書事。不久，姜維又率軍平定了汶山郡平康地區的少數民族發動的叛亂。隨後，姜維在帶軍征討曹魏境內叛亂時與曹魏的郭淮、夏侯霸相遇發生激戰，最後撤出退回漢中。次年，姜維在接應曹魏境內的叛軍治無戴時，與郭淮再次狹路相逢。最終姜維帶領治無戴殘部退回到了漢中。姜維的第一次北伐也宣告失敗。

此後，姜維在延熙十年到景耀五年間先後發動了九次北伐戰爭，也就是著名的「九伐中原」。在這九次戰爭中，姜維三勝三敗三平。姜維的北伐戰爭雖然在戰術效果上取得了一定的成績，但是在戰略上卻都沒有達到佔領雍涼、威脅中原的效果。而且讓本來就國力弱小的蜀國變得更加脆弱。所以這九次北伐是失敗的。

諸葛亮死後，蔣琬、費禕先後主持蜀漢朝政。兩人雖然在位期間沒有立下大功，但依蜀漢國力日益衰落的情況調整國策，使蜀漢局勢較為穩定。隨著蔣琬、費禕的先後去世，蜀漢朝政開始走向昏庸。姜維開始被小人排擠，遂放棄北伐。命胡濟退守漢壽，護軍蔣斌、監軍王舍分別漢城和樂城駐守，同時在建威、武衛、石門、武城、建昌、臨遠、西安等地建立據點。這個戰略以放棄險要的地勢進行積極防禦，在大量殺傷敵軍之後再誘敵深入，將入侵敵軍徹底殲滅為核心。但是，在後來爆發的曹魏入侵戰爭中，這個戰略卻被證明是個致命的失誤，也直接導致了蜀漢政權的最終滅亡。

西元二六三年六月，司馬昭募集十餘萬大軍大舉討伐蜀國。征西

將軍鄧艾按照司馬昭的部署率領三萬軍向姜維駐守的沓中發動進攻，司馬昭對蜀漢發動戰略決戰的意圖被姜維察覺，姜維馬上上表後主劉禪，請求派遣張翼和廖化率軍分別鎮守陽安關和陰平關的橋頭地區以防司馬昭突襲。但劉禪聽信讒言，並沒有採納姜維建議。此後，司馬昭的軍隊攻破蜀軍的防守，直逼蜀國國都，後主劉禪開門投降，同時還派人命令姜維停止反抗，蜀漢政權最終滅亡。

姜維投降之後，又企圖利用鍾會反叛司馬昭的時機復國，可惜事情敗露，與鍾會一起被魏軍殺害，終年六十三歲。

周瑜：嫉妒英才的「小心眼」

　　周瑜不僅相貌俊美，還頗懂音律。史書上說，哪怕是周瑜醉酒之後，樂曲中只要有一點的疏忽，他都能夠聽得出來，這個時候，他總會回頭看看。所以在當時還有一個傳說就是：「曲有誤，周郎顧。」甚至有一些女子想要看看周瑜，她們在撫琴的時候，故意彈錯幾個音符，就是為了能夠讓周瑜多看她們兩眼。

　　周瑜的出身也不錯，家裡世代都是做官之人，他的父親還擔任過洛陽令。

　　西元一九〇年，孫策跟著自己的父親去討伐董卓，到了安徽就落足於周瑜的家裡。周瑜便給他們收拾出來自己家的屋子，讓他們歇腳。因為他們兩個人同歲，在周瑜家居住的這段日子裡，他們兩個人同進同出，十分的親密。

　　西元一九一年，孫策的父親孫堅在攻打劉表期間身亡，孫策將自己的父親葬在了曲阿，然後帶著自己的家族遷到了江都。至此，孫策和周瑜二人依依惜別。

　　西元一九五年，袁術命令孫策帶兵平定江東，而周瑜則是帶著士兵和糧草去歷陽幫助孫策。

　　孫策看到周瑜的到來，心裡十分的高興，說到：「我能夠得到你的幫助，凡事就不用愁了。」孫策和周瑜二人聯手一起攻下了橫江和當利，將劉繇擊退，佔據了曲阿。孫策帶兵回去後，周瑜也跟著自己的父親來到了丹陽，這是他們第二次分別。沒有多久，孫策和袁術決裂。

　　西元一九八年，周瑜到達了吳郡一帶。孫策知道後，滿心歡喜，

親自出城迎接。孫策還讓周瑜做了建威中郎將一職，給他撥了兩千士兵，五十匹戰騎。另外，孫策知道周瑜喜歡音律，還專門給了他一支樂隊，並且給周瑜建造了一處宅院，這樣恩厚的賞賜，在當時可以說是無人能比。

隨後，孫策帶兵想要攻下荊州，於是任命周瑜為中護軍，跟著大軍一起出征。這一次戰役可以說給他們兩人帶來了額外的收穫。

那時，孫策佔領了皖城之後，聽說當地的喬公家有兩個女兒，擁有閉月羞花之貌，於是孫策娶了大喬，而周瑜則娶了小喬。

孫策的弟弟孫權知道後，特別生氣，他還質問喬公：「你就不能多生一個嗎？」

孫策很是滿意，他很高興地對周瑜說：「喬公的兩個女兒，雖然是姿容貌美，但是能夠讓我們二人做她們的夫婿，也是一件足以慶幸的事了。」

可是，沒想到，兩年之後，年僅二十六歲的孫策遇刺身亡，大喬的幸福也就此終止。而小喬也只和周瑜做了十二年的夫妻。周瑜死了之後，小喬為他守寡了多年。

孫策臨死之前，將自己的位置傳給了他的弟弟孫權，並且告訴他內事可依賴張昭，外事則可聽從周瑜。

西元二〇二年，春風得意的曹操，下令讓孫權將自己的兒子送到他那裡做人質。孫權的兒子只有幾歲，怎麼捨得，但是曹操也不能應付，於是便召集大臣共同商議此事。討論了一天也沒有一個令他滿意的策略。晚上，孫權帶著周瑜到了自己母親的身邊，再次商量這件事情。

周瑜是站在反對的立場上，他說，「我們的國家正在日益繁榮起來，如果讓曹操抓住了把柄，那麼勢必會處處受制於他，到了那個時候，不要說成就基業了，您能得幾匹馬、幾輛車就已經不錯了。所

以，不能將您的兒子送給他。現在我們就靜觀其變，如果曹操還是任意妄為，那麼鹿死誰手，可以見分曉了。」

孫權和他的母親聽了之後，認為十分有理，所以就一致同意不送質子到曹操那邊。

西元二〇八年，曹操佔領了荊州之後，實力猛然增加，以張昭為首的大臣們認為應該歸附與曹操，而只有魯肅向孫權建議，應該立即將周瑜召回。

周瑜回來之後，對張昭等人訓斥了一番。他說，曹操雖然是借著漢朝天子的名號，自立為丞相，實則是漢朝的奸賊。不要看他表面上的實力大增，實際上根本就不堪一擊。

第一，曹操剛剛平定了北方，而馬超、韓遂等人還駐紮在關西，這可是曹操的一大隱患；第二，現在正是寒冬時節，戰馬根本就沒有草料食用，這對作戰是非常不利的；第三，如果曹操帶著自己的士兵長途跋涉，必然會水土不服，生病也是在所難免的；第四，如果他要水戰的話，那真的是自尋短路了。

再看我們這邊，孫權繼承了他哥哥的事業，佔地幾千里，兵強馬壯，在這個時候，怎麼能夠投降呢，何況曹操前來根本就不足畏懼。只要您肯給我五萬精兵，我就能阻擋曹操的進攻。

孫權聽了周瑜的話，頓時信心滿滿，還答應了他的策略，但是心中還是有些打鼓，畢竟曹操的實力在那裡擺著。

當晚，周瑜又來找孫權。他說：雖然曹操說擁有兵力八十萬，但是在我看來也就只有十五六萬，再加上他們長途跋涉，早已經疲憊不堪了。而劉表那邊的人馬，看似歸順，實則是抱著觀望的態度。你想，曹操帶著這些人大戰，勝算能夠有多大，而我們還有什麼可害怕的呢？

聽周瑜這麼一分析，孫權的心總算是放下了。他對周瑜說：「你

所說的話，正是我心裡所想的！但是五萬精兵，一時之間很難集合。目前只有三萬精兵隨叫隨到，從現在開始準備船隻和糧草，還有各種戰器，等時機一到，你就和魯肅一起領兵出征。而我也會做好後援工作，在後方為你們提供糧草和兵力。一戰得勝固然是好，但是如果失敗了，我們就和他決一死戰了！」

就這樣，著名的赤壁之戰在周瑜的三言兩語中就開戰了。這可是一個以少勝多的著名實例啊！

赤壁之戰，可謂是打得轟轟烈烈，但是這次戰役功勞最大的應該是周瑜，最後不知為何會落在諸葛亮的頭上。周瑜和諸葛亮可謂是一對冤家，在三國中，兩人鬥智鬥勇，但是，周瑜卻是屢戰屢敗。周瑜的性格衝動，凡事就差那麼一步，而諸葛亮則是老成持重、技高一籌，凡事做的都恰到好處，打擊了一向聰明的周瑜。赤壁之戰後，諸葛亮還不放過周瑜，最後傳言竟然是把周瑜給氣死了。讓他臨死之前大喊出來「既生瑜何生亮」的悲憤聲音。

曹操失敗之後，他還派遣了蔣幹前來勸周瑜可以歸順於他。

蔣幹打著旅遊探親的名號，拜訪了名將周瑜。周瑜是什麼人，他早就猜出了蔣幹此番的目的，於是見了蔣幹的第一句話就是說，你不遠千里來這裡，不會是曹操派你來做說客的吧？

看著周瑜一語道破此行的目的，蔣幹十分尷尬，也只能用以其它的理由遮掩過去。

周瑜立馬請蔣幹去自己的營帳談，還為他設了接風宴，盛情有加。

第二天，周瑜還帶著蔣幹去參觀了軍營，還展示了自己的倉庫和裡面所有的軍資器仗。

周瑜還對蔣幹說：「大丈夫一生，能夠遇到一個知己的主子，從外在講，就要對他盡忠，從內在講，還有著骨肉之親，所以要對他言

聽計從，是福是禍都要一起擔當。即便是蘇、張重生，酈叟再次出山，還得撫著他的背謝絕他的好意，這哪是這些幼生所能變動的呢！」蔣幹聽了周瑜一番話，也不知道該說些什麼，最後只得告辭。

蔣幹回去之後，對曹操彙報了這次的成果，說周瑜是一個器量端雅的人，他的趣致高卓，要想勸說他投降真是一件難事啊。曹操聽了之後還不死心，於是他又寫信給孫權說：「赤壁之戰的時候，我的士兵們都生了病，於是便命令他們將船燒掉，自願退回，沒想到這一舉動倒成就了周瑜。」

孫權看了曹操的來信，竟然如此詆毀他手下的良將，心中自然是不高興的，於是周瑜又給他出了主意，先攻佔蜀地。

不料，周瑜在趕往江陵的途中，身染重病，竟死在了路上，終年只有三十六歲。周瑜的死因後來也有爭議，有些人說是中箭身亡，有些人說是染病，也有些人說是水土不服，各說其詞。

孫權稱帝之後，心裡對周瑜的懷念仍然是久久不忘，他經常對自己的大臣們說，如果不是周瑜，我怎麼能夠有今天呢？

南宋著名的思想家陳亮對周瑜有這樣的評價：「如果周瑜不死的話，他將是曹操最強勁的對手，那麼先主也就不知道在哪了！」可惜了一代英才，就這麼去世了！

太史慈：江東第一虎將

太史慈，身高有七尺七寸，鬍子非常的漂亮，特別擅長騎射，他所射出的箭從來都是擊中目標，稱得上神射手。太史慈年輕的時候就非常喜歡學習，後來又做了本郡奏曹史一職。在那個時候，本郡和本州是有很大的隔閡，不分是非真偽，而他們斷案的依據就是自己上司的心情和利益。其時那個時候本州的奏章早就已經發去了有司處，而郡守卻還是擔心如果落後了會對自己不利，於是便要派遣使者前去查探。

太史慈便是這一次的使者，那時他才二十一歲，日夜趕路，抄小道到達了洛陽，先是在公車門前等著，等看見州吏來到的時候，太史慈這才開始要求查看通行上章。太史慈很客氣的詢問州吏說：「你也是想要上報奏章的嗎？」州吏回答：「當然是。」太史慈隨後又問道：「那你的奏章在哪裡呢？」州吏說：「在我的馬車上。」太史慈又說道：「奏章的署名沒有錯誤吧，可以拿下來讓我看一下嗎。」州吏並不知道太史慈是東萊人士，於是便命人從馬車上拿來奏章給太史慈看。誰知道，太史慈事先已經將一把刀藏在了自己的懷中，於是一刀便將奏章砍成了兩半。州吏見狀大聲高呼道：「有人想要毀壞我的奏章！」話音剛落，太史慈就將州吏帶到了自己的車前，向他說：「如果你不把奏章給我看的話，我也不可能將他毀掉，現在我們是一條繩上的螞蚱，一榮俱榮，一損俱損，恐怕我們的下場都是一樣的，並不只有我來承擔這個罪名。與其就這樣等著獲罪，還不如我們結伴同行，一起逃亡如何，這樣一來我們還可以保全自己的性命，也不用擔心受到什麼刑罰。」州吏不解的說道：「你的目的就是毀掉我的奏

章，現在你已經成功了，怎麼要逃亡呢？」太史慈回答說：「剛開始的時候，我只是受了本郡的差遣，前來看看奏章是不是已經呈上去了，就這樣而已。但是因為我做事情太過於偏激，才導致了奏章損壞。如今這個樣子，就算我想要還回去，也必定會受到處罰，所以我希望你可以和我一起逃走，相互也有個照應。」這個州吏相信了太史慈話，於是立刻就和太史慈踏上了逃亡的道路。但是太史慈和州吏剛剛跑出城之後，太史慈又偷偷地跑回城中，回稟自己的本郡主人，告訴他已經完成了使命。本州也知道了這件事情，又重新派了一名官吏，去洛陽送奏章，但是有司卻是已經先拿到了郡章，所以對於州章的上述不予理會，這一次，州家可是吃了大虧。也正因為這樣，太史慈一劍成名，成了州家人的眼中釘、肉中刺，為了以防這些人士趁著太史慈不備而謀害他，太史慈就跑到了遼東一帶，暫避風頭。

西元一九三年，太史慈的這件事宜被北海相孔融知道了，心裡感到非常的奇怪，於是好幾次，孔融派遣人員帶著禮物去太史慈的老家，向他母親詢問太史慈的下落。正好當時孔融和黃巾軍在周旋，不料中途卻被黃巾軍們圍困。這個時候，太史慈從遼東返回了自己的家鄉，他的母親說道：「你和北海相孔融雖然並沒有見過面，但是自從你離家之後，他經常派人給我送來禮物，比我們自己家的親戚朋友還要好；而現在他被黃巾軍所圍困，也應該是你報答他的時候了，你快快前去，幫助他脫離困境。」於是，太史慈聽從自己老母親的話，在家待了兩天後，就啟程趕往都昌去了。當時的黃巾賊寇並沒有太過於緊湊，所以太史慈趁著夜進入包圍圈，和孔融碰了面，更是給他提出建議要發兵討伐賊寇。孔融不聽他的話，只是堅持要等到援軍。但是援軍一直沒有來到，而賊寇也漸漸地逼近。孔融想要派人告訴平原相劉備，讓他前來營救，但是他的手下們卻都不願意以身犯險，突出重圍，最後太史慈自動請纓，可以代為前行。孔融說道：「現在我們早

就被賊寇給包圍了，所有的人都說很難突出重圍去請援兵，雖然你有此心，但是這真的是一件非常困難的事情啊」。太史慈則是回答說：「以前您派人全心全意地照顧我的家母，家母對您非常的感激，這才讓我前來幫助你解決這次的困難；太史慈的身上也有可取之處，這一次一定能夠幫助您。現在所有人都說這一次不能夠突圍，如果我也這麼說的話，豈不是要辜負了您的愛護之意，違背了家母讓我此次前來的初衷呢？現在，局勢比較緊迫，還請您不要再猶猶豫豫了，您應該相信我。」話已經說到這樣，孔融也只好同意了這件事情。於是太史慈吃完飯之後，拿著自己的武器，等到天亮之後，就帶著自己的箭囊，翻身上馬，而他的身後還跟著兩匹白馬，馬的身上都各有一個箭靶，他直接衝出城去。城外的賊寇看到這種情況，都十分的驚慌，不過很快就反應過來，準備好作戰。但是太史慈只是帶著馬來到了城壕邊緣，對著目標射上幾劍，隨後又帶著這些馬匹回到城中，就這樣，第二天，第三天都是如此。開始賊寇們還會做好防備，後來看他一直這樣，也就放鬆了戒備。

這天早晨，看到太史慈還是騎馬出城，所有的賊寇們都沒有起戒備，等到太史慈的馬突出重圍之後。他們才察覺到事情有變，剛想要追擊，太史慈馬上射出幾箭，均無虛射，中箭之人應聲倒地，眾人看似這般情況，都不敢再繼續追擊。過了沒有多長時間，太史慈就到達了劉備的地盤，他向劉備說道：「我是太史慈，是東萊人士，和北海相孔融沒有任何的關係，既不是同鄉也不是朋友，只是比較欽佩他，再加上我們曾經也有共患難的情分。如今管亥那邊發生了暴亂，北海相和眾人皆被圍困，現在正處於孤立無援的狀態，北海相的生命危在旦夕啊。早就聽說，您是一個仁義之人，能夠救人於水火之中，而北海相也深知您的為人，現在他們正盼望您可以前去相助，更何況我冒死突出重圍，就是為了能夠將消息說給您聽，希望您能夠相信。」劉

備收起自己的笑容，很嚴肅地說道：「連北海相都知道我劉備的存在嗎！」於是立馬派了三千精兵跟著太史慈一起去了都昌。賊寇們聽說北海相的援兵來了，早就作鳥獸狀，四處逃竄了。而孔融也安然脫險，從這之後，孔融對太史慈極其的重視，說道：「你可真是我的好友啊。」這件事情過去之後，太史慈回來告訴自己的母親，他的母親也說道：「你能給夠報答孔北海，我的心裡是十分的高興啊！」

西元一九五年，揚州刺史劉繇一直想見大名鼎鼎的太史慈，於是二人還專門見了一面。但是這個時候，孫策已經開始攻打東阿。太史慈的舊識都向劉繇舉薦太史慈，可以讓他做將軍帶兵抵抗孫策，沒想到劉繇卻說：「如果我啟用了子義，那麼其它的將領們必然會笑話我不會用人。」於是他並沒有聽從他人的建議，只是命令太史慈去查探軍情。到了神亭的時候，太史慈和他的一對小兵就這樣正面碰上了孫策。而孫策的身邊都是黃蓋、韓當這樣的忠勇良將，哪一個拿出來都是威名遠揚的。而太史慈卻對此絲毫的不畏懼，隻身上前與之搏鬥，正在和孫策的比試中。孫策一劍刺倒了太史慈的乘騎，更是將太史慈脖子後面的手戟拿了下來，而太史慈也不含糊，將孫策的頭盔搶在了手中。一直到了兩家援軍趕到，兩人才停了手。

後來，在涇縣之戰中，太史慈被孫策所俘虜，孫策還親自給太史慈鬆了綁，緊握著太史慈的雙手說：「你還記得神亭的那一戰嗎？如果當時你將我擒住，你會怎麼處置我呢？」太史慈回答說：「我不知道。」孫策聽後，哈哈大笑，說道：「往後的道路，我們一起打出來吧。」說完，隨機就任命太史慈為門下督，到了吳國之後還給了他以一部分的兵權，還將他提升為中郎將。後來劉繇在豫章去世，他的幾萬部下都不知道要投靠誰，這個時候孫策便命令太史慈前去招安。孫策身邊的人都說：「這一次太史慈前去，很可能就一去不復返了。」孫策卻是比較有信心地說：「太史慈將我丟棄的話，他還能去投靠誰

呢？」並且還給太史慈準備了餞行宴，親自將他送到了昌門，在臨走之前，孫策拉著太史慈的手問：「什麼時候才能回來？」太史慈答：「最多也就六十日而已。」最後，太史慈如期而返。

太史慈，人稱號為江東第一神射手，他的箭弦無虛發。太史慈在臨死之前說到，在這個亂世之中，只有拔劍而起，建功立業才是大丈夫所為，如今這個心願還沒有完成，怎麼能夠死呢？這句話讓人聽了，既感傷又欽佩，真不愧是江東第一虎將啊！

黃蓋：苦肉計的主角

　　黃蓋的祖先是南陽太守黃子廉，但是卻因為戰亂頻繁，導致和自己的家族分離，黃蓋的祖父則是帶著全家遷移到了零陵。後來黃蓋的親人們都陸續死去，一時之間，黃蓋生活淒苦無比，但是人窮志不短，黃蓋經常會警戒自己。在日常的時候，他都注意研究兵法。後來擔任了郡吏一職，緊接著又被舉薦為孝廉，提升為公府。

　　孫堅起義的時候，黃蓋加入了孫家的隊伍，就這樣一路跟隨下來。等到孫堅將南山山賊剿滅之後，隨後又將北方的董卓打敗，孫堅便提拔黃蓋為別部司馬。西元一九一年，孫堅不幸身亡，黃蓋又繼續幫助孫堅的兩個兒子：孫策和孫權，跟著孫家南征北戰，立下了汗馬功勞。曾經有這麼一段時間，山越不服從管制，經常在吳國的邊界惹是生非，而每當邊界動亂的時候，首當其衝的便是黃蓋本人了。

　　有一回，黃蓋在駐守石城的時候，他瞭解到當地的縣吏十分難纏，於是他下令頒佈了幾條法令，剛開始的時候，所有的縣吏還都不敢有什麼大的動作，但是隨後慢慢地發現黃蓋並沒有看文書，於是便肆無忌憚起來，黃蓋為了樹立威嚴，特地找出犯錯的人，斬立決，殺雞給猴看，起到了很好的震懾效果。後來黃蓋又擔任了春谷長、潯陽令等，所管制的縣城有幾個，每一個都被他治理得井井有條。

　　自從孫堅死後，孫家的力量還不足以對抗其它外敵，而黃蓋只能帶著他們兄弟二人依靠在袁術的帳下。西元一九四年，孫策尋了一個理由，說是要幫助袁術攻佔江東，從這之後，孫策也就脫離了袁術的控制，開始由江東為中心，向外擴展自己的勢力。接著，孫策以後的戰爭都有黃蓋陪伴左右。

　　歷史上著名的赤壁之戰，是一個以少勝多的典型例子，曹操的軍隊來勢兇猛，而黃蓋則是再三的考量，決定「火燒赤壁」，於是便將自己的想法告訴了周瑜。黃蓋分析道：今天敵眾我寡，如果長久地僵持下去，最終失敗的就是我們。曹操的戰船首尾相連，可以採用火攻的方法。

　　周瑜聽了黃蓋的建議之後，心中十分的讚賞。於是兩人商定之下，決定採用詐降的政策，先讓黃蓋給曹操寫了一封詐降書，表明自己投降的決心。信上是這麼說的：孫家的恩惠實在是不薄，還將我任命為了大將軍，給了我最優厚的待遇。然而再看看當今天下的局勢，只用那些江東六郡之人來抵擋你的百萬之眾，實在是以卵擊石，結果都能夠預想得到。孫權帳下的將領都知道不能與您抵抗，只有周瑜和魯肅二人心胸狹窄、見識短淺，還沒有看清現在的局勢。今天我想投奔在您的帳下，實在是唯一的辦法。周瑜所率領的將領，一擊便破。在兩軍交戰的時候，我作為一個將領，應該看清當下的情況，選擇一個英明的主子。

　　就這樣，曹操相信了黃蓋的話，接受了他的投降，而黃蓋則是找準了一個機會，將曹操的船隻防火燒掉，因曹操的軍隊不習水性，所以損傷嚴重，就這樣，以九郡人馬戰勝了曹操的百萬大軍，真的是奇妙之策啊！

　　史書中曾經提到過這麼一個小插曲：在赤壁之戰的時候，黃蓋中箭掉入了冰冷的河水中，恰巧被吳國人所救，但是卻沒有一個人知道是黃蓋，將他放在了床上並沒有多加照看。黃蓋大喊了一聲韓當，韓當聽了之後，說：「這是黃蓋的聲音。」於是進去查看，真的是黃蓋，韓當當著黃蓋的面就痛哭起來，趕忙將黃蓋的衣服換下來，給他治理傷口，在韓當等人的悉心照顧下，黃蓋才得以活下來。

　　後來，武陵蠻夷發起叛亂，而黃蓋又是首當其衝，被孫權任命為

武陵太守。在這個危急的時候接下這個命令，黃蓋馬不停蹄地趕到武陵，正好趕上了武陵的叛軍正在攻城，而城中卻只有五百名士兵，誰眾誰寡，已然明瞭。但是黃蓋卻從來不畏懼，他將城門打開，等到叛軍走到一半的時候，黃蓋下令全力阻擊，殺了幾百名叛賊之火，其它人都盡數逃竄，殺死將領之後，其餘的人只要肯歸順就會撿得一條性命。雖然說這一場戰役，遠不如赤壁之戰那般轟轟烈烈，但是卻有利於穩定東吳的局勢。

通過上面的這些描寫，我們可以知道：黃蓋有著赫赫戰功，吳國的建立和鞏固，都少不了黃蓋的功勞，可以說是東吳不可或缺的將才。

黃蓋勇猛無畏，戰場上他是頂天立地的英雄，在治理地方上，他又是一個足智多謀的勇士。東吳初期的時候，孫權剛剛穩住腳跟，四周叛亂崛起，每逢遇到這種事情時，不用說，黃蓋是第一個趕往前線的。

黃蓋的一生主要遊走在各個戰場之上，一直擔任偏將軍的職務，直到他因病去世的那一天。黃蓋有勇有謀，文武全才，他的長相比較偉岸，善於拉攏人心，每一次戰場上，黃蓋的手下從來不畏懼生死，反而都爭先恐後地去戰場效力，所有的士兵都擁護他；「黃蓋是一個比較有決斷的人，在他做官期間，什麼事情都沒有滯留過」，他平定了諸多的叛亂，深受各地百姓的擁護，黃蓋一生戰功卓越，孫權登基為帝之後，「根據黃蓋的功勞，又封黃蓋柄爵關內侯」。百姓們為了紀念他，還給黃蓋建造了一座祭祀祠，以此來表達百姓們對黃蓋的紀念和緬懷。

甘寧：智勇雙全的折衝將軍

　　甘寧，漢末時期益州巴郡臨江人，祖籍荊州南陽。在漢末時期，他的家族在臨江地區權勢顯赫，成為當地的五大豪門之一。出身豪門的甘寧年少叛逆，不僅沒有為自己的家族增光添彩，反倒開始仗勢欺人，橫行鄉里。他還聚集了一群遊手好閒的權貴子弟，到處遊蕩成為臨江一霸。後來又仗勢殺人，憑藉自家的權勢輕鬆脫險。甘寧少時奢侈成風，成為當地有名的紈絝子弟。

　　就在家裡人對甘寧感到徹底失望之際，甘寧卻幡然悔悟。他不再到處惹禍、招搖，將自己關入書房之中開始研習諸子百家的著作。起初家裡人並不相信甘寧的改變，但隨著時間的考驗，甘寧浪子回頭的事實才被大家接受。甘寧改變之後，甘寧利用家中的關係做了當地的一名官吏後，又升任蜀郡郡丞。因為此番官場經歷，讓甘寧對當時複雜而紛亂的社會形勢有所瞭解。

　　甘寧擔任蜀郡郡丞之時，正處於漢末群雄爭霸之時。益州地區在劉焉之子劉璋的控制之下。後來甘寧在擔任蜀郡郡丞之後不得志，不久之後便棄官回家。後來甘寧發起叛亂，因劉璋在益州豪強趙韙等人強力的鎮壓下，甘寧敗下陣來，他帶領門客、僕人共八百餘人離開益州前往荊州，投靠到劉表帳下。

　　甘寧到達荊州之後，劉表安排他到祖籍南陽，甘寧並沒有得到劉表的重用，把甘寧放到南陽之後便棄之不顧。這讓甘寧很是不滿。在南陽的六年期間，甘寧對荊州政局和劉表本人有了一個十分客觀的認識。

　　甘寧在南陽期間，中原地區的局勢也發生了極大的變動。曹操集

團逐漸將豫州、兗州、徐州等地佔據，實力得到了大增，而原來的中原霸主袁紹集團也通過對公孫瓚的戰爭獲得了并州、幽州、冀州、青州等地，曹、袁雙方為爭奪霸主地位在中原地區展開了一次決戰。通過孫策、孫權等人的努力下，東吳集團將江東六郡收於囊中，東吳勢力開始向荊州發展。甘寧很快敏銳地預感到在這場割據戰中劉表會敗下陣來，荊州也將被其它勢力所瓜分。於是經過深思熟慮之後，甘寧決定離開南陽投靠到東吳集團手下。

西元二〇〇年左右，甘寧打算離開南陽，卻不料在途徑夏口時，受到了劉表守將黃祖的阻擊，在離開夏口無望的情況下，甘寧只能被迫投靠黃祖。黃祖與劉表一樣，對待甘寧並不看重，只給甘寧在軍中隨便安排了一個職務，讓想要施展才能建功立業的甘寧惱怒不已。不過甘寧的才能卻被黃祖軍中的都督蘇飛看重，並多次向黃祖推薦甘寧，雖然黃祖一直對他的推薦沒有採納，但是甘寧與蘇飛卻成為了好友。

甘寧所處的夏口地處荊州和江東邊境地區交界地區，戰略位置十分重要，而黃祖又是孫權的殺父仇人，因此，孫權想要以夏口作為東吳集團西進的突破口奪取荊州。西元二〇三年十月，孫權親率周瑜、呂范、程普、黃蓋、韓當、周泰、呂蒙等東吳大將對黃祖發起進攻。戰事一開始，黃祖的軍隊就屢次戰敗，不僅水軍遭到重創，而且沙羨也受到了東吳大軍的猛烈進攻。在一次戰役中，黃祖大敗，部隊四散而逃，幸得甘寧及時將東吳將領凌操射死了，才將被吳軍追趕的黃祖救出了，穩定了局勢。後因孫權後方發生叛亂撤兵，夏口才沒有落入敵手。此戰之後，昏庸的黃祖非但沒有對甘寧進行獎勵反而開始誘惑甘寧的門客，讓甘寧徹底絕望再起投靠孫權的念頭。後在好友蘇飛的幫助之下，西元二〇七年，終於如願以償帶領重新集結的門客離開了被困居十三年之久的荊州，轉投到東吳集團旗下。

　　來到江東之後的甘寧，馬上引起了周瑜與呂蒙的高度重視。由於甘寧對荊州地區特別是夏口非常瞭解，周瑜和呂蒙也看出了這一點，馬上求見孫權，希望孫權能夠優待甘寧。孫權對甘寧的格外關照使甘寧十分感動，不久，甘寧向孫權提出了經過自己多年思考之後總結而出的東吳未來發展方略。甘寧認為：隨著漢朝的敗落，曹操必定篡漢自立。由於荊州地區位置優越，甘寧又提出了奪取荊州的戰爭策略。

　　西元二〇八年春，東吳集團根據甘寧提出的策略，開始對黃祖展開了新一輪的進攻。戰事的發展果然不出甘寧所料，面對東吳軍隊的進攻，黃祖部隊很快敗下陣來，黃祖也被吳軍俘獲。戰爭結束之後，孫權對甘寧及時提出的進攻策略進行表彰，將一支軍隊交給了甘寧管理，並命令甘寧駐守夏口地區。甘寧也憑此戰正式成為東吳集團的一名將領。

　　甘寧成為東吳集團正式將領之後，赤壁之戰爆發。甘寧隨周瑜、呂蒙等人到烏林地區一起抵抗曹操，並親眼目睹了曹操集團在赤壁之戰的慘敗。不久，由孫劉聯軍共同發動的江陵爭奪戰，甘寧又奉命參加。這次重返荊州對於困居荊州十餘年的甘寧而言，正是他建立自己的功業的大好時機。

　　在戰爭爆發不久，甘寧就向周瑜提出，親自率軍直取夷陵。周瑜隨即答應了甘寧的請求，但是由於江陵戰事陷入僵局，周瑜不能給甘寧調集更多的士兵，因此，甘寧只帶領一千多士兵向夷陵展開進攻。不過甘寧善於用兵使這一千士兵發揮奇效，出其不意地對曹軍發起攻勢，曹軍很快敗下陣來，夷陵也落入了甘寧之手。後江陵守將又派兵想要奪回夷陵地區，但由於甘寧的鎮靜指揮，守住了夷陵。經過一年的江陵爭奪戰也隨之以孫劉聯軍的勝利結束。隨後，甘寧又和呂蒙一起轉入東線戰場，展開了與曹操的淮南爭奪戰。

　　西元二一四年，甘寧又參加了皖城爭奪戰因功被加封為折衝將

軍。西元二一五年，甘寧又在合肥之戰中與呂蒙一起將孫權救出。之後，甘寧又在與關羽的對戰中表現出色被提升為西陵太守併兼管陽新、下雉等縣。隨著孫劉雙方在荊州數郡的歸屬權問題上達成協議，甘寧又一次進入了淮南戰場。

西元二一六年，曹操率領四十萬大軍，對濡須口進行了第三次進攻，而孫權只有七萬之師抵抗。孫權為了打擊曹操的氣焰，派甘寧率領三千人作為前部先鋒，並命令甘寧緊急調集一百多名勇士趁著夜色對曹軍先頭部隊進行奇襲。甘寧和眾將士殺敵無數，並成功撤退。事後，孫權對甘寧的老當益壯，英勇殺敵欽佩不已。

在三國時期，甘寧作為東吳集團的一名戰將，多次在關鍵時刻立下汗馬功勞，對東吳集團的發展做出了重要的貢獻。西元二一九年，甘寧去世。甘寧去世之後，江東一帶的百姓對他很是推崇，據說，在宋代還被尊奉為吳王並為其立祠供奉。唐代詩人孫元晏曾作〈甘寧斫營〉一詩來緬懷甘寧的英勇事蹟。詩曰：夜深偷入魏軍營，滿寨驚忙火似星。百口寶刀千匹絹，也應消得與甘寧。

呂蒙：審時度勢的江東虎臣

　　少年時期的呂蒙曾經南渡長江，到江東投靠在孫策軍中為將的姐夫，他多次跟隨大軍出征討伐山越。由於戰事激烈，鄧當居然沒有發現他。後來，鄧當想要將呂蒙送回家，並把這件事告訴了呂蒙的母親，家裡的親人都不同意他去當兵，但年輕的呂蒙，一心報國，他的決心也感動了自己的親人，最後留在了軍中。

　　不過，由於呂蒙的年輕幼稚也差點給自己招致了殺身之禍。呂蒙從軍之後，軍中有一名官吏曾經當眾侮辱呂蒙。呂蒙非常生氣，一時沒忍住竟然將其殺死了，事後他逃到了同鄉鄭長家中，但不久他又主動找到校尉袁雄去自首。袁雄瞭解了情況，覺得他是個人才，就去孫策那裡為他求情。孫策不但沒有怪罪他，反而將他留在了自己的身邊。呂蒙在孫策的言傳身教下，進步非常快，沒過幾年就已經在軍中小有名氣。

　　建安五年（西元200年），孫策遇刺身亡，孫權繼位。孫權在一次整編軍隊的時候發現了呂蒙的才幹，將他所帶領的一小部軍隊進行擴充，並交給他統一操練。建安八年，呂蒙奉命和孫權一起對荊州割據勢力黃祖進行征討。在孫權和周瑜的指揮下，戰事得以順利的進行，不僅黃祖的水軍部隊被擊潰了，而且迅速兵臨黃祖的老巢——沙羨城下。然而，就在勝利即將到來的時候，大規模的山越少數民族在江東各郡作亂，孫權無奈撤軍，轉而開展大規模的鎮撫山越軍事的行動。呂蒙也隨軍出征，先後參加了豫章、丹陽等地的戰役，並因戰功被加封平北都尉，兼任廣德縣長。

　　從此時起，孫權開始注重對呂蒙的培養，一些軍國大事也開始讓

呂蒙參與。西元二〇七年，呂蒙和周瑜一起去拜見孫權，共同向孫權推薦甘寧。在呂蒙和周瑜的大力舉薦之下，孫權採納並實施了甘寧提出的建議，馬上再次開展對劉表大將黃祖的進攻。在甘寧的建議之下，孫權在西元二〇七年和西元二〇八年分別發動了兩次對黃祖的進攻。在第二年的進攻中，呂蒙和董襲、淩統一同成為了前部先鋒。對於黃祖的抵抗，董襲和淩統各自帶領一支百餘人的敢死隊，士兵們身穿重甲，乘船突襲敵陣，在淩統和董襲的掩護下，呂蒙對趕來支持的黃祖水軍都督陳就迅速發動進攻，並將陳就斬首懸顯示眾。隨後東吳軍隊大受鼓舞，勢如破竹，成功拿下城池，將黃祖斬殺。呂蒙也因在此戰中表現出色，被孫權升遷為橫野中郎將並賜錢千萬。

西元二〇八年七月，曹操進攻並佔領了荊州大部地區。為了對曹操的進攻進行抵禦，孫權與劉備結盟，與曹操進行決戰，也就是著名的「赤壁之戰」。在東吳集團小有名氣的呂蒙也在此時率領軍隊，第一次與來自北方的曹操軍隊作戰。最後，曹操在烏林地區慘敗。

一直想要擴充呂蒙勢力的周瑜，趁著割據益州的劉璋集團時發生內訌，其大將襲肅率部投靠東吳之際，向孫權提出，將投靠東吳的襲肅部隊交給呂蒙指揮。然而，呂蒙卻婉言拒絕了周瑜的好意。他認為，對於有膽有識且不遠千里前來歸順的襲肅，保留其兵權並予以嘉獎才是更加穩妥的辦法。於是周瑜採取了呂蒙的建議，保留了襲肅的兵權。

赤壁之戰後，曹操將主力撤回到北方，留下曹仁在江陵地區鎮守。為了奪取江陵這塊戰略要地，在赤壁之戰結束後，不久孫劉聯盟就進行了對江陵地區的圍困，這次長達一年多的江陵爭奪戰，呂蒙也加入其中。為了盡快結束戰爭，周瑜派甘寧向夷陵進軍，企圖封鎖江陵地區。很快甘寧就以僅一千多人的兵力迅速拿下了夷陵地區，但甘寧被曹仁派出的五六千人圍攻，形勢十分危急，甘寧迅速派人向周瑜

請求增援。就在群臣對是否增援甘寧一籌莫展之際，呂蒙則是站出來主張要對甘寧進行增援。同時，呂蒙又提出對付夷陵敵軍的方法，先派兵用木柴堵住夷陵敵軍的退路，迫使敵軍棄戰馬徒步而行，從而繳獲東吳部隊急需的戰馬。採納呂蒙建議之後，東吳軍隊大敗敵軍，敵軍死傷過半，被迫趁著黑夜逃走，吳軍收繳戰馬三百多匹。此後，士氣大振的吳軍很快回軍渡過長江，長江北岸建穩固的進攻陣地也隨之建立。曹仁在駐守江陵一年之後，不得不放棄江陵地區。此後，除了荊州北部的襄陽和樊城之外，孫劉聯軍佔據了荊州大部地區。隨後，呂蒙因戰功被封為偏將軍，兼任潯陽縣令。

雖然呂蒙在用兵方面頗為擅長，但是卻不愛讀書。由於嚴重缺乏文化知識，一旦遇到重大軍情無法用文字寫奏章，只能用口授的方式進行表達。同時，呂蒙由於文化知識的缺乏，他也無法從書中吸取前人的經驗來提高自己的能力。於是孫權開始對於呂蒙進行了耐心的說服工作。也就是後來著名的「孫權勸學」的故事。

數年之後，呂蒙讀過的書籍比一些專門治學的大儒還要多。隨著文化知識的不斷增長，眼界也開闊了很多的呂蒙，對天下大勢能夠進行清醒的認識和分析，使自己開始由單純的武將向智勇雙全的名將轉變。

在呂蒙刻苦學習期間，漢末的局勢也變得更加複雜。三國鼎立的局勢紛爭不斷。西元二一〇年東吳大將周瑜病逝，孫劉聯盟的宣導者魯肅接任，因此，東吳在荊州地區陷入僵局，呂蒙開始思索對敵之策。不久，對呂蒙瞭解有限的魯肅途徑呂蒙的駐地時，呂蒙對魯肅提出了五條應付關羽突發事件的方案。魯肅大為佩服。這次會面也成為了三國歷史上「士別三日，當刮目相看」一段佳話。

不過，呂蒙提出的方略還沒等在關羽身上實施，曹操就大規模發動進攻，讓東吳集團不得不將主要兵力轉移到淮南地區，隨後呂蒙也

被孫權緊急調往淮南增援。在隨後的戰場中，呂蒙不僅表現了一貫的英勇，而且還靈活運用不同的戰略戰術，並在戰場上屢獲佳績。

曹操在東吳邊境地區不斷進行蠶食和侵擾活動，面對這種情況，呂蒙奉命進攻曹軍駐守在蘄春郡的典農中郎將謝奇，西元二一四年，呂蒙決定對謝奇進行進攻。首先他採用了誘敵深入的策略，未果之後，他採取了伺機突襲的戰法，終於擊敗謝奇，謝奇雖然僥倖逃脫，但是他的手下宋豪、孫子才等人卻率隊投降，呂蒙從而取得了東線戰場的首勝。

為了進一步打擊曹操在淮南地區的勢力，呂蒙建議孫權馬上對皖城發起進攻並奪取該城。經過周密的部署和激烈的交戰，呂蒙率領部隊取得了皖城之戰的勝利。孫權因戰功封呂蒙為廬江太守，並將俘虜的全部曹軍士兵和戰馬賜給了呂蒙。同時還賜給呂蒙潯陽縣屯丁六百人及屬吏三十人。

赤壁之戰後，劉備勢力迅速發展成為漢末政治舞臺上一支舉足輕重的勢力。對於劉備集團的發展，孫權決定在關羽控制的荊州地區採取行動，將荊州數郡武力奪回。經過多次戰爭之後，雙方重新劃分了荊州的控制範圍。呂蒙也因在戰爭中表現出色被嘉獎。這場爭奪結束之後，呂蒙奉孫權之命返回東線，出兵合肥，與曹軍展開激烈的戰爭。後又在對曹戰役中屢次化解危機，並在合肥之戰中將被困的孫權冒死救出，被孫權升遷為左護軍、護衛將軍。

經過數年戰爭經驗的積累，呂蒙對劉備集團和曹操集團的作戰實力和特點有了非常深刻的認識，並認真的思考和研究出東吳發展戰略，並將自己的想法當面告訴給了孫權。孫權對呂蒙這些審時度勢的意見進行採納，並在數年之後將其具體實施。這些意見的實施，對漢末的政治形勢產生了重要的影響。

西元二一七年，魯肅病逝，呂蒙繼任之位。隨後，呂蒙與關羽在

戰場上相逢。呂蒙製造種種假象迷惑關羽無效後，一邊分析和研究關羽所屬荊州地區的情況，另一方面等待關羽犯錯的時機，準備將其一招致命。西元二一九年，關羽配合劉備發動了襄樊之戰，卻沒有將主力調往前線，呂蒙立即上書孫權，建議以自己患病為藉口，帶領部分士兵離開陸口回到建業治病。使關羽放鬆警惕。隨後讓陸遜接任自己的職務，成功地迷惑了關羽。在一番精心策劃之下，成功奪取荊州的江陵地區。最後關羽敗走麥城，被俘斬殺。

荊州之戰結束之後，不久，呂蒙的舊患發作，雖經醫者多方醫治，但救治無效去世，享年四十三歲。孫權悲痛欲絕，命三百戶人家為其守靈。

陸遜：火燒連營，逼死劉備

在《三國演義》中，陸遜不僅曾被劉備、關羽瞧不起，就連東吳的張昭、顧雍也對他不屑一顧，但是，最後這些人卻都敗在了他的手下。

陸遜出身在江東大族，他的祖父陸纖曾經擔任城門校尉。其父陸駿，曾任九江（今安徽壽春東）都尉。陸遜十歲的時候，父親就去世了，他只好跟隨從祖父廬江太守陸康，到他任職的地方去讀書。袁術當時與陸康不和，教唆孫策去攻打廬江。一個多月之後，陸遜的祖父陸康病死。這樣十二歲的陸遜，不得不開始照顧全家，照顧比他小的叔叔陸績。西元二〇三年，二十一歲的陸遜被孫權應召為官，成為他的幕僚。陸遜先後擔任遼東、西曹的令史、海昌屯田都尉，兼海昌縣令等官職。在擔任海昌屯田都尉期間，海昌連年遭受旱災。陸遜召集有識之士與其商談解決辦法。當時的農民因為貧困不得不投靠一方豪強，被一些豪強集結起來與北方的曹操遙相呼應，對抗孫武政權。

對於農民形成山賊擾亂地方之事，陸遜提出兩條建議。其一是派大部隊，一戶一戶進行整頓檢查；二是把山寨中強壯的農民招為士兵。通過這種措施，陸遜很快對多年的叛亂進行了有效地平定。此後陸遜又先後平定了鄱陽和費棧等人的叛亂。通過鎮壓這些叛亂，陸遜累積了豐富的戰爭經驗，也組建了一隻強大的隊伍。

周瑜在赤壁之戰、荊州之戰的時候，任命陸遜為第五小隊隊長。後孫權在後方援戰周瑜的時候，又任命他為先鋒官。西元二一九年，呂蒙被孫權派去攻打關羽後方，奪取荊州。呂蒙到達前線之後發現對防備充分的關羽無從下手，進而因焦慮過度病倒。陸遜為呂蒙出計麻

痺關羽。呂蒙發現陸遜為可造之才，遂向孫權稟報將陸遜升為偏將軍右部督。

陸遜到達陸口之後，先在表面上對關羽極力奉行阿諛奉承之事，讓關羽對自己放鬆警惕，麻痺大意。就在關羽調離對付東吳的主力部隊用於全力抗曹之時。收到消息的孫權馬上命令呂蒙和陸遜分道攻打荊州，很快江陵、公安兩地被呂蒙攻佔。陸遜率軍長驅直入，直取南郡。隨後陸遜被孫權任命為宜都太守，拜撫邊將軍，封華亭侯的陸遜，派人俘獲陳鳳，大破房陵、南鄉太守，征討文布、鄧凱等人，佔領了秭歸的夷道、枝江，守住了峽口，堵住了關羽退回西蜀的大門。關羽敗走麥城，被東吳俘獲，隨即被殺。

兩年之後，陸遜再次在秭歸、夷道兩地大勝劉備。創造了三國時期的第三次大規模戰役傳奇。

西元二二一年七月，劉備稱帝三個月之後，以替關羽報仇為名，揮軍東征。當時不想與劉備反目的孫權，在兩次議和失敗之後，不得不任命陸遜為大都督、假節，統率朱然、韓當、徐盛、潘璋、孫桓等部五萬人抗拒蜀軍。

陸遜到達前線之後，吳軍士氣消沉。陸遜仔細分析了吳、蜀雙方兵力、士氣以及地形等條件。在進行詳細的分析之後，陸遜決定採取避實擊虛的作戰之法。於是吳軍一直後撤到夷道、猇亭一線，戰爭轉入戰略防禦階段。

西元二二二年二月，為了調動一直避戰的陸遜的積極性，劉備先是派張南率兵圍攻孫桓。無果，陸遜依然不出戰。此後，劉備進行了一系列向吳軍挑起戰爭之事，陸遜皆不理睬。隨著天氣越來越熱，劉備不得不將水軍的舍舟轉移到陸地上，軍營駐紮在深山密林中避暑。蜀軍士氣開始沮喪，放棄了水陸並進、夾擊吳軍的作戰方針。陸遜認為戰略反攻的時機已經成熟，於是派淳于丹去試探蜀軍的實力，淳于

丹大敗而歸。在淳于丹打敗的時候，讓劉備完全放鬆警惕之時，陸遜派朱然、韓當、周泰等人兵分三路乘夜突襲蜀軍軍營，順風放火。蜀軍軍營大火一起，馬上全線崩潰，劉備只得向夷陵西北的馬鞍山逃去。陸遜集中兵力全面圍攻劉備，蜀軍大敗。

由於這次戰爭劉備全力以赴，所以失敗之後，劉備的事業也隨之分崩瓦解。從此一蹶不振，在白帝城亡故。陸遜也因此一戰成名，敵人聞陸遜之名而懼，後人聞陸遜之名而敬。

隨後陸遜又在吳魏之戰中大敗魏軍，殺死擒獲魏軍一萬多人，繳獲萬輛牛馬騾驢車乘，軍資器械無數。西元二三二年，陸遜率領大軍向魏國的廬江地區進軍，被敵獲知兵少的實情之後，沉著應對，與諸葛亮聯手虛張聲勢，加上魏軍對陸遜多有忌憚。成功斬獲戰俘一千多人並安全撤回。陸遜雖多次對魏作戰，但是對於俘虜一直採取寬大處理的政策。

陸遜是個軍事奇才，卻不好戰。他支持對國家、人民有意義的戰爭，堅決反對勞民傷財的戰爭。其中有兩次戰爭比較典型：一是反對征服臺灣；二是反對征討公孫淵。

陸遜的主張是以仁德治國。即：寬賦息調，施德明禮，寬法緩刑。陸遜認為東吳的法令太多，量刑過重不利於民生；對外，他主張要少發動戰爭，以休養生息為主，輕繇薄賦，才能富國強兵，統一天下。

孫權年少之時，頗有作為，但是老年之後的孫權開始變得殘暴、昏庸，不可理喻。政見的不同也致使孫權與陸遜的矛盾日益加深。後因太子孫登被廢致死之事，與陸遜關係更加破裂。

孫權早因對陸遜心生防備之心，且又因其太子不得人心之事，一再打壓陸遜等朝中大臣。他先削除了陸遜的親黨，後又派人到陸遜府前責罵，極盡惡毒之事。

西元二四五年二月，陸遜因悲憤而死。陸遜死後，家中沒有剩餘的錢財。陸遜長子陸延早已英年早逝，次子陸抗繼承了他的爵位。陸抗有大將的才能，後來成為了吳國後期最著名的將領。陸遜死後，東吳在陸抗的奮力扶持之下，在孫權死後的第二十八年滅亡了。一直到景帝孫休繼位的時候，陸遜才被追封為昭侯。總結陸遜的一生：名門出身，年少有為，攻荊破羽，夷陵之戰，書寫歷史，以民為本，儒術治國，社稷之臣，文武之才，雖未善終，名終傳揚。

文人墨客——亂世才子耀千秋

曹植：七步成詩的「仙才」

　　曹植，從小就天資過人，在他十歲的時候就能夠誦讀詩文，還寫了十萬言的辭賦，說出來的話就不是一般的言論，下筆文思潮湧，是曹操最為寵愛的兒子。曾經，曹操認為他的幾個兒子中，曹植可以委以重任，有好幾次都想將他立為世子。但是曹植一向放蕩不羈，不把禮節放在眼裡，甚至還經常觸犯法律，這讓曹操非常的生氣，而他的哥哥曹丕則是一個能夠見風使舵的人，成了曹操幾個兒子中最後的贏家。西元二一七年，曹操立曹丕為世子。

　　西元二二〇年，曹操因病去世，他的長子曹丕繼承了王位，過了一段時間又稱帝。而曹植的生活也因此而發生了改變。他原先是一個養尊處優、做事不羈的貴族王子，而如今隨著曹丕的繼位，他的生活處處受人限制和壓抑。

　　西元二二六年，曹丕也因病去世之後，曹丕的兒子曹叡繼乘王位，史稱為魏明帝。而曹叡和他的父親一樣，對曹植多方防範，他的處境並沒有太大的轉變。曹植在他們父子倆當政期間，曾經有很多次被遷移封地，而他最後定居在了陳郡，於西元二三二年十二月二十七日，曹植在自己的封地中去世，諡號為思，所以也被後人成為「陳王」或者是「陳思王」。

　　曹植生前的主要成就是表現在詩歌方面。曹植詩歌的風格在前後兩個時期有著很大的差異，就如同他的人生一樣。曹植前期的詩風比較活躍輕鬆，完全表現出來了作為貴族王子的他那種悠閒自在的生活，而後期的詩風顯得比較淒苦，反映了他在曹丕父子二人的壓抑

下，過的那種壓抑的生活。他後期的詩歌風格大部分抒發了他在哥哥的壓制下，心中煩悶和哀怨的心情，他不願意就這樣被拋棄，他希望能夠為魏朝的發展貢獻自己的一份力量。

而現如今，倖存下來的保存的比較完整的詩歌總共有八十多首。曹植對於詩歌做出了很大的貢獻，尤其是在五言詩上。第一，漢樂府時期的詩詞都是以敘事為主，到了《古詩十九首》，詩歌中的抒情部分才慢慢地佔據了主要的地位。而曹植則是綜合了敘事和抒情兩種模式，賦予了詩歌更加生動的變化，既能夠反映出來事物的複雜變化，也能夠表現出作者的心理感受，把詩歌這種形式大加入了豐富的藝術色彩。

而曹植也是建安學派的主要代表人物之一，他的作品對於後世人也有著重大的影響很大。到了魏晉南北朝時期，曹植在文壇上的地位被推到了很高的一個位置，成為當時文人墨客作詩的典範。南朝著名的詩人謝靈運就曾經讚美曹植說：「如果天下的才能總共有一石，那麼曹植一人就能夠獨得八斗，而我自己也能夠得一斗，而天下人則是共分一斗。」謝靈運給了曹植很高的評價。

曹植一生中娶了兩位妻子，他的第一個妻子崔氏，出身於名門。她的叔叔崔琰曾經擔任曹魏尚書一職，是曹操身邊的寵臣，後來卻是因為在言詞上忤逆了曹操，被關入大牢，成為歷史上公認的冤案，而有些後人也認為，曹操之所以除掉崔琰，也是為了給曹丕繼承大權掃除障礙。過了沒有多久，曹丕的妻子崔氏又被安上了「衣繡違制」的罪名，曹操下令將她遣送回家並且賜死。也有人說，曹操之所以針對崔氏女主要是因為她叔叔崔琰的緣故，也有可能是曹操在片面地對曹植進行打擊。

而曹植的第二個妻子，史書上對於她的名字記載已無法查證，只知道她在太和年間被冊封為「陳妃」，這位陳妃陪著曹植走完了最後

一程。根據史書上記載說，曹植的第二個妻子一直活到了晉代時期，終年八十多歲。而曹植生前留下了兩個兒子，大兒子名為曹苗，曾經被冊封為高陽鄉公，不幸的是，少年夭折。二兒子名為曹志，被冊封為穆鄉公，他完全繼承了曹植的聰明才智，在他很小的時候就特別喜歡學習，才華出眾。曹植則是讚揚他為曹家文學上的繼承人。曹植去世以後，曹志繼承了他的王位，稱濟北王。而魏朝後期，司馬氏謀奪的皇位，將曹志貶為了鄄城縣公，後來又任命他為樂平太守。於西元二八八年去世，諡號為定公。曹植一生中還留下了兩個女兒金瓠和行女，這可以在他的詩作中看到，但是他們的具體情況如何就不知道了。

西元二一〇年，曹操在攻打鄴城的時候，建造了一個銅雀臺，於是他便召集了一些文人雅士，一起登上銅雀臺，為它作賦，曹植便是其中之一。在所有人都冥思苦想的時候，只有曹植一人從容淡定，略微思考了一下，提筆就書，洋洋灑灑，一揮而就，他所寫的文章就被命名為〈登臺賦〉。曹操看完之後，心中對他這個兒子讚賞有加。而當時的曹植年僅十九歲。

也正是從這個時候開始，曹操因為比較看重人才，所以就想要打破「立長不立幼」的傳統規矩，廢除曹丕，改立曹植為王才好。所以說，曹操對於曹植的寵愛是其它幾個子女想都不敢想的，甚至曾經多次向自己的大臣們提起，表示要立曹植為自己的繼承人。誰想到，曹操的這種想法，不但沒有給曹植帶來什麼好運，而且在曹操死後，曹植的生活一直處於水深火熱之中，飽受折磨。

曹植得到他父親曹操的寵愛，而想立曹植為王的想法也被曹丕知道，正是因為這樣，曹丕一直對曹植有戒心，而且很是嫉妒。如果不是當初朝中大臣們的極力反對，那麼現在的魏明帝將不知是誰了，而這個時候曹丕和自己弟弟曹植的鬥爭也就正式拉開了帷幕。其實，曹

植是一個生性放蕩之人，不拘小節，對於這個看似光榮的地位並沒有多大的興趣。

記得有一次，曹操帶著大軍出征，曹植和曹丕前來為父親送行，在臨走的時候，曹植讀了自己為曹操所做的詩章，令所有人都十分滿意。再看曹丕，一副悵然若失的模樣，而吳質則是對他說：「在王的面前，哭也是可以的。」於是曹丕當著這麼多人的面，哭得稀裡嘩啦，這把曹操感動得也是熱淚盈眶。記得還有一次，曹操想帶著曹植出征。而那個時候帶兵出征可就是象徵著權力，也就明顯地告訴大家，下一代的王位繼承很可能就是這位了。結果，在大軍出征的前一天，曹植喝得是酩酊大醉，曹操讓人來叫曹植的時候，一連催促了很多次，曹植還是躺在床上昏睡不醒，曹操很是憤怒，一氣之下便不讓曹植跟著去前線了。從這裡我們也可以看出，曹植也只能做一個文學家，一輩子瀟瀟灑灑，快活無比。

最後，詭計多端的曹丕繼承了王位，最後還成就了帝位。說起剛成立魏國的時候，雖然說曹丕的實力已經得到了基本鞏固，但是可嫉恨恨的念頭在曹丕的心中從來都沒有消失過。其實，曹植在世的時候，並沒有犯下什麼大的錯誤，只是經常會有人上書曹丕，說曹植經常喝酒耍酒瘋，甚至他還敢將曹丕的使者扣留起來，但是卻並不是為了招兵買馬，顛覆魏朝。按理說這根本就不能算是犯罪，但是曹丕卻要將他除掉，於是便找個藉口讓曹植在七步之內做出一首詩，否則的話就要將曹植殺掉。不過幸好，作詩可是曹植的拿手好戲，於是也就有了後來著名的七步詩，詩曰：「煮豆持作羹，漉豉以為汁。萁在釜下燃，豆在釜中泣。本自同根生，相煎何太急？」能夠在七步之內做出此詩，的確令人驚歎。而一句「本是同根生，相煎何太急」更是流傳了千百年，可見曹植在後世人中的影響是多麼大了。

這首「七步詩」就像是曹植的救命稻草一樣，逃過了一劫。這位偉大的文學家年少時期無憂無慮，後期卻屢遭人的猜忌，可謂是命運多舛啊。

吳質：建安文風的「風骨」

西元一九三年，曹操為了壯大自己的力量，廣招天下異能之士，而吳質便來到了曹營。吳質是一個學識淵博之人，在軍營中，也深受曹操父子的賞識，並且還和曹丕成了好朋友。

曹營中的很多大臣們都建議曹操立曹植為繼承人。曹丕知道這個消息之後，心裡比較焦急，便用車裝滿了廢簏，裡面則是藏著吳質，就這樣二人偷偷在曹丕的府中共同商議對策。而楊脩將這件事情告訴了曹操，但是也沒有進一步的查證。經過這件事情，曹丕很是害怕，於是將自己心中的感受告訴給了吳質，吳質說道：「這有什麼可怕的呢？明天的時候，我們還是以這樣的方式來來回回，以此來引誘他，而楊脩知道後，還會向丞相告密，這個時候，丞相必定會派人查探，最後如果此事純屬誣告，那麼受罪的可就不是你我了。」曹丕聽從了吳質的計謀，果不其然，楊脩又告訴了曹操，經查證，裡面並沒有人，而曹丕也就此躲過了一劫。而曹操亦是憎恨楊脩竟然敢污蔑他的兒子，從這裡開始，曹操對楊脩起了殺心。

其實曹操本身就是一個多疑之人，他一直都在懷疑曹植有奪位之心，既然他的疑心放在了曹植的身上，就不會在懷疑曹丕。不然的話，如果曹操真心想要查出曹丕，只憑區區的一點小計謀，怎麼可能瞞得過曹操呢。

西元二一七年，曹丕被曹操立為太子，為了更好的鞏固自己的太子地位，曹丕經常會找吳質商討對策。有一次，曹操要帶兵出征，曹丕和曹植兩位兄弟前來送行。曹植張口便將曹操的豐功偉績誇讚了一番，如果比文采的話，那麼曹丕絕對不是對手，所以他就避開這個關

卡，臉上一副很傷心的樣子。而吳質則是偷偷地對曹丕說道：「你在於自己的父親告別，不用說過多的話語，只管哭出來就對了。」曹丕聽了吳質的建議之後，放聲痛哭，那哭的叫一個慘烈。把曹操和他左右的將士們感動得稀裡嘩啦。於是所有的人又都認為曹植只會一些華而不實之物，根本就比不上曹丕的一片孝心。再加上，日常的時候曹丕就是一個善於隱忍之人，說話做事也都是經過深思熟慮的，而曹植則是相反，不把任何事物放在心上，仗著曹操對他的寵愛任意妄為，這也讓很多人對他產生了不滿，這樣一來，曹操想要立曹植的念頭徹底打消了。

西元二二○年，曹操死了之後，曹丕登基做了皇帝。曹丕登基做的第一件事情就是派人將吳質接到了洛陽，讓他做了中郎將一職，還給他封了侯爵，讓他掌管度幽、并諸州等地的軍事業務。

西元二二六年，曹丕去世，吳質為了祭奠自己的好友，還為曹丕做了一首詩。

西元二三○年，曹叡將吳質重新召回朝中，做了侍中的職位，成為輔佐大臣，吳質給魏明帝曹叡提出了一些安定國家的計策，說：司空大臣陳群只是一個很平凡的人物，並沒有國相的才能；而驃騎將軍司馬懿是一個忠心耿耿、勇猛機智的人，這才稱得上是國家的脊樑。曹叡聽取了吳質的建議，他的這一提議對魏朝後期的發展起了很重要的影響。

吳質在平時的時候，喜歡和一些權貴之人交往，而對於鄉里的百姓從來不予往來，所以吳質在自己家鄉的名聲並不好。吳質做官之後，又憑藉著曹氏父子對自己的寵信，作威作福，這讓很多人對他更加的反感。

西元二三○年的夏天，吳質因病去世之後，諡號為「醜侯」。他的兒子吳應曾幾次上書為自己的父親申辯，到了正元年間的時候，才

將他的封號改為「威侯」。

　　吳質生前和「建安七子」比較親密，甚至還有人說吳質也是建安七子之一，他的詩風則是體現了「建安文學」的風骨。只不過，吳質的詩作保存下來的很少，能夠查證到的也只有答曹丕書兩篇。

嵇康：竹林七賢的精神領袖

　　嵇康很小的時候就失去了父親，他由母親和自己的哥哥們撫養成人。幼年的嵇康天資聰慧，看過很多的書籍，對各種技藝也都比較精通。嵇康長大之後，喜歡道家學說，身高有七尺八寸，容貌俊美，舉止優雅，但是卻不注重自己的外在形象。後來，嵇康娶了曹操的曾孫女長月亭主為妻，膝下有一兒一女。

　　嵇康生性比較狂放，崇尚自由，自身也十分的懶散,有史書上記載，嵇康經常十幾天都不洗頭髮，不洗澡，再加上嵇康很小的時候就失去了他的父親，所以他從小就養成了比較懶散的習慣,長久以來生活在比較怡然的環境中，變得傲慢懶散。嵇康長大之後，他喜歡上了道家的學說，從這以後，嵇康變得更加的放縱，也日益的頹廢下去。就這樣在慵懶和自由中造就了嵇康的不羈性格。

　　嵇康年輕的時候比較傲慢，從來不將禮法看在眼裡。而同為「竹林七賢」之一的向秀曾經這麼描述過嵇康：「我和嵇康、呂安二人，來往的比較親密，性情也比較符合。嵇康這個是雖然有著很高的才能。但是嵇康本人比較懶散，不喜歡約束，而呂安則是志向遠大，為人豪放。」當時鐘會誣陷呂安的時候，給他扣上的罪名便是說話沒有限度，有損於當時的禮節。

　　嵇康還比較善於音律，他的代表作有〈風入松〉；還有嵇氏四弄：〈長清〉、〈短清〉、〈長側〉、〈短側〉，和東漢時期的文學家蔡邕的「五弄」合稱為「九弄」。隋煬帝在位時，曾經將「九弄」音律作為招納賢臣的條件。嵇康不僅通音律，還會書法，精繪畫，可以說是一個文學天才。

　　嵇康成年的時候，比較尊崇道家的思想，他沿襲了道家寧靜淡泊

的意識，生活於山水之間，練就豁達的襟懷，領悟奧妙的哲思，把自己的感情賦予在大自然的身上，開創了寄情於山水，舒暢安寧的心靈世界。嵇康本性喜歡遊走於山水之間，融於大自然，在嵇康的一生中，他和大自然之間早就結下了不解之緣。

在《廣陵散》記錄著這麼一個故事：嵇康曾經到了洛西一帶去遊玩，到了晚上的時候在華陽亭住下。當時，皓月當頭，清風徐徐，嵇康看到此景，不禁有感而發，便在自己所住的院子中暢彈一曲。一曲未罷，從外面走進來一個古人裝扮的客人，過來和嵇康探討音律。二人頗為投機，聊得也比較盡興，這個客人對於音律方面很是精通，分析的也比較深刻，這讓嵇康驚歎的同時對他也有些欽佩。客人說到興起的地方，竟然拿過嵇康的琴就彈奏起來，從這位客人指尖流出的曲子，剛勁有力，入人心扉，越往下聽越讓人感到慷慨激昂。一首曲子完畢之後，這個客人還將曲譜告訴給了嵇康，這首曲子的名字就叫做〈廣陵散〉，主要講述的是當初聶政為了給自己的父親報仇，而將韓王刺殺之後，拔劍自刎的感人故事。嵇康聽完了這個故事之後，再重聽這首曲子，只覺得感動湧上心頭，天下間再也沒有能夠超越這首曲子的了，於是就想請教這位客人。而這位客人也到沒有拒絕，不厭其煩的一遍一遍地教給嵇康。等到嵇康全部學成之後，客人還要求嵇康要永遠保守這個秘密，不能夠告訴任何人。嵇康再三保證之後，客人便頭也不回的走了，甚至連姓名都沒有留下。等嵇康將〈廣陵散〉學精之後，便時常彈奏它，也因此引來了很多人向嵇康求教。

鍾會出身於名門，是著名的書法家鍾繇的兒子，鍾會很小的時候就比較聰敏，頗有才氣，鍾會十九歲的時候就已經入朝為官了，任秘書郎一職，過了三年之後又高升，成為了尚書郎，在鍾會二十九歲的時候，就已經是關內侯了，可以說是一個少年得志的人物。但是在嵇康這裡，卻並不喜歡和他往來。而鍾會對於比他大兩歲的嵇康比較欽

佩。

　　在《世說新語》中也講述了關於嵇康和鍾會的故事：鍾會在編著完《四本論》的時候，想能夠當面向嵇康請教，但是又害怕嵇康根本看不上他，心中很是著急，甚至是已經到了嵇康的家門外，也沒有進去，只是在門外遙遙觀看了一會，竟然轉身就走了。後來鍾會做了高官之後，再一次地拜訪嵇康，嵇康對於鍾會的到來並不理會，仍然繼續在自己門口的大樹下煉鐵，就好像旁邊沒有人一樣。鍾會感覺到自己是自討沒趣，所以就想轉身離開。這個時候，嵇康終於開口說話了，他詢問鍾會道：「你聽說了什麼要來我這裡，而又見了什麼想要離去呢？」鍾會則回答：「聽說了所聽到的才想要來訪，看到了眼前所看到的，才想要離去。」從這之後，鍾會對於嵇康已經有所記恨了。

　　當時，司馬昭曾經想要嵇康歸順在他的門下，但是嵇康比較偏於皇室那邊，所以說對於司馬氏的意思並沒有採納，於是乎，嵇康的人生中又多出了想置他於死地的人。

　　嵇康很喜歡大自然，打鐵也成了他一個很特殊的愛好，不喜歡被世俗的禮節所拘束，而且嵇康這個人比較重情誼。在嵇康家的後院裡，有一棵長得比較繁茂的柳樹，而柳樹的下面就是嵇康打鐵的地方，他在旁邊建造了一個很小的游泳池，將上好的泉水引進來，等到打鐵打累了，他就會去游泳池裡面待一會兒。看見他這樣的人，都稱讚他是舉止瀟灑，俊朗清爽。嵇康用打鐵的方式向世人宣告著自己的豪放不羈，自己的不諧世俗，這是嵇康的精神層面。

　　嵇康比較崇尚道家學說，他曾經說過這麼一句話：「老莊，是我的老師！」道家所講究的是美食養生之道。提倡人的本性應該回歸於自然，他還編著了一本《養生論》，來表明自己的養生觀點。他對於一些隱居於山林的高人有很高的讚美，對於超脫於世俗的生活方式也

極其的嚮往，不喜歡做官。「竹林七賢」之一的山濤曾經舉薦他為官，他還寫了《與山巨源絕交書》，把自己所有的缺點和原則一一列舉出來，表達出自己堅決不入仕途的決心。

嵇康在文學上的成就主要體現在詩歌和散文上。現如今，中國保存下來的嵇康詩作總共有五十多首，其中以四言律詩為主。

嵇康很好地發揚了道家的養生思想，在他的實踐過程中也深有體會，他所編著的《養生論》也是中國在養生學史上第一部比較全面的，比較系統的養生學著論。後來中國的養生大家孫思邈等人對於嵇康所提倡的養生思想都有著很高的評價。

呂安的妻子長得十分的漂亮，但是卻被呂安的哥哥呂巽迷奸，呂安一怒之下想要將呂巽送官查辦。而呂安兄弟倆和嵇康都有所往來，所以嵇康便勸阻呂安不能將這件事情揭發出去，免得毀了整個呂家的名譽。但是呂安的哥哥呂巽卻是害怕呂安會對他進行報復，於是先下手為強，反而告了呂安不孝的罪名，於是呂安被逮捕入獄。嵇康聽聞此事之後，非常生氣，於是出來給呂安作證，也因此惹惱了大將軍司馬昭。這個時候，和嵇康有著私人恩怨的鍾會也插進來一腳，趁著這個機會來說服司馬昭，最後呂安和嵇康都被判了死刑。

嵇康在上刑場之前，有三千多名太學生一起聯名上書，請求司馬昭可以赦免嵇康，並且能夠讓嵇康到太學授課，但是都被司馬昭拒絕了。在行刑的時候，嵇康看著天上的太陽，彈奏了一曲《廣陵散》，彈奏完畢之後，感歎道「廣陵散今天已經走到了盡頭啊」，隨後便從容赴死，終年只有四十歲。

他的兒子嵇紹，後來成為晉朝的侍中，在八王之亂中，為了保護晉惠帝不幸身亡。

山濤：竹林七賢的「叛徒」

　　山濤是晉代的吏部尚書，也是「竹林七賢」之一。山濤一生雖然是高官厚祿，榮華富貴，但是他卻謹慎節儉，將自己的俸祿薪水，除了家用之外，其餘的全部都救濟於相鄰。

　　在竹林七賢中，山濤是年齡最大的，官職也是最高的。山濤和自己的妻子韓氏，一直以來相互扶持依靠，有著很深厚的感情。山濤沒有做官的時候，家境是一貧如洗。但是他的妻子韓氏卻從未有過一絲的埋怨，她在身後默默地幫助山濤打理一切，盡可能地減輕山濤身上的負擔，在日常生活中，很多的重活都需要這個堅強的女人來承擔。有一回，山濤看著疲憊不堪的妻子，心中一陣的疼惜，他說道：「娘子，我們雖然現在比較貧窮，但這只是暫時的，以後我一定會升官發財，到時候你可要做好夫人這個位置啊！」山濤的這一番話，調皮中帶著溫暖，他就是這樣一個有著遠大抱負，而且又懂得生活情調的男人，怎麼可能不令人喜愛呢。

　　有一次，山濤的好朋友嵇康和阮籍前來造訪，韓氏對於這兩位的大名早就聽說了，席間又被他們的話語所迷住，於是就說服自己的丈夫將這兩個人留在家裡住上一夜，而且還給他們備好了上好的酒菜。然後，晚上的時候，韓氏還在自己家的牆上穿了一個洞就是為了聽他們二人談話，這一聽便是一夜，直到天亮了才返回自己的屋子裡。就為了見這兩個帥哥，韓氏竟然可以毀壞自己家的房屋。從這裡可以看出，韓氏一定是這二人的忠實「粉絲」。嵇康和阮籍都是知識淵博之人，他們的興趣相投，是不可多得的知己好友，談笑間風雅畢露，也難怪韓氏對他們如此著迷。

　　後來，山濤問自己的妻子，對於嵇、阮二人的看法，而韓氏也是一個心直口快之人，她很坦然的對自己的丈夫說：「按照你的生活志趣是無法和他們相比的，那你的知識和氣度和他們相比，這還差不多。」山濤聽自己的妻子對他們二人的評價這麼高，心中難免會吃醋，但是聽到隨後的那句話時，心中總算是好受了一點，隨口說道：「對啊，這是大家公認的啊！不僅你這麼認為，他們也是一樣！」這麼說來，韓氏看人的眼光還是比較準的。

　　通過韓氏的一番話，也能夠看出在韓氏的心中，第一重要的便是他的才華和情趣，而外表則是次要的。對於嵇、阮兩位帥哥的評價中，絲毫沒有提起一點有關於他們長相的事情，這裡也能夠看得出來。

　　曾經，嵇康給山濤寫絕交信，但是曾經的摯友真的會因為這點小事而絕交嗎，當然不是，嵇康洋洋灑灑地寫了一大篇並不是給山濤看的，而是做給司馬昭看到。當時司馬昭和嵇康有過過節，司馬昭也一直想著能將他除之而後快，如果山濤這麼做的話，無非是惹禍上身。名為絕交信，實為真正友誼也。

　　而且嵇康在受刑之前，還對自己的兒女說：「山濤還在，你們並不是孤兒啊。」這一句話就能夠看出嵇康和山濤二人的友誼是多麼的堅固和牢靠。嵇康死後，山濤便將他的兒女們看作是自己的孩子，兒子讓他做了官，女兒給她一場風光無限的婚禮。

　　魏晉時期，社會局勢動盪不安，社會風氣也逐漸地低靡下來，朝臣上下貪贓成風、上級壓榨下級，下級賄賂上級等，這種顯現已經比比皆是。但是山濤在為官期間，並不與他們同流合污，一個人獨善其身，潔身自好。據說，當時有一個陳郡人名為袁毅，當時是鬲縣的縣令，他給山濤送來了一百斤絲，山濤不願意讓自己的清廉表現的太過於明顯，於是就將這一百斤絲收下，然後將其藏在了自家的閣樓上。

後來袁毅的這一惡性敗露，那麼對於他以前賄賂過的人要徹查，只要和這起貪污案件有關的人員，都受到了牽連。山濤也將袁毅送給自己的一百斤絲從閣樓上拿下來，上繳給了官府，百斤絲上面早就布滿了上灰塵。而且上面的印封還是像剛送來的時候一樣。山濤位居高官，但是他卻淡泊名利，每一次晉武帝賞賜山濤的時候，給的財物並不是很多，謝安對這件事情很是不解，於是就問自己家中的晚輩，謝玄則是回到：「或許是山濤本身不想要這麼多，自然也就賞賜的少了些。」在那個貪污成風的時代，山濤能夠做到這一點，真是是難能可貴啊。

山濤也是一個敢於直言之輩，從來不會畏懼權勢而不敢進言。在咸熙初年的時候，山濤升任為相國左長史。當時山濤已經有了很高的名聲，所以晉王便派了太子親自前來拜訪。

司馬昭還將自己的小兒子司馬攸過繼給了司馬師，這也體現了對司馬攸的看重，司馬昭曾經對裴秀說：「大將軍現在剛剛開創基業還沒有結束，我也只是緊緊跟在他的後面罷了，所以打算立司馬攸為晉王，將來把所有的功勞都算在我的哥哥頭上，你看這樣做怎麼樣呢？」裴秀認為這樣做有失妥當。於是司馬昭又去詢問山濤，山濤說：「將長子廢除而立幼子，不合祖宗的禮制，不是吉祥的徵兆。而這件事情牽涉到國家的安危，所以必須要按照古制來進行才是。」於是，這樣，總算將太子的位置確保下來。後來晉王派遣太子親自去登門拜訪山濤。

羊祜在執掌政權的時候，有人想要置裴秀於死地，而山濤則是保全了他。這麼一來，使得朝中的權貴們心中都不滿意，於是便將山濤流放到了冀州，做了冀州刺史一職。晉武帝司馬炎希望能夠停止武力防備，而是以教化育人，所以便要召集朝中的所有大臣們在宣武場上聽他講述軍事的事情。對於晉武帝的這種做法，山濤並不贊同，於是

就和各個尚書探討孫武、吳起用兵之道，並且還做了進一步的研究，所有的人聽了之後都稱讚不已，都說：「山濤先生所言極是。」到了後來，王宮貴族的公子們都恃寵而驕，為所欲為，給國家帶來了很大的麻煩。各個地方的強盜也都聚集在一起，而這些郡國根本就沒有可用的武器，所以對這些盜賊也是無可奈何，致使盜賊的力量一天天的壯大，所有的一切都和山濤預想的一樣。

時間一天天地流逝，山濤的官職也是越來越高，那麼相對的權力也是越來越大，但是山濤為官期間，一直都是潔身自好，清正廉明，曾經有很多次，他都以人老多病辭官回鄉，怎知皇上不批准，隨後又給他升了官職，為司徒。西元二八一年，山濤已經有七十七歲的高齡了，最終在他反覆的請辭下，晉武帝才應允了他的要求，讓他回家養老。兩年之後，山濤安詳地離開人世，終年七十九歲。

作為竹林七賢之一的王戎對山濤有著很高的評價：「山濤就像是一塊沒有經過任何外力雕琢的玉石，也沒有將裡面的礦石提煉出來，人們雖然都知道他是一塊稀世之物，卻也根本不能估測出它真正的價值。」

在當今社會中，人們對山濤的評價褒貶不一，褒的是他為官清廉，貶的是因他生前所依靠的竟然是司馬氏。事實上，將山濤的一生總結起來說，他一生所做的貢獻和所追求的自我價值，都要比那些沉醉於山林的一些高雅文士多得多。

奇人異士──奇異故事的源泉

左慈：精通奇門遁甲的「雅帝」

　　左慈，從小居住在天柱山附近地區，一生修丹煉藥。據相關的史料記載，他於西元一五六年出生，卒於西元二八九年，其壽命高達一三四歲，經過六七十年的苦心修煉，最後死後成仙。

　　左慈善長五經，通曉房中術，對於占星術也略微精通，可以從星象的變化中預測到漢朝氣數，左慈感應到漢朝的氣數將盡，國運衰微，天下即將要發生一場大變亂，就三國殺有感而發：「在這亂世之中，如果哪一個可以官居高位就會更加難保自身，而那些錢財頗多的人也就更容易死了。因此，世間的一切榮華富貴絕對不可以貪圖啊！」也正是基於這一點，左慈開始了自己的學道生涯，對於「奇門遁甲」非常精通，可以驅逐鬼神，只是靜靜地坐著就可以在瞬間變出美味的佳餚。左慈常年居住在天柱山上，精修苦煉自己的道術，偶然間在一個石洞裡找到了一部《九丹金液經》，左慈如獲至寶，於是潛心研究，希望有一天可以修煉成仙，於是在這本書的幫助之下，左慈學會了讓自己變化萬千的法術，法術多的記都記不住了。

　　三國時期，魏國的曹操聽說左慈的事蹟之後，不相信天下竟然會有這樣的奇人異事，於是即刻下令召見左慈，找來之後將其關在一個漆黑的石屋裡面，而且派人看護，下令不許給他飯吃，不許給他水喝，就這樣過了一年的時間才把他放出來，曹操見到左慈驚呆了，他依舊是原來的樣子。曹操覺得世界上的人根本就沒有不吃飯不喝水的道理，然而左慈竟可以一年不吃不喝，還安然無恙，他一定會使用什麼妖邪的旁門左道之術，於是下令立即將他殺掉。曹操的殺心一起，

左慈便感應到了，於是便向曹操請求，希望可以放他一條老命，准許他回家。曹操心有疑慮，便說：「長老為什麼這樣急著要走啊？」左慈不假思索地說道：「你都已經下令要除掉我了，我怎麼可以坐以待斃，因此我求你，希望你可以放我走。」曹操連忙說：「長老哪裡的話啊，我怎麼可能會殺你呢？既然你的志向高潔，我就不勉強你留下了。」

即日，曹操為左慈舉行了隆重的酒宴，為他餞行，左慈說：「我明日就要遠行了，所以我希望可以和您分杯喝酒。」曹操欣然同意了。那一天的天氣十分寒冷，酒正在火上燒著，只見左慈迅速拔下自己頭頂上的道簪即刻將酒攪勻，頃刻之間道簪已經完全溶解在了酒水裡，就好像磨墨的時候墨水溶進水中一樣。開始，曹操見到左慈請求和自己喝「分杯酒」，本以為會是自己先喝一半之後再遞給左慈喝下自己剩下的半杯酒，卻沒有想到左慈會來這樣一招，先用道簪將自己的酒分成兩半，兩半裡面都有酒，而且相隔好幾寸之遠。左慈率先喝下了一半酒，然後將另一半杯子遞給了曹操。頓時之間，曹操心中甚為不快，沒有立刻將酒喝下，左慈見狀，就向曹操把另一半酒杯要了過來一飲而盡。喝完之後將杯子朝著房梁一扔，杯子便在房梁上空懸轉搖動，形狀就如同一隻小鳥向地上俯衝的姿勢，欲落非落，這一幕驚呆了宴席上的所有客人，他們個個張大了嘴巴抬頭看著酒杯，過了好半天那支杯子才落下來，但此時左慈也消失不見了。曹操立即派人前去打聽，才知道左慈早就已經回到了自己的處所，這樣一來曹操想要殺掉左慈的欲火越來越強了，因為曹操想要試一試左慈可不可以逃過一死。於是，曹操派人逮捕左慈，左慈嚇得鑽進了羊群之中，追捕人員分不清哪一個是左慈，於是就清點羊的數目，果然就多了一隻，於是便知曉了是左慈變成了羊的模樣。追捕人員便將這件事告訴了曹操，曹操下令將左慈帶到自己的面前，於是，逮捕之人便將曹操的意

思傳達給左慈，說曹操只是想見左慈，希望左慈不要擔驚受怕。這時候，一隻大羊大搖大擺地走上前，雙腿跪下說：「你們瞧一瞧我是不是啊？」追捕的人連連說道：「這個跪著的羊不就是左慈嗎！」於是便要把這只羊抓走。但是這時候所有的羊全部跪下說：「你們瞧一瞧我們到底是不是呢？」追捕的人見到這種情況，一時間也搞不清楚到底哪一隻羊才是真正的左慈了，所以只能作罷。後來，有人知道了左慈的去處，於是秘密告訴了曹操，曹操得知立即派人去抓，不費吹灰之力，一抓就抓到了。

其實，並非左慈可以隱遁脫逃，只是故意想要給曹操表演一次他的幻化之術。於是，左慈叫逮捕自己的人將自己五花大綁地投入監獄。典獄官本想要嚴刑拷打左慈，但是卻驚奇地發現屋子裡面有一個左慈，就連屋子外面也有一個左慈，到底哪一個才是真正的左慈，這可把典獄官難住了。於是將這件事告訴了曹操，曹操知道之後更加懷恨左慈，便下令將左慈綁縛刑場殺掉。哪裡知道左慈竟然在眾目睽睽之下，在刑場突然消失了。曹操立即下令緊閉城門，在全城佈下天羅地網，進行大規模地搜捕。有一些搜捕者說不知道左慈長什麼樣子，官員便說左慈的一隻眼睛是瞎的，穿著一件青色的葛布衣，頭上紮著一條葛布頭巾，只要是見到這樣穿著打扮的的人就抓起來。哪裡知道一會兒功夫，全城的百姓全都變成了瞎一隻眼睛，穿著青葛布衣，頭上紮著葛巾的人，到底哪一個才是真正的左慈，誰也沒有分辨。這一下可把曹操惱火了，立即命令擴大搜捕範圍，一旦抓住左慈就立即殺掉。後來有人見到了左慈，於是便殺了將屍體運到曹操的面前，曹操見後大喜，一看才知竟然是一捆茅草，立即派人來到了殺左慈的地方尋找屍體，誰知屍體早就已經找不到了。

之後，有人在荊州一帶見到了左慈，當時的荊州刺史劉表也將左慈看成妖物，覺得他是一個可以惑亂人心的臭道士，於是派出大量的

人馬去逮捕左慈，而且還說只要抓住便立即處死。劉表帶著自己的大隊人馬出來炫耀，左慈明白劉表的心思，他只不過就是想看一看自己有什麼道術，於是不慌不忙地走到劉表的跟前，說：「我準備了一些微薄的禮物想要獻給你的士兵，全當作自己的一點心意。」劉表大笑說：「就你這樣一個道士孤身，我的人馬如此之多，你可以犒勞得過來嗎？」於是，左慈又重申了一遍，劉表就派了幾個人看一看到底是什麼禮物，到了才知道原來只是一斗酒與一小鮭肉乾，但是沒有想到的是，去了十個人還是不能夠抬動一毫一寸。左慈就將乾肉一塊塊拿來，把肉一片片地削落在地上，請一百個人拿著酒水和乾肉依次分發給在場的每一位士兵。每一個士兵都可以分到三杯酒和一片肉乾。肉乾的味道和平常吃的不太一樣，一萬多士兵都吃飽喝足，但是酒器裡面的酒卻一點也沒有少，肉乾也還有剩餘，一千多賓客全部都喝得大醉。劉表見狀備感吃驚，即刻打消了殺害左慈的念頭。幾天之後，左慈離開劉表又開始了自己一個人的旅行。左慈經過東吳的丹徒縣，聽當地的百姓說丹徒境內有一個道術非常深的道士名叫徐墮，於是便登門拜訪。只見徐墮的門前候著六七個賓客，而且還停著六七輛牛車。賓客欺騙左慈說這時候徐墮並不在家中。左慈深知賓客欺騙他，於是便先行告辭了。左慈求見了吳國的君王孫策，孫策同樣想殺掉左慈。孫策乘著左慈不備從背後給了他一刀，但是左慈卻安然無恙。左慈腳上穿著木鞋，手上握著竹杖慢慢地走了，孫策手持兵器緊追其後，但是怎麼追也追不上，這才知曉左慈是一個道術高深的人，於是便不敢再殺他了。

　　後來左慈通知葛仙公說自己要進入霍山煉丹，最後終於成仙歸去。

管輅：卜卦觀相的祖師

　　管輅為三國時期有名的術士，其相貌粗醜，對於禮儀這方面極其不講究，而且嗜酒成性，情緒反覆無常，言談更是語無倫次，因此，人人皆愛之卻又不敬之。管輅自幼喜歡天文知識，經常仰視星辰，觀看星象，每一次和小朋友在一起做遊戲，就會蹲在地上畫天文，鄰里街坊見到都說管輅是一個奇才。成人之後，管輅精通周易、風角和占相之術，因此遠近聞名。

　　管輅自幼聰明伶俐，乖巧懂事，學習更是非常用心、才思異常敏捷，非常人能及，而且尤其喜歡天文。在管輅十五歲的時候，就已經熟讀《周易》，通曉占卜之術，憑藉自己的努力，在周邊漸漸有了一點小名氣。日子一天天過去了，這件事被當時擔任吏部尚書的何晏和侍中尚書鄧颺知道了，於是便想要把管輅抓來。這一天，正是農曆的十二月二十八日，這兩個昏庸的大官酒足飯飽之後，覺得非常無聊，於是想要找一點樂子玩玩，便派人將管輅找來為他們占卜。對於二人，管輅早有耳聞，知道二人是曹操的侄孫曹爽最為信任的人，而且對他們寵幸有加，正所謂狗仗人勢，平日裡，這二人依仗權勢，整天為非作歹，燒殺搶掠，無惡不作，百姓已經恨透了他們，所以這二人的名聲極為不好。經過再三考慮，還是決定去一次，因為管輅想要借這個機會好好教訓他們一頓，也好滅一滅他們的威風。

　　何晏見到管輅的第一眼，便大聲喝道：「我聽說你的占卜之術非常靈驗，趕緊替我占上一卦，看我有沒有機會再一次升官發財。算得好的話，我重重有賞。另外，這幾天晚上總做夢，而且經常夢到蒼蠅站立在自己的鼻子上，親吻自己，這又是什麼預兆啊？」管輅沉思了

一會，說道：「從前，周公為人忠厚正直，一心輔助周成王打下江山，建立霸業，最終國泰民安，而現在您的官職比周公高出許多，可是對你心存感恩的人卻非常少，然而對你心生恐懼的人卻非常多，這恐怕不是什麼好的預兆啊。依據你做的夢的情景來卜算，也同樣表明這是一個凶相啊！」管輅頓了一下，接著說：「如果想要逢凶化吉，消除災難的話，就只有一個辦法。」何晏忙問：「什麼辦法啊？」管輅心想這一下成了，在心裡偷笑，於是不緊不慢地說：「那就只能委屈您，多做一些善事，多多效仿周公等人，發善心，做善事。」鄧颺在一旁聽後，很不以為然，一直頻頻搖頭：「什麼鬼話，這都是一些老生常談的爛腔調，沒有什麼意思嗎。」只見此時何晏的臉上鐵青，竟是一語不發。管輅見狀，不禁哈哈一笑：「雖然說是老生常談的話沒錯，但是也不可以加以輕視啊！」

沒過多久，春節到了，有人說何晏、鄧颺聯合曹爽一同謀反失敗，不幸遭致誅殺。管輅聽到這個消息之後，連聲說：「雖是老生常談，但是他們確置之不理，難怪竟會有如此下場啊！」管輅通曉天文、精讀周易，預知命理的事情被曹操得知了，便將管輅召去幫助自己占卜，其中那些對於蜀國攻勢、魯肅病死、許昌火災、夏侯淵戰死等事情都一一實現了。

管輅通曉卜卦，主要是經過觀察自然的種種現象，來推測事物的變化。一開始，有一個婦女不幸走丟了一頭牛，於是請管輅幫忙卜算一下牛的去向。管輅說：「你立即到東邊的山丘上去看一看，你家所丟的那一頭牛現在就在那裡懸空躺著呢。」婦女急忙趕到那裡一看，果然如管輅所說，牛正在墳坑內躺著。而這位丟牛的婦女不知恩圖報，反而懷疑是管輅偷了自己家的牛，向官府告狀。官府即刻派人前來察驗，才得知是他用卜卦推算的。還有一次，一個人的妻子走丟了。管輅便讓他和一個挑豬人在東陽門外相互打鬥，豬從挑豬人的蘿

筐裡面衝撞出來，跑到了一家人的院子裡，不幸撞壞了別人家的院牆，這時候，從屋子裡面走出來一位女子，而這位女子正是問卜之人的妻子。在管輅的家鄉的一戶人家中連續不斷地失火。於是派人將管輅找來為他們卜算。管輅說：「如果你們碰到一位頭戴角巾的男人騎著黑牛從東邊走來，請你們務必將他留下，居住在此。」果然不出管輅的所料，沒過多久真的有這樣一位穿著的男人來到了此地。於是問卜之人便將他留在家中住下，其實這個男人是推辭的，因為還要急著上路，但是問卜之人就是不肯放他走，盛情難卻，只好住下了。天黑之後，全家人集聚在門外，不進屋睡覺。而這位男人擔心這家人會謀害自己，便手中持刀在裡屋，靠著柴堆稍稍打了一個盹。突然見到一個東西，從口裡往外面噴火，於是這個男人在驚恐之下趕忙拔出自己的刀將它砍死了，上前一看，原來是一隻狐狸在作怪。從此之後，這家人就再也沒有發生過火災。還有一次，有一個人獵殺一頭鹿，心裡非常高興，不幸的是自己的獵物被人給偷走了，於是趕忙到管輅那推算。管輅對他說：「東街的第三家，等到他家裡面沒有人時，你就掘開他們家屋頂的第七根椽子，然後將瓦片端放在椽子的下面。等到明天吃飯時，自然候有人將鹿雙手奉還於你的。」這一天晚上偷鹿人的父親忽然頭痛欲裂，於是便到管輅這來進行占卜。管輅叫這家人偷來的鹿歸還，他父親的頭痛病便立時痊癒了。管輅真的是太神奇了！

華佗：擅長手術的「外科鼻祖」

華佗從小就同其它的小朋友不一樣，不管是從才智還是為人方面都比別人略勝一籌。華佗七歲的時候拜一個姓蔡的醫生為師，因為蔡醫生的醫術高明，想要拜他為師的人不計其數。但是蔡醫生只想找一個智力超強、極具慧根的孩子為徒，於是他就對那些前來學醫的孩子進行了一場小測驗，見到華佗的時候，他讓華佗採下桑樹最高枝條上的葉子，前提是既能不用梯子作為工具，也不用夠爬上去。這該怎麼辦呢？正當眾人一籌莫展的時候，小華佗靈機一動，找來了一根繩子，然後在繩子上綁上一塊小石頭，使勁拋向最高的枝條，綁著石頭的繩子緊緊地套在了那個枝條上，他用勁一拽繩子，那根樹枝被壓下來了，一伸小手就把桑葉採了下來。碰巧院子裡有兩隻山羊正在打架，不管人們怎麼拉扯就是分不來，蔡醫生便讓華佗前去勸架，華佗順手從地上撿起了一撮綠油油的嫩草，扔給兩隻正在打架的山羊，這時山羊已經筋疲力盡，又餓又渴，完全顧不上打架，匆匆地跑去吃草了。見狀，蔡醫生笑了，他見小華佗聰明伶俐，甚是喜歡，就收他做了徒弟。此後，華佗一邊跟著師傅做臨床實踐工作，吸收了許多經驗，認真研究《神農本草經》、《難經》等醫學方面的巨著，鑽研醫理，最後，終於成為了一位「神醫」。

華佗堪稱「鼻祖」。對於外科技術、人體解剖知識等都瞭若指掌，不僅如此，他還諳熟人體的骨骼、血脈、內臟器官的大小、位置、容量及其生理功能等。這些成果與他多年來的努力以及先天的慧根是分不開的。毫無疑問，華佗是一位出色的外科專家。

華佗在給病人進行外科手術的過程中，親眼目睹病人在接受治療

時所承受的巨大痛苦。為了減輕患者的痛苦，他苦心鑽研，希望可以解決手術過程中的麻醉問題，他開始認真總結和探究古人的經驗。

《神農本草經》中有記載說：「莨蒼子……多食可以使人神志不清，甚至發狂」。華佗反覆研究相關的醫書，慢慢地發現原來中藥也可以起到麻醉的作用。經過反覆的臨床實踐，華佗發明了一種麻醉劑，這種麻醉劑主要以曼陀羅為原料，叫「麻沸散」。

後來，華佗仔細觀察人在喝醉酒以後慢慢進入沉睡的狀態，逐漸瞭解到酒具有活血舒筋的療效，所以採用了用酒泡「麻沸散」的服藥法，從而達到使全身麻醉的目的。華佗運用全身麻醉法進行外科手術治療的方法，不僅是中國醫學史上的首創，而且在世界的外科手術史上也是首屈一指的。

華佗提倡「治未病」的預防思想，他反對單純的醫藥治療，而是提倡多鍛鍊，強身健體，增加免疫力，以達到防治疾病的效果。

華佗總結「熊經」、「鳥伸」等具體的操練姿態，精心研究前人的體育保健療法，並創造了「五禽戲」體操。

「五禽之戲」主要以肢體各關節的運動，再結合呼吸運動和推拿，這是一種將運動與醫學療法相結合的保健運動。

經過六年的堅持和精心研究，華佗已將「五禽戲」療法的精髓吸收，自己受益匪淺。醫者自醫的道理大家都懂，華佗雖然年過半百卻依舊容光紅潤，步伐矯健，精力充沛，體質優良。

華佗的弟子們也遵從他的囑咐，學習「五禽戲」，且堅持每天做練習，個個身體強壯。

不僅如此，華佗還對發疳、虛脫、呼吸困難、神志不清等病症，曾有過記述。這些重要記述作為診病預防的重要依據，直到今天，它的價值都不容小視。

此外，華佗還開創瞭望、聞、問、切的確診方法，這種療法它要

求對症下藥，因病而異，療效顯著。直至今日，望、聞、問、切的療法依然被人們所推崇。

華佗治病手段千奇百怪，他最擅長的是用湯藥、針灸、水療、放血、刮痧等方法，這些技術也被世人繼承下來。華佗的針法高明，技藝也相當純熟，而且善於創新，經過反覆臨床實踐，反覆斟酌挑選最有效的穴位針刺，最後將其用到病患的身上，雖然扎針不多，卻可以讓病人收到良好的效果。

華佗還經常拜師學醫，為了掌握藥的性能和藥力，經常獨自一人上山採藥，冒險試藥。然後確定方劑、定藥量。經過長時間的醫療實踐，華佗細心觀察和搜集在民間流傳的許多寶貴的醫學方面的經驗和方劑，許多妙方良藥都是從民間獲取的。比如，華佗在治療寄生蟲病用蒜汁調醋療法，就來自於民間。長期和藥材打交道，華佗的抓藥技巧也堪稱一絕，可以做到「心識分銖，不假稱量」。

華佗一生行醫問藥，愛惜百姓，關心百姓疾苦，出診前從來都不講條件，不管是白天還是黑夜，不論是酷暑還是嚴寒，從來都是隨叫隨到。一生中曾經有很多發大財的機會，都被他拒絕了。在他看來，解救百姓才是他最大的樂趣，他不貪求榮華富貴，也不圖功名利祿，寧願一輩子清苦平淡。西元一九六年，曹操統一了中國北部，勢力越來越強大，成為北方的最高統治者。就是這樣一方霸主，長時間的操勞，再加上沒有時間調理，患上了頭風眩，每次發作的時候都會頭昏眼花，痛苦難耐，多年尋醫問藥，都不見療效。曹操聽聞華佗的醫術很高，就派人不遠千里來為他看病，令他感覺驚訝的是，這頑疾竟然被華佗幾根針就輕鬆搞定了，曹操很是高興。心想：「如果再發作，我該怎麼辦？不如把他留在自己的身邊，這樣就萬事大吉了。」他自私地將華佗留在了身邊，只為他一個人看病。就這樣，日復一日，年復一年，華佗覺得煩了，他在民間行醫問藥這麼多年，突然只為一個

人看病，還將他困在這深牆大院中，日子久了，思鄉之情也慢慢地濃烈起來，再想到家中妻兒無人照料，華佗心中苦悶極了。華佗打著「求藥取方」的幌子，請求曹操可以讓他回一次家，曹操答應了。

回到家中，華佗百感交集，他回家之後就再不想回去那個牢籠。一個月很快就過去了，華佗便假借妻子患病，寫了一封信請求曹操可以准予續假。此後他又寫了好多次請求續假的信，曹操見事情不妙，要他立刻回許城，並威脅華佗如果再不回來，就只能一死，下令將他入獄。

華佗生性剛烈，秉性倔強，不向權勢低頭，不為威武所屈。遇到曹操這樣蠻橫，自私的人，更是不聽從曹操的勸告，不遵從曹操的意願。這一點讓曹操大怒，想要殺死華佗，雖有人極力勸阻，但曹操根本就不聽別人的一再勸諫，在西元二〇八年，下令處死了華佗，一代名醫就此隕落了。華佗沒有留下任何巨著，他的許多偉大的發明也從此失傳，這是中國醫學史上的一大損失。

華佗作為一代名醫，人們在心裡懷念和稱頌他。現今的安徽亳州也就是華佗原來住的地方修建了華莊和華祖廟，在江蘇省徐州市建有華祖廟和華佗墓，還有墓碑，石供桌和石獸等，現在華佗的墳冢和華祖廟等建築都完好無損，可以看出華佗在人們心目中的地位無人可以取代。

張仲景：博覽全書的醫聖

　　張仲景出生在一個官僚家庭中，當他出生的時候，已經逐漸走向了沒落，他的父親張宗漢曾經在朝中為官。因為家中環境特殊，張仲景從小的時候就能夠讀到很多的珍貴典籍。他在史料中看到了扁鵲的故事，所以從那個時候起，他就生了做一名醫生的念頭。漢靈帝時期，還曾經被舉薦為孝廉，做了長沙太守一職。張仲景的一生中，嚴謹遵從故人的訓示，滿腹才學，將前人的智慧集於一身，鑄就了這本傳世之作《傷寒雜病論》，對中國醫學的發展起了很大的推動作用。

　　張仲景從很小的時候就特別喜歡醫學類的書籍，在他十歲的時候，就已經瀏覽了很多關於醫學的書了。他的同鄉好友對他是十分的讚賞，曾經他這麼說過：「一個人，一心只在勤於思考上，而且在思考問題的時候比較全面謹慎，能夠抓住要點，思考之人一直保持著安定的性格，不張揚也不聒噪，從這裡就可以看出，張仲景以後一定是一個醫術高超的好醫生」。果不其然，後來張仲景成了一代名醫，後人尊稱他為「醫聖」。當然，這和他的勤學苦思有著極大的關係，但是最主要的原因還是因他喜歡醫學，能夠研究故人的訓示，取其精華去其糟粕。

　　張仲景所處的社會環境並不好，東漢末期正是一個動盪不安的年代，經過幾年的戰亂，民不聊生，百姓流離失所，很多的農田成了荒地，食不果腹，衣不蔽體。很多地方甚至都已經爆發了瘟疫，死傷無數。特別是在洛陽、南陽一帶，每一家都有得瘟疫之人，每天都能夠聽到痛哭哀號的聲音，張仲景的家族也沒能倖免。看到這樣淒慘的景象，張仲景心中感傷不已。

這個時期，東漢王朝在就已經分崩離析，張仲景有家不能回，有官也不好做。於是他便選擇了一處比較安靜的地方，過上了隱居的生活，一心一意研究自己的醫學專注，編撰醫書。到了建安十五年的時候，《傷寒雜病論》問世了，後人將這本書稱之為「方書之祖」，而張仲景也被讚譽為「經方大師」。

從西元一九六年開始，十年的時間，有一多半的人都是死在了傳染病上，而其中傷寒病所佔的比例最大，約有百分之七十左右。在張仲景的著作中有這麼一句話，意思也就是說，想到昔日的慘狀心中頗有感慨，而自己對此卻是無能為力，心中也不免傷心。從那個時候起，張仲景就努力專研醫學，想要拯救萬民於痛苦之中。無論是君王還是平民百姓，都一視同仁，給他們最好的治療，能夠使身體健康，長壽安樂。從魏晉流傳至今，總共有一千六百多年的歷史了，它佔據了中國醫學史上一個很重要的位置，是醫學上的傳奇之作。

當時，張仲景的家族中也有一個比較知名的醫生，名為張伯祖，張仲景為了更好的專研醫術，就去拜了張伯祖為老師。張伯祖觀察到張仲景不但聰明努力，而且還非常能吃苦，有毅力和決心，所以也將自己的畢生所學毫不保留地傳授給了他，而張仲景更是青出於藍勝於藍，得到了張伯祖的真傳。有一本史書上曾經說過一句話，張仲景的醫術傳自於伯祖，而又高於伯祖。

張仲景並不喜歡官場上的爾虞我詐，也不喜歡踏上仕途之路，但是沒有辦法，他的父親曾經在朝中為官，對於仕途之路還是比較看重的，所以在他的要求下，張仲景只能參加了當時的科舉考試。

西元一六八年，漢靈帝在位時，張仲景被舉薦為孝廉，踏上了做官的道路。西元一九六年，張仲景又做了長安的太守。他並沒有放棄自己的夢想，在他做官的過程中，他還幫助黎民百姓看病。但是，古

時候的禮制非常嚴格，官員們不能隨便進入百姓的家中，但是不和百姓接觸，醫術也就無用武之地。對於這個難題，張仲景想出了一個兩全其美的方法，那就是每個月總有那麼一天固定的時間，不問案情，只管病情。而且他還讓自己的手下貼出了告示，讓全城的百姓都能夠知道這一消息。

在那時的社會中，張仲景的做法無疑是一個異類，引起了不小的轟動，百姓們感激張仲景的清廉愛民，對他更是愛戴。時間一長，不用再提醒什麼，只要到了日子，府衙門口就會有很多看病的老百姓，甚至還有一些慕名而來的人，因此人們還送了一個綽號名為「坐堂醫生」，來表達對張仲景的愛戴之情。

張仲景所提出的「辨證論治」的原則，是中國醫學史上最不可磨滅的明珠，也正是因為這樣，才使得中國醫學的地位屹立於世界的東方，它有著自己的獨特性。在隋唐年代的時候，張仲景的著作就已經在海內外流傳了，深得醫學家們的追捧和讚譽。從晉朝到現在，《傷寒雜病論》一書，經過專業人士的整理和翻譯，出版《傷寒雜病論》的已經達到了一千七百多家，這可是非常罕見的現象。張仲景是中國古代史上最有名的醫學專家之一，他的學說給後世的醫學人員帶來了很大的幫助，它是醫學界中的塊寶，是中華人民生存發展的偉大力量，直到現在，依然有著無可替代的重要位置。

張仲景從寫書到去世之前，都在不間斷地研究醫學，因為戰亂不斷，在西元二八五年，張仲景的遺體才得以被送回自己的家鄉安葬，並且還在南陽為張仲景修建了醫聖祠。直到今天還發揮著很重要的作用。

尤其是在今天的日本，張仲景的藥方一直傳用至今。

張仲景的醫學貢獻已經無法估量，漢代之後，《傷寒雜病論》的

研究學者已經達到了五百多家，而那個時候，張仲景的名聲已經響徹了國內外，流傳進了日本和東南亞的一些國家中，現在，中國醫學界中都將張仲景看作是學習的榜樣，他的精神永垂不朽。

董奉：譽滿杏林的醫者

　　董奉，東漢建安時遠近聞名的醫生，又叫作董平，字君異，號為拔墘。董奉自小學習醫術，是一個忠實的道教信徒。在董奉年輕的時候，曾經擔任侯官縣小吏一職，但是對於這份工作他並不感興趣，不久就歸隱山林，在他家村後的一座山林中，一邊練功，一邊行醫。董奉的醫術非常高明，而且醫德高尚，每一次治病都不會收取任何財物，只需要重病癒者在山林中栽種五株杏苗就可以了，而那些輕病癒者可以栽種一株。幾年之後，這裡儼然成為了一片杏林，鬱鬱蔥蔥。等到春天杏子成熟的時候，董奉就會在樹下面建一個草倉作為儲杏之處。對於那些想要杏子的人，便可以用自己的穀子來交換。董奉將得來的穀子拿去賑濟貧民，或者給那些出門遠行的遊子作為盤纏。後來，世人稱頌那些醫家為「杏林春暖」，就是來源於此。

　　董奉也會遠行到南方一帶行醫治病，只要是董奉到過的地方除了給那些患者治病之外，還會賑濟貧民百姓，因此百姓對於董奉都非常愛戴和敬仰，與此同時，董奉遊覽名山大川，採集一些野生植物煉成丹藥幫助患者治病。有一次，董奉途徑交州，碰巧遇到了當時的交州太守士燮病危，久治不癒，尋醫無效，垂死已經三日了。在請脈之後，董奉將三粒藥丸放入他的口中，之後用水沖下。沒過多久，病人的手足有了知覺，微微顫動，膚色都逐漸轉活，不到半日就可以坐起來了，四日後就可以說話，沒過幾天時間，大病就痊癒了。為了治病，董奉長時間住在士燮的府中，後來士燮陰謀造反，背叛朝廷，害怕董奉洩漏了自己的密謀，於是便想要加害他。董奉利用氣功裝死，將士燮騙過後之後逃走了。

　　還有一次，縣令的女兒被鬼附身，求醫無效，無奈之下，便找到了董奉，請求醫治，而且縣令還說若是治好了自己的女兒就將其嫁與董奉為妻。董奉欣然答應了，便施行法術，召來了一條幾丈長的白色鱷魚，鱷魚爬到了縣令家門口，董奉就下令讓僕人將鱷魚殺死了，縣令女兒的怪病沒過幾天便好了。於是，董奉便將縣令的女兒迎娶進門，但是幾年過去了，董奉的膝下仍沒有一兒半女。董奉又時常外出，這樣就會將自己的妻子一人留在家裡面，妻子感到非常的孤單，於是便領養了一個小女孩。當女孩十幾歲的時候，有一天，董奉忽然騰空一直升到雲朵間成了一位仙人。只留下妻子和養女在家里居住，依靠賣杏來維持基本的生活起居，若是有人敢來欺騙她們母女，便會有一隻老虎出來保護他們。董奉的壽命高達三百歲，但是他的容貌卻像是三十歲的人。

　　有人說，董奉青年時候就離開了福建去江西廬山學習道術，而且經常為民除害。因為在江西多江河溪澗，附近經常會有巨蟒出現，對人畜的危害很大，而董奉總會想盡辦法給老百姓除掉這些禍害。

　　董奉的醫術高明，而且樂善好施、不求名利，醫德為人們世代流傳，成為一段千古佳話。世人將他與譙郡華佗和南陽張仲景合稱為「建安三神醫」。經常用「杏林春暖」、「譽滿杏林」等成語來稱讚那些醫術高尚的醫學大家，稱呼中醫為「杏林」。董奉去世之後，百姓為了紀念他，在廬山修建了一間董奉館，在長樂附近有一座山叫做董奉山，福州境內的茶亭街的河邊有一座明朝的救生堂，這些都是為了紀念董奉而修建的。

　　現在，董奉的家鄉，也就是古槐鎮龍田村和雁堂村交界的地方，修築了一座頗具規模的董奉草堂。草堂的佔地在二十畝左右，其風格效仿的是後漢三國時代，在它的周圍植滿了杏樹，這就不禁讓我們感受到了「杏林春暖」這句千古佳話的所蘊涵的意味。

參考文獻

龔　宏　三國人物　濟南市　齊魯出版社　2005年

陳華勝　四十個三國人物的口述歷史　南京市　浙江文藝出版社　2008
　　　　年

肖永革　三國絕對很邪乎　北京市　北京聯合出版公司　2012年

姜　良　三國原來是這樣　北京市　現代出版社　2011年

陳華勝　三國志人物故事　南京市　浙江古籍出版社　2010年

張振昌　圖說三國鼎立　長春市　吉林人民出版社　2010年

湯浩方　三國不演繹　北京市　華文出版社　2010年

童　超　三國風雲　昆明市　雲南教育出版社　2010年

昌明文庫・悅讀人物　A0603013

細說三國風雲人物

編　　著	宋璐璐	
責任編輯	蔡雅如	
發 行 人	陳滿銘	
總 經 理	梁錦興	
總 編 輯	陳滿銘	
副總編輯	張晏瑞	
編 輯 所	萬卷樓圖書股份有限公司	
排　　版	百思威信息技術有限公司	
印　　刷	百通科技股份有限公司	
封面設計	曾詠霓	

出　　版　昌明文化有限公司

桃園市龜山區中原街 32 號

電話 (02)23216565

發　　行　萬卷樓圖書股份有限公司

臺北市羅斯福路二段 41 號 6 樓之 3

電話 (02)23216565

傳真 (02)23218698

電郵 SERVICE@WANJUAN.COM.TW

大陸經銷

廈門外圖臺灣書店有限公司

　　電郵 JKB188@188.COM

ISBN 978-986-93560-3-9

2016 年 9 月初版

定價：新臺幣 380 元

如何購買本書：

1. 劃撥購書，請透過以下郵政劃撥帳號：
   帳號：15624015
   戶名：萬卷樓圖書股份有限公司

2. 轉帳購書，請透過以下帳戶
   合作金庫銀行　古亭分行
   戶名：萬卷樓圖書股份有限公司
   帳號：0877717092596

3. 網路購書，請透過萬卷樓網站
   網址 WWW.WANJUAN.COM.TW

大量購書，請直接聯繫我們，將有專人為您

服務。客服：(02)23216565 分機 10

如有缺頁、破損或裝訂錯誤，請寄回更換

國家圖書館出版品預行編目資料

細說二國風雲人物 / 宋璐璐編著. -- 初版. --

桃園市：昌明文化出版；臺北市：萬卷樓

發行, 2016.09　面；　公分. -- (昌明文庫.悅

讀人物)

ISBN 978-986-93560-3-9(平裝)

1.傳記　2.三國

782.123　　　　　　　　　　105018315